艺术体育

高校学术研究论著丛刊

中职体育与健康

康　涛　龙彦廷　刘晨蔚雯　主编

中国书籍出版社

China Book Press

图书在版编目(CIP)数据

中职体育与健康 / 康涛,龙彦廷,刘晨蔚雯主编. --北京:
中国书籍出版社,2020.8

ISBN 978-7-5068-7953-8

Ⅰ.①中… Ⅱ.①康… ②龙… ③刘… Ⅲ.①体育课-
中等专业学校-教材 ②健康教育-中等专业学校
-教材 Ⅳ.①G634.961

中国版本图书馆 CIP 数据核字(2020)第 154682 号

中职体育与健康

康 涛 龙彦廷 刘晨蔚雯 主编

丛书策划	谭 鹏 武 斌	
责任编辑	成晓春	
责任印制	孙马飞 马 芝	
封面设计	东方美迪	
出版发行	中国书籍出版社	
地 址	北京市丰台区三路居路 97 号(邮编:100073)	
电 话	(010)52257143(总编室) (010)52257140(发行部)	
电子邮箱	eo@chinabp.com.cn	
经 销	全国新华书店	
印 刷	三河市铭浩彩色印装有限公司	
开 本	787 毫米×1092 毫米 1/16	
印 张	20.25	
字 数	556 千字	
版 次	2021 年 4 月第 1 版 2021 年 4 月第 1 次印刷	
书 号	ISBN 978-7-5068-7953-8	
定 价	78.00 元	

目　录

基础模块

拓展模块

第一篇　球类运动

第二篇　田径类运动

第三篇　体操类运动

基础
模块

健康教育

第一章　科学体育锻炼与健康

第一节　健康新观念及标准

一、健康新观念

1948 年,世界卫生组织(WHO)在宪章中明确指出:"健康不仅仅是免于疾病和衰弱,而应该是保持身体上、精神上和社会适应能力方面的完好状态。"从而将人类的健康与生理的、心理的以及社会的因素联系在一起。这个定义包括三层含义:一是躯体健康,指躯体的结构完好,功能正常。躯体与环境之间保持相对的平衡状态。二是心理健康,又称精神健康,指人的心理处于完好状态,包括正确地认识自我,正确地认识环境,及时适应环境。三是社会适应能力良好,指个人的能力在社会系统内得到充分的发挥,个体能够有效地扮演与其身份相适应的角色,个人的行为与社会规范和谐一致。

1989 年,世界卫生组织对健康的概念又进行了重新定义,提出健康应包括躯体健康、心理健康、社会适应良好和道德健康,这就是所谓的四维健康观念。而继四维健康观之后,美利坚大学的国家健康中心提出了一个与其类似的健康定义,即健康是人对环境适应后所达到的一种生命质量,个体只有在身体、情绪、智力、精神和社会各方面达到完美状态才称得上真正的健康,这种健康观又称健康五要素。这种观念将人们对健康的认识提高到一个崭新的高度,并为世界各国学者广泛接受。

健康五要素的内涵主要如下:

(1)身体健康。不仅包括无病,而且还包括体能。体能是一种能满足生活需要和有足够能量完成各种活动的能力。具备这种能力,就可以预防疾病,提高生活质量。

(2)情绪健康。情绪涉及我们对自己和他人的感受。情绪健康的主要标志是情绪的稳定，所谓稳定是指个体应对日常生活中人际关系和环境压力的能力。当然，生活中偶尔有些情绪波动均属正常，关键是生活的大部分时间要保持情绪稳定。

(3)智力健康。智力健康是指在长期的学习和生活中，大脑始终保持活跃状态。

(4)精神健康。精神健康是指理解生活基本目的的能力，以及关心和尊重所有生命的能力。对于不同宗教、文化和国家的人来说，精神健康的内容也有所不同。

(5)社会健康。社会健康是指个体与他人及社会环境相互作用形成的和谐的人际关系和社会角色的能力。此能力将使人们在人际交往中充满自信和安全感，进而减少烦恼，保持心情愉快。

健康的五个要素相互联系，相互影响，例如身体不健康会导致情绪不健康，精神不健康会导致身体、情绪和智力的不健康。因此，只有各个健康要素平衡地发展，人们才能真正健康，才能幸福地生活。

另外，近年来，有很多人又提出了生殖健康。世界卫生组织对生殖健康下的定义是：人类在整个生命过程中，与生殖有关的一切活动，应在生理、心理和社会适应诸方面处于良好的健康状态。这表明生殖健康除需建立正确的性观念，避免未婚先孕、人工流产并做好性病与艾滋病的防治工作；还涉及避孕节育、妇产科疾患、不孕不育、男性科疾患、夫妻性生活指导等性保健知识的教育。

二、健康的衡量标准

世界卫生组织在给健康下定义时并未给出量化的标准，这是由于发展时期、地域、种族、年龄段、性别、职业等因素的不同，衡量健康的具体标准也会有所不同。所以说，健康没有一个确切的概念和具体的指标，它只能是对一个个体在不同时间和空间的状态的描述。可见，衡量健康的标准是很广泛的。近年来，为了便于普及健康知识，世界卫生组织提出了衡量人体健康的10条标准，具体如下：

(1)精力充沛，能从容应付日常生活和工作。

(2)处事乐观，态度积极，乐于承担责任。

(3)善于休息，睡眠质量好。

(4)应变能力强，能适应各种环境的变化。

(5)对一般感冒等传染性疾病具有一定的抵抗力。

(6)体型匀称，体重适当，身体各部分比例协调。

(7)眼睛明亮，思维反应敏捷。

(8)牙齿清洁，无损伤，无病痛，牙龈无出血。

(9)头发光泽，无头屑。

(10)走路轻松，肌肉、皮肤富有弹性。

人们在日常生活中，也形成了一些关于健康的标准，实际上是对世界卫生组织提出的标准的延伸。该标准具体包括这些内容：胃口好，进餐适量，不挑剔食物，内脏功能正常；排泄顺畅，胃肠功能良好；能很快入睡，且睡眠程度深，醒后精神饱满，头脑清醒；语言表达正确，说话流

利；头脑清楚，思维敏捷，中气实足，心、肺功能正常；行动自如、敏捷，精力充沛旺盛；性格温和，意志坚强，感情丰富，具有坦荡胸怀与达观心境；具有良好的处世能力，看问题客观现实，具有自我控制能力；能适应复杂的社会环境，对事物的变化保持良好的情绪，保持对社会外环境与机体内环境的平衡；具有良好的人际关系，待人接物大度和善，不过分计较，助人为乐，与人为善。

现代健康观揭示了人体的整体性以及人体与自然环境和社会环境的统一。人类对疾病的预测从对个体诊断延伸到对群体乃至整个社会的健康评价，而对健康的评价标准由单纯的生物标准扩展到心理、社会标准。

第二节 体育概述及对健康的促进

一、体育概述

（一）体育的产生

体育的产生和发展，可追溯到原始社会，它是伴随着人类社会的产生而不断发展的。在远古时代，体育源于强身、自卫、求生存。原始人为了生存和保卫自身安全，必须经常与凶禽猛兽和自然灾害进行斗争，其中狩猎就是人类最古老的生产活动，也是人类为了生存和自卫所必需的行为。原始人迫于谋生需要，为寻找食物要跋山涉水，为追捕野兽要跨涧越沟，为杀伤猎物要掷石投棍，为逃避自然灾害要跋涉迁徙，从而发展了走、跑、跳、投掷、攀爬、游水、格斗等身体基本活动能力，这些就是人类最初的运动方式，是原始体育在人类求生存的本能活动中的萌生和发展。

综上所述，原始人类在生产劳动和生存竞争中的身体活动，就是原始体育的最初形态，它是人类生存不可或缺的行为，是人类社会发展的必然产物。

（二）体育的发展

人类进入奴隶社会后，随着生产力的发展、生产工具以及私有制等的出现，人类社会生活中逐渐出现了教育、文化、艺术、宗教、军事、娱乐和国家等复杂的社会现象。人的身体活动同这些社会现象相结合，从而奠定了体育产生的社会基础，体育就随之发展起来。

我国古代体育的发源很早，可追溯到黄帝时代，即公元前2500年，先后创造发明了蹴鞠、摔跤、射箭、武术、导引术、气功、围棋、投壶等丰富多彩的体育活动项目。周朝时的教育内容称为"六艺"，即礼、乐、射、御、书、数，其中射和御都带有体育教育的性质。从秦代到宋代又先后出现了达摩祖师的十八罗汉手、百戏、五禽戏，宋代岳飞编制了一套健身操叫"八段锦"，至今仍在流传。

随着人类古老文化的发生、发展，无论是我国的封建社会，还是中世纪的欧洲，体育在东西方各自发展的历史进程中，都注重实践性和教育性，并被作为一种富国强民的重要手段来对

待。此时，由战争刺激起来的"军事体育"，供统治阶级观赏、消遣的"娱乐体育"，修身养性的"养生体育"，或平民百姓在节日闲暇时开展的"民间体育"等，使体育的社会性不断被拓宽，成了强身健体和娱乐身心的手段。

在欧洲，古希腊人是最热衷于体育运动的民族。他们信奉神灵，在祭祀活动中，带有宗教色彩的竞技运动受到人们的喜爱。在这一过程中，角力、赛跑、拳击、格斗、射箭、掷石饼等竞技运动逐渐形成，并且在全希腊规模的体育竞技赛会和宗教性的祭神集会上进行比赛和表演，每四年举行一次。从公元前776年至公元393年，共举行过293届，历时1169年，被后人称之为"古代奥林匹克运动会"，简称古代奥运会，在世界体育发展史上占有重要位置。

17世纪中叶，伴随着英国工业文明而迅速发展起来的体育运动，也随着资本主义经济的蓬勃兴起和对外扩张而迅速地发展。于是，英国的户外运动、娱乐体育和竞技项目，逐渐在世界许多国家得到传播。体育运动已开始具有强烈的竞赛性和较广泛的国际性，这一时期体育运动的项目和规模都远远超过了奴隶社会和封建社会。

现代体育，在国际体育界一致公认起源于19世纪的英国。1828年，英国教育家托马斯·阿诺德开办了一所橄榄球学校，第一个把体育列入学校课程，这对现代体育的产生和发展起到了决定性作用，他是现代体育的创始人。在英国的影响下，1844年在柏林举行了大学生田径运动会。1857年又成立了田径协会，并在剑桥大学举行了世界第一次大学生田径比赛，这对世界现代体育的产生和发展，影响更为深刻。1863年，产生了起源于英格兰的现代足球运动，现代足球运动从它诞生的那一天起，就以其独特的魅力赢得了世人的钟爱，并在短短一百多年的时间里征服了世界，让无数人为之疯狂，成为世界第一运动。为现代体育的产生和发展，提供重要的理论与实践基础的，还有欧洲的文艺复兴和现代奥林匹克运动的创始人、奠基人——法国著名社会活动家皮埃尔·德·顾拜旦先生，他所倡导的现代奥林匹克运动，已成为全球规模最大的综合性体育盛会，这对于促进体育的国际化和推动现代体育的迅速发展都具有重大的作用。美国现代体育的兴起稍晚于英国，但发展迅速，对现代体育的发展和完善，也起到了良好的影响和促进作用。

现代体育的兴起是文明社会的标志之一，它是在19世纪英国工业革命的历史条件下产生的。随着科学技术的进步和社会生活的需要，体育已成为现代社会的国际普遍现象。体育是社会发展的必然产物，是人类生存不可或缺的行为，还能对社会发展起到积极的促进作用。现代体育的社会功能已大大超过增强人民体质的范围，成为改善生产方式、提高生活质量不可缺少的因素。总之，"现代社会不能没有体育，未来社会更加需要体育"。社会对体育的需求越来越迫切，体育日益已成为人们生活中不可或缺的重要组成部分。

二、体育对健康的促进

（一）体育锻炼对生理健康的影响

（1）改善和提高中枢神经系统的功能。体育运动能够改善神经系统的平衡性和灵活性，提高大脑的分析、综合能力，使人们平时在生活、学习和运动时，动作灵活、敏捷、反应快，使身体的适应能力和工作能力得到增强。

（2）促进血液循环，提高心脏功能。美国医学专家约瑟·帕司克揭开了"生命在于运动"的秘密。他发现人体内有一种高密度脂蛋白粒子能主动负担起打扫、清理血管的任务，把沉积在血管壁的脂肪和胆固醇去掉。由于体内产生这种粒子的数量很少，不能与脂肪和胆固醇抗衡，天长日久，这些沉积物质就堆积在血管内，将血管逐渐堵塞，影响人的供血供氧。经常参加体育运动的人，体内的高密度脂蛋白粒子浓度明显增高，能自动地在血管内建立起一道防线，不断地消除沉积物质，使血管畅通无阻，同时也使血液循环加快。平常人血流全身 4～5 周/分钟，而运动时血流全身可以提高到 7～9 周/分钟。从冠状动脉对心脏本身的供血情况看，运动后冠状动脉的血流量比安静时提高 10 倍。

研究表明，经常进行体育运动的人，心脏功能得到增强，每搏输出量可增加到 80～100 毫升，是平时的 1 倍；而心脏的频率却减慢，如一般人心跳 70 次/分钟左右，参加体育运动的人心跳 50～60 次/分钟，这就大大减轻了心脏的负担，延长了心脏的寿命。

（3）改善呼吸系统的功能。经常参加体育运动的人，呼吸肌发达，强壮有力，在吸气时能把胸腔扩张得更大，有更多的肺泡参与工作，使肺活量增大，呼吸功能增强。

（4）促进骨骼、肌肉结实有力。骨骼是人体的支架，它既坚硬，又富有弹性。经常锻炼身体，能使骨骼变粗，骨密质增厚，这样可以提高其抗弯、抗压、抗折的能力。实验证明，一个普通人的股骨，承受 300 千克的压力就会折断，而一个经常参加体育运动的人股骨承受 350 千克的压力还折不断。体育运动使肌肉纤维变粗、发达有力，促进生长发育，从而改善和提高人体的形态状况，增强人体的生理功能，提高身体素质。

（5）使人心情舒畅，精神愉快。从事自己感兴趣的体育项目，不仅有助于身体的发展，而且能调整人的心理，减缓心理压力，使人心情舒畅，从而增强人的自信心和自豪感。美国心理学家德里斯考曾对大学生做跑步的实验，他发现跑步能成功地减轻考试时的忧虑情绪。

（6）控制体重，保持健美的体形。研究表明，15～69 岁的肥胖男性死亡率比正常体重男性高 50%。体育运动可帮助人们保持正常的体重，塑造男性魁梧有力、女性苗条健美的体形。

（7）培养健康的个性。经常参加体育运动可改变性格孤僻的特点，培养勇敢、顽强、自信、果断的性格。体育运动要求人们能够情绪稳定、动作灵活、反应敏捷、意志坚强，还能够改善人的个性心理特征。

（8）防治疾病，延缓衰老。大量的研究表明，体育运动可提高人体对外界的适应能力，防治疾病，延年益寿。不运动的人，从 30 岁开始，身体功能就开始下降，到 55 岁身体功能只相当于他最健康时的 2/3。经常运动的人到四五十岁时其身体功能还相当稳定；60 岁时，其心血管系统的功能还大约相当于二三十岁不锻炼的人。

（二）体育锻炼对心理健康的影响

（1）调节情绪，保持乐观。情绪有积极乐观情绪和消极悲观情绪，由消极悲观情绪引起的疾病极大地危害着人的身体健康。美国耶鲁大学门诊部对所有就诊的病人作了病因分析，结果因情绪不良而致病的占 76%；还有资料显示，80% 的溃疡病患者有情绪压抑的病史。体育运动能转移不良情绪，使人的头脑从消极情绪中解脱出来，同时为保持积极乐观的精神面貌奠定生理基础。

（2）消除疲劳，恢复体力。随着科学技术的发展，人们生活节奏的加快，疲劳已成为一种社会文明病。一个人若长期处于疲劳状态会损坏自己的健康,得不到控制的疲劳会逐渐影响和破坏机体各组织器官及神经的正常状态,导致功能紊乱,直至积劳成疾。怎样消除疲劳呢? 最有效的方法就是适当休息。休息有两种:一种是安静的休息,一种是活动性的休息。现代生理学研究发现,适当的运动可以促进全身血液循环,给疲劳的大脑输送更多氧气和养料,有利于驱除脑力疲劳和提高思维效率。同样,重体力劳动后进行轻微的运动,比安静休息时更能较快地消除肌肉中积聚的乳酸等代谢产物,从而加速体力恢复的过程。

(3)提高应激能力,促进身心健康。应激是由外界情况的变化所引起的一种情绪状态。现代人由于生活紧张、竞争加剧、压力加大、人际关系复杂,普遍处于应激状态。过度的应激常引起身体不适,还会导致人的免疫功能下降,诱发各种疾病。坚持进行体育运动可以提高运动者的心理应激水平,使人在遇到外界的强烈刺激时,能迅速作出反应,采取果断措施,以健康的心态从容应对。

(4)提高自信,完善自我。自信心是个体获得成功的保证。进行体育运动和竞赛时,参与者在身体完成各种复杂动作的过程中、在与队友的默契配合中、在与对手的竞争拼搏中、在取得胜利的喜悦中、在失利挫折的反思中,能不断增强自信心。一次次的经验,潜移默化地影响着参与者的思维方法和行为模式,使他们不断地得到自我完善。

第三节　体育锻炼的理论与科学指导

一、体育锻炼的基本原理

(一)生命的新陈代谢原理

新陈代谢是生命活动的最基本特征。新陈代谢一旦停止,生命也就结束了。新陈代谢是指生命物质与周围环境物质交换和自我更新的过程。这一过程十分复杂,它实际上是由两个相反的而又相互依存、相互统一的过程所组成,那就是同化作用和异化作用。同化作用是生物体把从体外摄取的营养物质转化成身体的组成部分的化学过程。这个过程需要消耗能量。而异化作用则是把细胞里的大分子分解成小分子,把有机物分解成无机物的过程,同时释放出能量,供给同化作用和其他生命活动的需要。这个过程,同化作用是合成,异化作用是分解,两者相互依存、相互诱导,不停地进行,从而不停地更新着有机体。从能量代谢的角度来看,同化意味着"收入",异化意味着"支出"。异化作用是同化作用的动力,同化作用是异化作用的源泉。当同化作用盛于异化作用时,有机体就得到增强,当异化作用盛于同化作用时,有机体就被消弱。

经科学研究和实践证实,参加体育锻炼可以增强体质,是由于身体活动能引起能量物质的消耗。活动得越激烈,能量的消耗越大,从而出现代谢的不平衡,随之而来的便是引起同化作用的加强,加速恢复过程,使构成机体结构与功能最小最基本单位的细胞内部得到更多的物质补充,以合成新的物质,进而使人体获得更加旺盛的活力。人体通过锻炼,不断加强能量代谢,

提高新陈代谢的水平,使身体发生一系列适应性变化,于是体质便得以增强。

(二)运动的超量恢复原理

超量恢复是人体在运动后出现能量物质代谢适应的一种机能状态。生理学研究发现,人体在活动过程中,机体承受一定的负荷量,从而引起体内物质能量比较强烈的消耗,促使异化作用加强。运动后,身体处于恢复阶段,能量物质消耗后却能刺激和导致蛋白质的更新,以此来恢复机体的工作能力。这种恢复不是简单的抵偿能量的消耗,而是进行超量代偿,使机体的机能水平的恢复和工作能力的表现在一段时间内超过原有的水平。在经过一段时间锻炼后,应增加负荷量,使机体得到新的刺激,不断打破机体机能旧的平衡,获得超量恢复,从而在新的基础上建立起新的平衡,人的健康水平、工作能力或运动成绩就会得到提高。

(三)人体的适应性原理

适应是一切生物的基本特征,也是生物生存的基本条件。任何生物,如果不能适应就不能生存。但环境(自然的、社会的)发生变化时,生物有机体能产生一种变异来适应它,这就是适应。生物通过遗传保持特征,通过变异获得发展和进化。有机体在不断适应的过程中,某些常用的器官会发达起来,某些不常用的器官则会逐渐退化。生物机体在形态、组织和机能方面的变化,能更好地适应环境的改变。这种"用进废退"的现象,正是生物进化的基本规律。

经常性的身体锻炼对增强体质的作用,正是遵循生物进化和发展规律的结果。即人体通过身体活动,使机体承受运动负荷并逐步达到适应,然后再增加负荷量,使之在高一级水平上再适应。在这一过程中,有机体将不断提高适应能力和改善各器官、系统的机能和性状,于是体质得到增强,运动成绩得到提高。可是,身体锻炼一旦停止,身体机能亦将逐渐退化到一般水平或更差的状态。因此,我们要养成终身锻炼身体的习惯。

二、体育锻炼的原则

体育锻炼的原则主要是体育锻炼客观规律的反映,是体育练习者从事体育锻炼实践,达到理想效果所必须遵循的基本原则。在体育锻炼的过程中,只有正确地理解和运用体育锻炼的原理,才能使体育锻炼获得最佳效果。

(一)积极性原则

参加体育锻炼必须有一个明确的目的才能调动起积极性和自觉性。要提高促进体育锻炼的积极性首先要提高对体育的认识,树立终身体育思想,把体育看作是每个人高质量生活的一部分,使体育锻炼成为健身、健美和延年益寿的重要手段。其次要明确锻炼的目的,一个人的动机决定一个人行动的质量。比如:有的人是为了更健全的生长发育;有的人是为了某些运动技能与成绩的提高;有的人是为了调节紧张的学习生活;有的人是为了更健美结实;还有的人则是为了锻炼意志、防治疾病。

(二)针对性原则

针对性原则是指锻炼身体应从个人的实际情况和外界环境条件的实际出发,确定锻炼的目的,选择适宜的运动项目,合理地安排运动时间和运动负荷。这是增强身体素质及提高运动水平必须遵守的原则。

从自身的实际出发。由于性别、年龄、体质和健康状况的差异,锻炼要从自己的实际情况出发,有目的地选择和确定运动项目、练习方法,合理地安排锻炼的时间和运动负荷。在每次锻炼前要评估自己当时的健康状况,使运动的难度和强度不超过自己身体的承受能力。违反人体发展这一基本规律,只能损害身体健康。

从外界环境出发。参加体育锻炼时,要从季节、气候、场地、器材等外界条件的实际情况出发,按照科学锻炼的方法,选择运动项目、练习时间、运动负荷,如此才能收到良好的锻炼效果。如在冬季应着重发展耐力和力量素质,在春秋两季重点进行技术性项目,在炎热夏天,游泳是比较理想的运动项目。但在运动时不要在阳光下运动时间过长;在力量训练前要仔细检查器械,避免事故的发生。

(三)循序渐进原则

循序渐进原则是指体育锻炼的内容、方法和运动负荷等,必须根据人对事物的认识规律、动作技能形成规律和生理机能的负荷规律,由小到大、由易到难、由简到繁、由低级到高级地逐步进行。在体育锻炼中,最忌急于求成,想"一口吃个胖子",只能事与愿违,甚至还会造成伤害事故或给身体带来某些生理损伤。因此,进行体育锻炼时,学习动作要由易到难,运动量由小到大,运动强度(刺激强度)应由弱到强。同时,还应根据年龄、性别、身体素质水平,因人而异地安排练习的内容,这样才能收到良好的效果。

(四)经常性原则

经常性原则是指身体锻炼必须持之以恒,使之成为日常生活中的重要内容。我们做什么事情都要有恒心,体育锻炼也是这样。运动技术的形成和提高,人体各组织系统机能的改善,是肌肉活动反复多次强化的结果。锻炼不经常,后一次锻炼时,前次锻炼的痕迹已经消失,失去了累积性的影响作用,因此效果也就很小,甚至不起作用。同时,运动技能的形成,人体结构、机能的改善,身体素质的提高,都受生物界"用进废退"规律的制约。不经常锻炼,已取得的效果也会逐渐消退。俗话说"拳不离手,曲不离口",说的就是这个道理。

(五)全面性原则

全面性原则是指身体锻炼应全面发展身体的各个部位、各器官系统的机能、各种身体素质和活动能力,追求身心的和谐发展。体育锻炼,不仅应包括不同身体部位的活动,更重要的是应该包括多种项目和不同性质的活动,进行全面锻炼。身体各系统都是相互联系、相互制约的,身体某一方面的发展必然会影响到其他方面的发展,而全面发展,就能相互促进,共同提高。目前,中职生多处在身体发育逐渐成熟的阶段,具有一定的可塑性。因此,在体育锻炼中贯彻全面性原则尤为重要。从体育项目对人体锻炼的作用来看,也是有所侧重的。如短跑主

要是发展速度,投掷、举重主要是发展力量,长跑则侧重于发展耐力,球类则以发展灵敏性、协调性为主。所以进行全面锻炼就能使身体素质获得全面发展,使其能更快地掌握运动技术和技能,增强体质。

上述锻炼身体应遵循的几项原则,是互相联系、互相制约的。只有科学地、有目的地、全面地贯彻这些原则,才能不断增强体质,取得预期效果。

第二章 合理营养与运动安全

第一节 食品安全与合理营养

一、食品安全

(一)食品安全的含义

食品安全指食品无毒、无害,符合应当有的营养要求,对人体健康不造成任何急性、亚急性或者慢性危害。食品安全也是一门专门探讨在食品加工、存储、销售等过程中确保食品卫生及食用安全,降低疾病隐患,防范食物中毒的一个跨学科领域,所以食品安全很重要。

食品(食物)的种植、养殖、加工、包装、储藏、运输、销售、消费等活动符合国家强制标准和要求,不存在可能损害或威胁人体健康的有毒有害物质以导致消费者病亡或者危及消费者及其后代的隐患。该概念表明,食品安全既包括生产安全,也包括经营安全;既包括结果安全,也包括过程安全;既包括现实安全,也包括未来安全。

《中华人民共和国食品安全法》第十章附则第九十九条规定:本法下列用语的含义:食品安全,指食品无毒、无害,符合应当有的营养要求,对人体健康不造成任何急性、亚急性或者慢性危害。

(二)食品安全问题的预防

食品安全关系到学生的健康,学生要预防食品安全问题应注意以下几点:

1.掌握食品安全的基本知识

掌握食品安全的基本知识有助于学生更好地预防食品安全问题。学生可以通过学校的安全教育课或者选修食品卫生与安全课获得有关食品安全的知识,或者通过网络、报刊及其他方式获取食品安全的相关知识。一般来说,学生应掌握以下的食品安全知识。

(1)食品的类型。要明确食品所属于的类型,以便更具体地了解此类食品容易发生食品安全问题的情况。

(2)食品安全的具体标识。学生要认清质量安全标志、绿色食品标志和保健食品标志。

(3)预防食品安全问题的相关措施。学生要了解预防食品安全的措施,以便在日常生活中践行。

（4）发生食品安全问题之后的维权知识。学生不仅要学会预防食品安全问题，还要培养自己的维权意识，掌握维权知识。学生可以根据《消费者权益保护法》和《食品安全法》的相关规定进行维权。

2.在日常生活中践行食品安全的理念

掌握食品安全的知识只是预防食品安全问题措施的一个方面。但最主要的是，学生要在日常生活中践行食品安全的理念，这样才能有效达到预防食品安全问题的目的。

（1）尽量在学校食堂里就餐。

有些学生不喜欢食堂里的饭菜，经常在外面就餐。但是相对于外面的餐厅，学校的食堂对食品来源、安全有一套标准，工作人员也是经过培训上岗，一般很少出现食品安全问题。就算出现了问题，学校对学生的赔偿会有保障。因此，学生为了自己的健康着想，应尽量在学校食堂里就餐。

（2）在外就餐时要选择具备食品卫生许可证和工作经营证的餐厅。

在外就餐时一定要注意查看餐厅是否具备食品卫生许可证和工作经营证，如不具备，就换一家餐厅就餐，如果还不放心的话，可以让餐厅老板开一张发票，证明你在此餐厅就餐，发生争议时以此为维权依据。

（3）在零售店、超市购买食品时，一定要注意食品的相关信息。

即使在零售店、超市购买食品，也有可能存在食品安全问题。因此，一定要注意查看所购买的食品的信息，一般应包括：食品生产厂家及产址、生产日期和保质期、质量安全标志、有无添加防腐剂等。

（4）选择到规范的市场购买食品。

相对于无固定摊点、不规范的市场，规范的市场有一定的安全保障。因此要选择到规范的市场购买食品。买菜时还要注意菜的光泽、大小，至于肉类食品、腌制食品，也要注意其价格是否合理，食品本身是否存在问题。

学生应明白，预防食品安全问题关系其自身健康，应予重视，并在日常生活中践行食品安全理念。

二、合理营养

（一）膳食平衡原则

膳食平衡指膳食中所含的热量适当、营养素种类齐全、数量充分、比例适当，能满足机体生理、生活、劳动等活动对营养的需要。学生运动膳食的构成和数量应达到理想的动态平衡，若膳食不平衡，其中一些营养素过多或不足，均会影响机体的正常生理机能，甚至引起某些疾病。

1.全面

全面是指各种营养素的摄入要全面。学生运动日常饮食中所需营养素主要包括蛋白质、脂肪、维生素、无机盐、碳水化合物、纤维素等。其中任何一种营养素都对人体的健康有独特的

贡献,如有欠缺都会直接影响机体的健康。学生运动只有做到饮食全面,才能获取全面均衡的营养。任何一种单一的食物都不能完全满足人体的需要,因而必须有多种食物来源,要注意荤素、粗细、主副食物全面搭配,花、果、根都食用,才能达到全面营养。

2.均衡

均衡是指各种营养素摄入与人体需要之间的相对平衡。对于经常进行运动的学生来说,大量高能量食物是饮食中必不可少的;女性由于月经关系比男性对铁的需要量大;一日不同时辰、一年不同季节、不同生活工作节奏和对不同环境的适应需要,所需饮食营养需要也会有一定的差别。

对经常进行运动的学生来说,营养摄入过少,不能满足需要,可发生营养不良性疾病;摄入过多,既是浪费又对机体产生负担,产生营养过剩性疾病。因此,保证膳食均衡对学生身体素质与运动技能的发展具有重要作用。

3.适当

适当是指摄入各种营养之间的配比要适当。对于各种营养素的需求,人体元素的组成与人体不同状况下的需求量是有一定配比的,只有符合人体需要的搭配才有利于更好地吸收和利用。日常饮食中经常进行运动的学生应保证热量供给中的蛋白质、脂肪和碳水化合物的适当比例,动物蛋白和植物蛋白的比例要适当,素荤的搭配比例要适当,主副食的搭配比例要适当,一日三餐、一年四季、一生不同阶段的食物搭配都应适当。

(二)合理膳食构成

中国营养学会根据平衡膳食的原则,提出的我国居民的膳食构成主要包括以下方面:

(1)以谷类为主,保证食物的多样化。谷类和薯类、豆类及其制品、蔬菜水果、动物性食物以及纯热能量食物所含的营养成分是不完全相同的,在饮食时应保证食品的多样化,同时注意粗细搭配。多吃一些粗粮、杂粮,不要将稻米、小麦碾磨的太精,以防谷粒表层所含的维生素和矿物质随糠麸的去除而丢失。

(2)每天应进食奶类、豆类或其制品。奶类、豆类除含有丰富的优质蛋白质和维生素外,还含有较高的钙,利用率很高。

(3)多吃蔬菜、水果和薯类。膳食中的维生素、矿物质和纤维素主要来源于蔬菜、水果和薯类。蔬菜、水果和薯类膳食,对增强抗病能力,保护心血管健康,减少眼干燥症的发生以及预防癌症等具有重要作用。

(4)膳食中应含有适量的鱼、肉、蛋、禽,尽量少吃肥肉和荤油。鱼、肉、蛋、禽等动物性食物是人体优质蛋白、脂肪、脂溶性维生素、B族维生素和矿物质的主要来源。肥肉和荤油摄入过多,常常使人肥胖,而成为高血压、糖尿病、冠心病等慢性非传染性疾病的诱发因素。

(5)吃清淡少盐的膳食。世界卫生组织建议每人每日食盐用量不超过 6 克。因此应当保证膳食清淡少盐,这对预防高血压、心血管病有很重要作用。

(6)食量与体力活动平衡,保持适宜的体重。食物所提供的能量超过人体活动所消耗的能量,其中多余的能量就会以脂肪的形式贮存于体内,逐渐积累使人体发胖。相反,若进食提供

人体的能量不能满足人体活动所需的能量,体内就会动员脂肪来供能,久而久之就会引起消瘦,而降低人体的抵抗力。因此学生需要保持食量和能量消耗之间的动态平衡。

(三)膳食建议

1.科学的三餐膳食比例

学生需要有科学合理的三餐比例搭配,要摒弃"早餐吃得少、午餐吃得好、晚餐吃得饱"的错误观点。在一天的饮食需求中,早、中、晚三餐的比例应该为 3：4：3,这样既能保证活动时能量的供给,又能使胃肠在睡眠中得到休息。从营养学的角度来说,每天的热量供应应该集中在午餐,一般要求晚餐所供给的热量,应不超过全日膳食总热量的 30％。否则会加速糖耐量的降低,致使胰腺衰老,最终导致糖尿病的发生,而糖尿病与血管病变又互为因果,因此很容易导致恶性循环现象出现。

2.培养良好的饮食习惯

(1)合理安排一日三餐。

学生应注意三餐的时间安排。一般每日三餐,三餐的时间最好是固定的,以利于胃肠道的消化。一般以混合性食物在胃内停留 4～5 小时为依据来安排两餐之间的间隔,所以两餐间隔时间以 4～6 小时为宜。另外,要合理分配三餐的热能。每餐的数量和能量分配要适应生理和学习的需要。一般对热能的安排为早餐占全天总热量的 30％左右,午餐占全天总热量的40％～45％,晚餐占全天总热量的 25％～30％。

(2)养成良好的个人饮食习惯。

①膳食应全面和多样化,每天以粮谷类为主,多吃蔬菜、水果及豆制品,尽量坚持喝牛奶或豆奶,多吃鱼、肉、蛋、禽类食物。

②建议每天热量结构中碳水化合物占总热量的 60％～70％,蛋白质占总热量的 10％～15％,脂肪占总热量的 20％～25％。

③注意饮食卫生和营养,不要吃太油腻、太咸的食物,不要多吃油炸和烟熏的食物,不饮酒,不吃变质、变味食物。

④保持用餐环境的安静和清洁,不在进餐时看书、喧哗。不吃街头无食品卫生许可证摊贩的食品。

⑤提高自己的营养知识水平,讲究合理的膳食结构,在每日膳食中包含"平衡膳食宝塔"中的各类食物,掌握好搭配和比例。

(3)合理加餐。

学生进行运动,会有大量的体力消耗和紧张的脑力劳动,会耗费大量能量,因此可考虑增加课间餐和夜宵,以利于学习和生活。但摄入的食物不宜太多,应以碳水化合物为主,以利于消化和吸收,迅速提高血糖浓度,且不影响三餐的正常进餐。适当增加夜宵亦有利于身体健康。

3.不做纯素食主义者

纯素食的弊病很多,主要表现在两方面:一是容易导致学生营养不良,影响生长发育;二是

容易导致人体微量元素和维生素的缺乏。对于经常进行运动的学生来说,荤素结合的饮食结构最为有益。其中,肥胖症、糖尿病、心血管疾病者,可适当多吃点素食,而对于营养不良、微量元素缺乏的人,不妨多吃点荤食。总之,最科学的饮食结构应该是荤素结合,比例适当,而不是所谓的"素食主义"。

第二节　运动伤病的预防与处理

一、运动性损伤的预防与处理

(一)运动性损伤的预防

1.运动性损伤发生的原因

(1)一般外在原因。

一般外在原因主要有这些方面:运动前未进行充分的热身活动;身体某一部位练习重复过多;缺乏适当的休息;所穿的衣服、鞋子不适合训练;训练的量过大;训练方法有错误;忽视了身体状况;技术动作缺少准确性;场地设施不合要求;忽视了训练的安全准则;没有接受充分的训练指导;自我保护能力弱等。

(2)内在因素。

性别:女性运动性损伤的发生率较男性高。因为女性骨骼比男性重量轻,坚固度低,抗压抗弯能力只有男性的2/3。另外,女性体脂含量高,肌肉重量占体重的比例少,力量比同龄男性小20%～25%。

运动技能:锻炼者由于运动技术不熟练或技术动作上存在缺点和错误,违反了人体结构的特点和各器官系统功能活动的规律,也容易引起损伤。

身体机能状况:身体机能状况不好的情况下,会因肌肉力量较弱、身体协调性较差、对意外事件缺乏敏锐的判断力和准确的保护反应而导致损伤。影响身体机能的常见原因有:患病或伤病初愈阶段;睡眠或休息不好;疲劳、贫血等。

思想意识:运动性损伤的发生,常与思想麻痹、情绪急躁、急于求成有关。中职学生年龄阶段的人往往年轻气盛,活泼好动,爱表现自己,却又缺乏运动性损伤的防范意识,忽视各种预防措施,运动中常不能遵循循序渐进和量力而行的原则,在进行一些运动时,使发生损伤的危险性很大。

心理状态:运动中有畏难、恐慌、害羞、犹豫不决或过分紧张等不良心理状态的人,也容易造成运动性损伤。

2.预防原则

(1)思想上重视损伤的预防。从思想上重视对运动性损伤的预防,学习并掌握有关预防运

动性损伤的知识和方法。锻炼时遵循体育锻炼的一般原则,加强身体的全面锻炼、易伤部位锻炼及肌肉力量的锻炼。

(2)做好准备活动。准备活动的内容要与训练内容相结合;准备活动的量,要根据身体特点、气象条件和训练而定。准备活动一般以身体感到发热,微微出汗为宜。准备活动结束与正式运动之间的时间不要过长,一般为3分钟。

(3)加强自我保护意识。掌握运动中可能发生意外时的自我保护方法,防范运动技术伤的发生。学会运动后肌肉酸痛、关节不适等常见症状的处理方法。对运动性损伤要做到及时发现,及时处理。

(4)注意科学锻炼。科学锻炼包括五个方面,即全面性、渐进性、个别性、经常性、意识性。前三个方面对预防损伤极其的重要,是不能够忽略的。

(5)合理安排运动。要根据自身的健康状况和运动技术水平,合理安排运动量;运用各种形式的身体练习方法,全面提高身体素质,防止局部肌肉的过度疲劳。

(6)要针对性别进行训练。由于性别的不同,人体的自身条件也不同。不同的身体条件适应不同的训练方式。如果选择不合适,要么锻炼不到位,要么就会给身体带来一定的损伤。

(7)选择喜爱的运动项目。可以根据自己的锻炼目的进行选择,如肌肉力量训练、关节韧带柔韧性训练等。有些人因肥胖、睡眠不良、体力下降、便秘等异常可以选择医疗体育。

(8)创造良好环境。体育器具、设备、场地等在运动前都应进行严格的安全检查。女性的项链、耳环等锐利物品在运动时应暂时摘去。

(二)运动性损伤的处理

1.一般损伤的处理

(1)水泡。

水泡实际是摩擦的热量导致的轻度烧伤。穿优质合脚的鞋子或没有后跟的筒袜可以防止或减少水泡的产生。

处理方法:当水泡开始出现时,用绑带包住皮肤。如果情况更严重,可使用消毒的空心针放出积水,涂上杀菌水(如碘伏),包上纱布并用胶布缠好。

(2)擦伤。

擦伤就是皮肤受外力摩擦所致的皮肤出血或组织液渗出。擦伤分为小面积擦伤和较大面积擦伤。具体的处理方法如下:

小面积擦伤处理方法:表皮擦伤,可用碘酒或碘伏局部涂擦,不需包扎。关节及其附近的擦伤,则应首先进行局部消毒后,再涂以消炎软膏,以免局部干裂影响运动,若感染,易波及关节。

较大面积擦伤处理方法:先应以生理盐水或0.05％的新洁尔灭清洗创面,然后局部消毒。最后盖以消毒凡士林纱布和敷料,并包扎。必要时可加服抗生素预防感染。

(3)挫伤。

挫伤是指在钝器直接作用下,人体皮肤或皮肤下组织所受的伤,如运动时相互冲撞、踢打所致的伤。挫伤以四肢多见,可伴有功能障碍。单纯的挫伤仅局部青紫,皮下瘀血肿胀、疼痛。

严重者可合并肌肉断裂、骨折、失血、内脏损伤和脑震荡。

处理方法:单纯性挫伤在局部冷敷后外敷新伤药,加压包扎、抬高患肢。有肌肉、肌腱断裂者,应将肢体包扎固定后,送医院治疗。头部、躯干挫伤休克症状出现者应首先进行抗休克处理方法,保温、止痛、止血、矫正休克后,立即送医院治疗。

(4)皮肤撕裂伤。

皮肤撕裂伤是指皮肤受外力严重摩擦或碰撞所致的皮肤撕裂、出血。

处理方法:轻者,消毒后,以胶布黏合或用创可贴敷盖即可;面积较大者,则需止血缝合和包扎。必要时用破伤风抗毒素肌内注射,以免引起破伤风。

(5)刺伤。

刺伤特点是伤口较小但较深,可能伤及深部组织器官,或将异物带入伤口深处,容易引起感染。

处理方法:轻者先用碘酒、酒精将伤口周围消毒。然后在伤口上撒上消炎粉,用消毒纱布覆盖,再加以包扎。被不洁物刺伤的,要注射破伤风抗毒素,预防破伤风。

(6)切伤。

切伤伤口边缘整齐,出血较多,但周围组织创伤较轻。深的切伤可能切断大血管、神经、肌腱等组织。

处理方法:轻者先用碘酒或酒精消毒。然后在伤口上撒上消炎粉,用消毒纱布覆盖。较重者,应彻底止血,缝合伤口。伤情和污染较重者应该注射抗菌药,预防感染。被不洁物切伤的,要注射破伤风抗毒素,预防破伤风。

2.中度损伤的处理

(1)踝关节扭伤。

踝关节扭伤是运动中最常见的一种关节韧带损伤,它是因踝关节过度内翻或外翻而导致踝关节内、外侧韧带受损。扭伤时伤处疼痛、肿胀,韧带损伤处有明显压痛,皮下瘀血。

处理方法:暂停运动,冷敷,加压包扎,抬高患肢。24小时后可以进行热敷和按摩。严重的扭伤或怀疑有韧带撕裂时应及时求医。

(2)肌肉拉伤。

肌肉拉伤是指在外力直接或间接作用下,使肌肉过度主动收缩或被动拉长所致的肌肉纤维损伤或断裂。拉伤时局部疼痛、压痛、肿胀、肌肉紧张、发硬、痉挛。当受伤肌肉主动或被动拉长时疼痛加重。有些损伤有闪痛、撕裂样感,肿胀明显及皮下瘀血严重,触摸局部有凹陷及一端异常隆起者,可能为肌肉断裂。

处理方法:轻者可立即休息,抬高患肢,局部冷敷并加压包扎。疼痛明显者,可酌情给止痛药。24小时后开始理疗和按摩。如肌肉大部分或完全断裂,应加压包扎并立即送往医院处理。

(3)胫骨痛。

胫骨痛在运动医学中称为胫腓骨疲劳性骨膜炎。此病多发生在跑、跳项目。由于这类活动使大腿屈肌群不断收缩,而过度牵扯其胫腓骨的附着部分,致使骨膜松弛,骨膜下出血,产生肿胀、疼痛等炎症反应,导致出现此病。胫骨痛时骨膜松弛,骨膜下出血,并产生肿胀、疼痛等

炎症反应。

处理方法:适当控制用足尖跑、跳的运动量,但不应停止练习,使下肢在不加重症状的情况下,逐步适应过来。运动前要做好准备活动,运动后加强局部按摩。严重时,去医院求医。

(4)肩袖损伤。

肩袖损伤系指肩袖肌腱或合并肩峰下滑囊的损伤性炎症病变。肩袖损伤时肩外展疼痛,有时会向上臂、颈部放射。肩外展或伴内、外旋时,疼痛加重,压痛局限于肩峰与肱骨大结节之间。急性期常伴有三角肌痉挛疼痛,慢性期继发三角肌萎缩乏力。

处理方法:适当休息,用物理治疗、针灸、按摩、外敷中药或痛点封闭方法治疗,效果都较好。还要注意活动运拉肩关节和上肢。怀疑有肌腱断裂者要送医院进一步检查和处理方法。

(5)髌骨劳损。

髌骨具有保护股骨关节面、维护关节外形和传递股四头肌力量的作用,是维护膝关节正常功能的主要结构。髌骨劳损一般是膝关节长期负担过重或反复损伤积累而成的。髌骨劳损是膝关节酸软疼痛,髌骨压迫痛,单足半蹲的时候有痛感。少数患者因长期膝关节疼痛不敢用力而肌肉萎缩或有少许关节积液。

处理方法:采用按摩、中药外敷、针灸等方法;加强膝关节肌群力量练习,比如采用高位静力半蹲,每次保持3～5分钟即可,每日进行1～2次。

(6)腰部扭伤。

腰部扭伤是腰部软组织的损伤。有明确的外伤史,伤后立即或一、二日后发生腰痛,为急性腰部扭伤,亦称"闪腰"。肌肉轻度扭伤伤后疼痛显著,脊柱不能伸直;因肌痉挛而引起脊柱生理曲线改变者为较重的扭伤。如是棘上韧带与棘间韧带扭伤,则受伤当时感到局部突然撕裂样疼痛,过度前弯腰时疼痛加重,腰伸展时疼痛较轻,棘突上或棘突之间有局限而表浅的明显压痛点。若是筋膜破裂,则多发生在骶棘肌鞘部和髂嵴上、下缘,伤处有明显的压痛点,弯腰和腰扭转时疼痛较重,腰伸展时疼痛较轻。如果是小关节交锁,受伤当时即有腰部剧烈疼痛;呈保护性强迫体位,不敢做任何活动,亦惧怕任何搬动,尤其不能做腰后伸活动,疼痛位置较深,不易触到压痛点,但叩击伤处可引起震动性剧烈疼痛。

处理方法:①休息。伤后初期,宜仰卧于有垫子的木板床短期休息,腰部垫一薄枕以便放松腰肌。也可以与俯卧位相间交替,避免任何使受伤组织再受牵拉,以利修复。轻度扭伤休息2～3天,较重扭伤需休息一周左右。②按摩。伤后即可进行穴位按摩。取人中、扭伤、肾俞、大肠俞、委中等穴,手法强度应使病人有较强的酸麻胀感为宜。③其他疗法。如外贴活络止痛膏、内服活络止痛药、火罐疗法、针灸疗法、局部注射强的松龙、理疗等。

3.严重运动性损伤的处理

(1)关节脱位。

运动中,因受外力作用,使关节失去正常的连接关系叫关节脱位,又称脱臼。关节脱位后常出现畸形,即刻发生剧烈疼痛和有明显的压痛,关节周围显著肿胀,关节功能丧失。有时还发生肌肉痉挛,严重时会出现休克。

处理方法:切不可随意做复位动作,以免加重伤情。用夹板或三角巾固定伤肢,并尽快送医院治疗。

（2）骨折。

运动中，身体某部受到直接或间接的外界力量的撞击时可造成骨折，常见的骨折有肱骨骨折、尺桡骨骨折、手指骨折、小腿骨折、肋骨骨折等。骨折后患处出现肿胀，疼痛难受，肢体失去正常功能；肌肉可能产生痉挛，骨折部位可见到畸形。严重时还伴有出血和神经损伤，甚至发烧及突发休克等现象。

处理方法：不要随意移动肢体，用夹板或其他代用品固定伤肢；如出现休克时，应先施行人工呼吸；若伴有伤口出血，应同时施行止血，并及时护送至医院治疗。

二、运动性疾病的预防与处理

（一）运动中腹痛

（1）原因。准备活动做得不充分；运动速度和强度加得过快或太突然；缺乏锻炼或训练水平低；呼吸与动作之间的节奏配合不良；身体状况不佳、劳累、精神紧张；膳食制度不合理，饮食上存在问题等。

（2）症状。小负荷和慢速度运动时，腹痛不明显；随着运动负荷和强度增加，腹痛也逐渐加剧。腹痛部位，常为病变脏器所在：左上腹痛，多为脾瘀血；左下腹痛，多因宿便引起；右上腹痛，多为肝胆疾患、肝脏瘀血；右下腹痛，多为阑尾炎；中上腹痛，多为急性或慢性胃炎；腹中部痛，多为肠痉挛、蛔虫病。

（3）预防。加强全面身体训练，提高生理机能水平。要充分做好准备活动，运动中注意呼吸节律，中长跑时要合理分配速度。膳食安排要合理，饭后须经过一定时间后才可进行剧烈运动，运动前不宜过饱或过饥，也不要饮水过度。训练时要遵循训练的科学性原则，要循序渐进地增加运动量。对于各种疾患引起的腹痛，应就医检查确诊，彻底治疗，疾病未愈之前，应在医生指导下进行体育活动。

（4）处理。用手按压疼痛部位，或弯腰跑一段距离，一般疼痛即可减轻或消失。减慢运动速度和降低运动强度，加深呼吸，调整呼吸和运动节奏。上述处理方法如还无效或加重，应停止运动，口服止痛药物，点掐或针刺足三里、内关、三阴交等穴位，进行腹部热敷等。还没有效果，则需请医生诊治。

（二）低血糖症

（1）原因。运动前体内肝糖原储备不足，运动时不能及时补充血糖的消耗；长时间进行剧烈运动时体内血糖大量消耗和减少；中枢神经系统调节糖代谢的功能紊乱，胰岛素分泌量增加；患病参加运动等。

（2）症状。轻者感到非常饥饿、极度疲乏、头晕、心悸、面色苍白、出冷汗；重者可出现神志模糊、语言不清、四肢发抖、呼吸短促、烦躁不安或精神错乱，甚至惊厥、昏迷。检查血糖，则明显降低。脉搏快而弱，血压偏高或无明显变化，或昏倒前升高而昏倒后降低，呼吸短促，瞳孔扩大。

（3）预防。进行运动量大的运动时，应准备一些含糖的饮料，供途中饮用。平时缺乏锻炼

者,或患病未愈及空腹饥饿时,不要参加长时间的激烈运动。

(4)处理。使病者平卧、保暖。神志清醒者可饮浓糖水或吃少量食品,一般短时间内即可恢复。不能口服者,可静脉注射 50％葡萄糖 40～100 毫升。昏迷不醒者,可针刺人中、百会、涌泉、合谷等穴,并迅速请医生前来处理。

(三)肌肉酸痛

(1)原因。运动时肌肉活动量大,引起局部肌纤维及结缔组织的细微损伤,以及部分肌纤维的痉挛所至。

(2)症状。局部肌肉纤维细微损伤及痉挛。整块肌肉仍能完成运动功能,只是存在一定的酸痛感。

(3)预防。准备活动中,注意使即将练习时负荷重的局部肌肉活动得更充分;根据不同体质、不同健康状况科学地安排锻炼负荷。锻炼时,尽量避免长时间集中练习身体某一部位,以免局部肌肉负担过重;整理运动除进行一般性放松练习外,还应重视进行肌肉的伸展牵引练习。

(4)处理。对酸痛局部进行静力牵引练习,保持拉伸状态 2 分钟,然后休息 1 分钟,重复练习。对酸痛的局部肌肉进行热敷,促进血液循环及代谢过程,有助于损伤组织的修复及痉挛的缓解。对酸痛局部进行按摩,使肌肉放松,促进肌肉血液循环,有助于损伤修复及痉挛缓解。口服维生素 C。维生素 C 有促进结缔组织中胶元合成的作用,能加速受损组织的修复和缓解酸痛。补充微量元素锌元素,锌元素有利于损伤肌肉的修复。

(四)岔气

(1)原因。运动时发生与腹痛位置不同的突然性胸壁或上腹近肋骨处的疼痛现象叫"岔气"。出现"岔气"的原因主要有两个:一是运动前没有做好准备运动,二是呼吸节奏紊乱或心肌功能不佳。

(2)症状。胸壁或上腹近肋骨处出现疼痛,影响体育运动正常进行。说话、深呼吸或咳嗽时局部更加疼痛。疼痛的局部可有压痛,但不红肿。

(3)预防。运动前要充分地活动开肢体,使身体适应后逐渐加大运动量。在运动中要掌握正确的呼吸方法和节奏,并养成经常锻炼的习惯。

(4)处理。深吸气后憋住不放,握拳由上到下依次捶击胸腔左、右两侧,亦可用拍击手法拍击腋下,再缓缓作深呼气。深吸气憋住气后,请别人捶击患者侧背部及腋下,再慢慢呼气。可连续做数次深呼吸,同时自己用手紧压疼痛处。用食指和拇指用力捻捏内关和外关穴,同时做深呼吸和左右扭转身躯的动作。可深吸气后憋住不放,用手握空拳捶击疼痛部位。

(五)中暑

(1)原因。在炎热的天气下进行长时间耐力运动;身体疲劳、失眠、失水、缺盐;对热环境适应能力差。

(2)症状。早期有头晕、头痛、呕吐现象。逐步发展为体温升高,皮肤灼热干燥。严重者可出现精神失常、虚脱、痉挛、心率失常、血压下降。过于严重的,甚至会昏迷,危及生命。

(3)预防。准备清凉消暑或低糖含盐饮料,并准备急救药品,发现中暑症状,立即停止运

动,及时处理。高温炎热季节运动时,应当减少运动量和运动时间。夏天在室外锻炼时,应戴白帽,穿浅色、宽松、通风性能好的运动服。

（4）处理。当有先兆或轻度中暑时,应迅速撤离高热环境,至通风阴凉处休息,解开衣领,并服用清凉饮料、浓茶、淡盐水和解暑药物等。对病情较重的患者,应立即移到阴凉处,让其平卧。根据不同的病情,分别处理:中暑痉挛时,牵伸痉挛肌肉使之缓解,并服用含盐清凉饮料;中暑衰竭时服用含糖、盐饮料,并在四肢做重推按摩。症状重或昏迷患者,可针刺人中、涌泉、中冲等穴,并应迅速送往医院进行抢救。

（六）昏厥

（1）原因。长时间站立或过久下蹲后骤然起立,使脑部缺血,容易引起昏厥。跑动后立即停止,由于下肢血管失去肌肉收缩的挤压作用,加上血液本身的重力关系,大量血液积聚在下肢舒张的血管中,造成回心血量减少,因而心输出量减少,使脑部突然缺血,而发生晕厥。这种昏厥也叫"重力性休克"。神经类型欠稳定的人,一旦受惊、恐惧、悲伤,或者看到别人出血,都可反射地引起广泛的小血管急性扩张,血压下降,从而导致脑部血液供应不足而发生血管抑制性昏厥。

（2）症状。昏厥前,病人面色发白,感到头昏眼花,全身软弱无力。昏厥时失去知觉,突然昏倒。昏倒后,面色苍白、手足发凉、出冷汗、脉搏慢而弱、血压下降、呼吸缓慢。经过短时间的平卧休息,脑缺血消除,知觉迅速恢复,但精神不佳,仍有头昏、全身无力的感觉。

（3）预防。当有昏厥的前期症状时应立即平卧,或由同伴扶着走一段路,可使症状减轻或消失;坚持锻炼,增强体质;久蹲后要慢慢站立起来;跑后不要立即站立不动,应继续慢跑并做深呼吸。

（4）处理。让病人平卧,头部稍放低,松解衣领,注意保暖。用毛巾擦脸,自小腿向大腿做重推摩和揉捏。病人没有苏醒,则用指针掐点人中穴。禁止给任何饮料饮用或服药。有条件的话,应给氧气和在静脉注射 25%～50% 葡萄糖 40～60 毫升。如呼吸停止,应立即进行人工呼吸,醒后可给以热饮料,注意休息。急救同时,应该尽快联系医生。

第三节　应急避险与急救常识

一、应急避险常识

（一）高温

日最高气温达到 35℃（含 35℃）以上,就是高温天气。高温天气会给人体健康、交通、用水、用电等方面带来严重影响。

应急要点:

（1）饮食宜清淡,多喝凉白开水、冷盐水、白菊花水、绿豆汤等防暑饮品。

（2）保证睡眠,准备一些常用的防暑降温药品,如清凉油、十滴水、人丹等。

（3）在高温条件下的作业人员,应采取防护措施或停止作业。

（4）白天尽量减少户外活动时间,外出要打伞、戴遮阳帽、涂抹防晒霜,避免强光灼伤皮肤。

（5）如有人中暑,应立即把病人抬至阴凉通风处,并给病人服用生理盐水或"十滴水"等防暑药品。如果病情严重,需送往医院进行专业救治。

（二）大风

城市中,大风及其在建筑物之间产生的"强风效应"时常会刮坏房屋、广告牌和大树等,并会妨碍高空作业,甚至引发火灾。

应急要点:

（1）大风天气,在施工工地附近行走时应尽量远离工地并快速通过。不要在高大建筑物、广告牌或大树的下方停留。

（2）及时加固门窗、围挡、棚架等易被风吹动的搭建物,妥善安置易受大风损坏的室外物品。

（3）机动车和非机动车驾驶员应减速慢行。

（4）立即停止高空、水上等户外作业;立即停止露天集体活动,并疏散人员。

（5）不要将车辆停在高楼、大树下方,以免玻璃、树枝等被吹落造成车体损伤。

（三）沙尘暴

沙尘暴是指强风将地面大量的尘沙卷入空中,使空气特别混浊,水平能见度小于1 000米的灾害性天气。沙尘暴会造成空气质量恶化,影响人体健康和交通安全,破坏建筑物及公共设施,严重时还会造成人员伤亡。

应急要点:

（1）及时关闭门窗,必要时可用胶条对门窗进行密封。

（2）外出时要戴口罩,用纱巾蒙住头,以免沙尘侵害眼睛和呼吸道造成损伤。应特别注意交通安全。

（3）机动车和非机动车应减速慢行,驾驶员要密切注意路况,谨慎驾驶。

（4）妥善安置易受沙尘暴损坏的室外物品。

（四）暴雨

暴雨,特别是大范围的大暴雨或特大暴雨,往往会在很短时间内造成城市内涝,使居民生命财产遭受损失,给城市交通带来重大影响。

应急要点:

（1）预防居民住房发生小内涝,可因地制宜,在家门口放置挡水板或堆砌土坎。

（2）室外积水漫入室内时,应立即切断电源,防止积水带电伤人。

（3）在户外积水中行走时,要注意观察,贴近建筑物行走,防止跌入窨井、地坑等。

（4）驾驶员遇到路面或立交桥下积水过深时要尽量绕行,避免强行通过。

（五）雷击

雷雨天气常常会产生强烈的放电现象,如果放电击中人员、建筑物或各种设备,常会造成人员伤亡和经济损失。

应急要点:

(1)注意关闭门窗,室内人员应远离门窗、水管、煤气管等金属物体。

(2)关闭家用电器,拔掉电源插头,防止雷电从电源线入侵。

(3)在室外时,要及时躲避,不要在空旷的野外停留。在空旷的野外无处躲避时,应尽量寻找低洼之处(如土坑)藏身,或者立即下蹲,降低身体的高度。

(4)远离孤立的大树、高塔、电线杆、广告牌。

(5)立即停止室外游泳、划船、钓鱼等水上活动。

(6)如多人共处室外,相互之间不要挤靠,以防被雷击中后电流互相传导。

（六）大雾

当大量微小水滴悬浮在近地层空气中,能见度小于1 000米时,就是大雾天气。它会给城市交通带来严重影响,容易造成交通事故。大雾天气时,城市中排放的烟尘、废气等有害物质容易在近地层空气中滞留,影响人体健康。

应急要点:

(1)机动车驾驶员应打开防雾灯,密切关注路况。行驶中要减速慢行,控制好车速、车距。

(2)在高速公路上行驶的车辆,遇大雾天气、能见度过低时,应立即减速慢行,并将车驶向最近的停车场或服务区停放。

(3)大雾天气出行,行人应注意交通安全。应戴上口罩,防止吸入对人体有害的气体。

（七）冰雪天气

冰雪天气时,由于视线不清,路面湿滑,给出行带来很多安全隐患,极易发生交通和跌伤等事故。

应急要点:

(1)非机动车驾驶员应给轮胎少量放气,增加轮胎与路面的摩擦力。

(2)冰雪天气行车应减速慢行,转弯时避免急转以防侧滑,踩刹车不要过急过死。

(3)在冰雪路面上行车,应安装防滑链,佩戴有色眼镜或变色眼镜。

(4)路过桥下、屋檐等处时,要迅速通过或绕道通过,以免上结冰凌因融化突然脱落伤人。

(5)在道路上撒融雪剂,以防路面结冰;及时组织扫雪。

（八）地震

地震灾害的伤亡主要由建筑物倒塌造成。因此,地震发生时应反应迅速,及时采取保护自己的措施。

应急要点:

(1)住在平房的居民遇到地震时,如室外空旷,应迅速头顶保护物跑到屋外;来不及跑时可

躲在桌下、床下及坚固的家具旁,并用毛巾或衣物捂住口鼻防尘、防烟。

(2)住在楼房的居民,应选择厨房、卫生间等开间小的空间避震;也可以躲在内墙根、墙角、坚固的家具旁等易于形成三角空间的地方;要远离外墙、门窗和阳台;不要使用电梯,更不能跳楼。

(3)尽快关闭电源、火源。

(4)正在教室和工作场所,应迅速抱头、闭眼,在讲台、课桌、工作台和办公家具下边等地方躲避。

(5)正在市内活动时,应注意保护头部,迅速跑到空旷场地蹲下;尽量避开高大建筑物、立交桥,远离高压电线及化学、煤气等工厂或设施。

(6)正在野外活动时,应尽量避开山脚、陡崖,以防滚石和滑坡;如遇山崩,要向远离滚石前进方向的两侧方向跑。

(7)正在海边游玩时,应迅速远离海边,以防地震引起海啸。

(8)驾车行驶时,应迅速躲开立交桥、陡崖、电线杆等,并尽快选择空旷处立即停车。

(9)身体遭到地震伤害时,应设法清除压在身上的物体,尽可能用湿毛巾等捂住口鼻防尘、防烟;用石块或铁器等敲击物体与外界联系,不要大声呼救,注意保存体力;设法用砖石等支撑上方不稳的重物,保护自己的生存空间。

(10)参加震后搜救时,应注意搜寻被困人员的呼喊、呻吟和敲击器物的声音;不可使用利器刨挖,以免伤人;找到被埋压者时,要及时清除其口鼻内的尘土,使其呼吸畅通;已发现幸存者但解救困难时,首先应输送新鲜空气、水和食物,然后再想其他办法救援。

(九)泥石流

泥石流是山地沟谷中由洪水引发的携带大量泥沙、石块的洪流。泥石流来势凶猛,而且经常与山体崩塌相伴相随,对农田和道路、桥梁等建筑物破坏性极大。

应急要点:

(1)发现有泥石流迹象,应立即观察地形,向沟谷两侧山坡或高地跑。

(2)逃生时,要抛弃一切影响奔跑速度的物品。

(3)不要躲在有滚石和大量堆积物的陡峭山坡下面。

(4)不要停留在低洼的地方,也不要攀爬到树上躲避。

(十)崩塌

崩塌易发生在较为陡峭的斜坡地段。崩塌常导致道路中断、堵塞,或坡脚处建筑物毁坏倒塌,如发生洪水还可能直接转化成泥石流。更严重的是,因崩塌堵河断流而形成天然坝,引起上游回水,使江河溢流,造成水灾。

应急要点:

(1)行车中遭遇崩塌不要惊慌,应迅速离开有斜坡的路段。

(2)因崩塌造成车流堵塞时,应听从交通指挥,及时接受疏导。

二、急救常识

急救是指对意外或者突然发生的伤病事故,进行紧急的临时性的处理。它的主要目的是保护伤员的生命安全、减轻痛苦、避免再度损伤、防止伤口污染、预防并发症,并为伤病员的进一步治疗创造条件。

(一)急救的工作顺序

(1)维持呼吸道的通畅。
(2)重建呼吸功能。如果伤者的呼吸已经停止,应立即进行人工呼吸。
(3)重建血液循环功能。如果伤者的心跳已停止,应立即施以心外按摩;止住严重的出血。
(4)预防休克。
(5)预防持续损伤。

(二)急救的注意事项

1.及时请求救助

及时拨打120请求救助,拨打时向医生说明伤者姓名、目前所在的确切地点、伤害发生的时间、伤患者的人数及状况等。

2.保持合理姿势

为了防止伤者的病情发生恶化,应将其放在正确和舒适的姿势。

(三)其他注意事项

(1)随时注意保暖,以防体温散失,预防休克。
(2)当患者伤势较轻且意识清醒时应给予生理盐水,但如果意识不清或者失去知觉或者急需手术者,不得给予任何食物和饮料。
(3)为了消除伤者焦虑不安的情绪,应给与其心理支持。
(4)在非必要的情况下不得脱除伤者的衣服,以免翻动伤者时给其造成痛苦。
(5)保持伤者所处环境的安静。
(6)及时送往医院进行治疗。
(7)观察并记录受伤者生命体征的变化,并提供给医生。

第三章 常见疾病及预防

第一节 常见病的预防

一、头痛

(一)基本知识

额、顶、颞、枕等部位发生疼痛都属于头痛的范畴。引起头痛的因素既有病理性因素,也有非病理性因素,病因相对比较复杂,如过度疲劳、精神紧张、颅内外疾病等都可能引起头痛。人体颅内外组织中的痛觉神经受到某些因素的刺激,这种刺激通过某个通路传入大脑而被感知,则引起头痛。大部分情况下头痛是可以得到良好治疗的,但如果头痛症状持续而剧烈或经常发作,则要给予高度重视,考虑是否发生了器质性疾病。

(二)治疗

治疗头痛,首先要弄清楚是什么原因引起的头痛,从而进行针对性治疗,主要有以下几种情况。

1.感冒引起的头痛

服用布洛芬等解热镇痛药。

2.思想问题引起的头痛

主动向亲人、老师和同学倾诉,在这些人的疏导下尽快摆脱思想负担。

3.精神因素引起的头痛

自己调整情绪,放松身心,或向专业人士寻求帮助。

4.紧张性头痛

多休息,自己选择一些能够缓解压力的事去做,或按摩头部,舒缓神经。

5.偏头痛

刚开始出现症状就及时服用扑热息痛等药物;若头痛剧烈,可直接使用曲普坦类和麦角类药物;若头痛频繁发作,可遵循医嘱而提前服药,预防症状加重。

6.急性剧烈头痛

若伴有高热、呕吐、意识模糊等症状,需立即就医。

(三)预防

偏头痛或紧张性头痛在学生群体中比较常见,脑力活动持续时间长、精神刺激等精神方面的因素会直接引发这些头痛并使症状加剧,对此可从以下几方面来预防头痛。

(1)不要长时间埋头读书,要适当参加一些娱乐活动,劳逸结合。

(2)养成良好的作息习惯,睡眠时间规律而充足。

(3)保持愉快的心情,克服焦虑、紧张、暴躁等不良情绪。

(4)学会调节紧张心理与缓解压力,放松自我。

(5)戒烟酒,不吃垃圾食品。

二、发热

(一)基本知识

正常人的体温是相对恒定的。正常生理状态下人的口腔温度和腋窝温度的正常值分别在36.3℃～37.2℃、36℃～37℃之间。一天中,体温最低的时候是凌晨,最高的时候是下午。体温在饮食后和剧烈运动后都会升高,但最大也只是升高1℃。对女性而言,排卵期体温稍低于正常范围,月经前期和妊娠早期体温都比非月经期和非妊娠期稍高一点。

发热还有感染性发热和非感染性发热之分,这是根据引起发热的原因而划分的。常见的发热是感染性发热,即由细菌感染、真菌感染、支原体感染、病毒感染等引起发热。内出血、手术、大面积烧伤、结缔组织病等引起的发热即非感染性发热。

(二)治疗和护理

发热的治疗与护理方法如下:

1.及早治疗

初步判断病因,及时就医以确诊,对症治疗,使体温逐渐恢复正常值。

2.降温

发热实际上是人体的一种保护性反应,能增加抗体,提升白细胞的吞噬力,强化肝脏的解毒功能,对消灭病原体是非常有利的。所以低热时不要着急服用退热药。

高热时先用物理降温法来降温,如将冰袋放在腋窝、腹股沟等部位;75％酒精兑等量温水擦拭颈部、背部和四肢;或用湿毛巾冷敷额部。若这些方法没有效果,再就医或服用退热药。要注意避免滥用退热药,否则会因大量出汗而使身体虚脱,这不仅对改善病情没有帮助,反而会威胁生命安全。

3.饮食与卫生

多吃清淡、易消化的食物和新鲜蔬果,注意个人卫生。

4.补液

高热时身体排汗量大,容易引起体内水电解质紊乱,所以及时补液很重要,如喝果蔬汁、淡盐水等。

三、腹泻

(一)基本知识

一天排便一两次、粪便呈黄褐色、不干硬、不含异常成分,此为排便正常。腹泻指的是一天排便多次,粪质稀薄且带有消化的食物或黏液脓血。腹泻有慢性腹泻与急性腹泻之分,急性腹泻的病程超过两个月,慢性腹泻的病程在两个月以内。

(二)治疗

1.轻微腹泻的治疗

轻微腹泻者主要采用非药物疗法,如饮食调理等,而不宜使用止泻剂,以免在体内留下有害物质。

2.严重腹泻的治疗

腹泻严重者需及时就医治疗,患者所用的衣物、餐具等都要进行消毒,并用生石灰等对排泄物进行处理。

3.急性腹泻的治疗

(1)口服或静脉补液。
(2)遵循医嘱而暂时禁食,或以流食为主,切记饮食要清淡。
(3)因腹部受凉而引起的急性腹泻可口服藿香正气水或藿香正气胶囊;因细菌感染引起的急性腹泻可采用抗生素治疗。

(三)预防

(1)饮食习惯良好,不吃过期食品和不干净的水果,夏季饮食尤其要注意卫生。

（2）不喝生水和刚从冰箱里拿出的饮料。

（3）了解自己对哪些食物过敏，坚决不吃此类食物。

四、近视

（一）基本知识

近视眼是眼球前后径过长，近处物体光线能够在视网膜上成像，可以看清楚，而较远物体光线成像焦点落在视网膜前，物像模糊，看不清。远距离视力减退（看不清远的事物）是近视眼的基本症状。

（二）治疗

（1）根据自己的近视程度配戴适宜度数的眼镜。

（2）通过针灸、手术等方法进行矫正。

（三）预防

（1）教室采光与照明的卫生标准是"黑板面平均照度不低于 200Lux，桌面平均照度不低于 150Lux"。看书写字的光线应从左侧或右侧射来。

（2）用眼习惯良好，如上课坐姿端正；自习时隔 1 小时就向远处眺望，放松眼睛；光线过强或过弱时都不宜看书；走路、卧床时不看书或手机。

（3）避免过度用眼，如长时间阅读字体小的书籍、长时间玩手机或电脑。

（4）养成做眼保健操的习惯，对眼睛周围穴位进行按摩，以促进血液循环，缓解视力疲劳，保护眼睛。

（5）一旦感觉视力下降，就及时就医矫正。

第二节 传染病的预防

一、传染病的概念、特征及预防

（一）传染病的概念

传染病是由细菌、病毒、寄生虫等病原体引起的，能在人与人、动物与动物以及人与动物之间相互传染的疾病。

（二）传染病的特征

传染病具有以下特征：

1.有病原体

所有的传染病都有自身的病原体,即引发疾病的微生物、寄生虫或其他媒介等。

2.传染性

病原体由宿主排出体外后会重新进入另一个易感染者体内,这就是传染病的传染性特征。传染病的传染强度既与人的免疫力有关,又与病原体的数量、类型、毒力等有关。

3.呈现出流行病学特征

传染病的流行病学特征具体表现为季节性、地方性和流行性。

(1)季节性。

季节性指的是某个季节是某种传染病的高发季节,这个季节发病率高,这与季节的气候变化有直接关系。

(2)地方性。

地方性指的是某些传染病经常发生于某一地域内,这与该地域的自然条件如地理条件、气候条件等有关系。

(3)流行性。

流行性指的是某种传染病在某一时期内频繁发生在某一地区的人群中,发病率超过了本地区其他时期或其他地区的同一时期。流行性包括暴发流行和大流行两种情况。

第一,暴发流行指的是某一地区短期内突然有很多人患同一种疾病。

第二,大流行指的是某种传染病在短时期内迅速传播,广泛蔓延,流行强度超过一般流行水平。

4.免疫性

人患有传染病且痊愈后,其对这种传染病的病原体往往会产生免疫力。痊愈后人体免疫状态与传染病的类型有关,有的传染病人患病一次后终身都对该病的病原体免疫,有的传染病人患病一次后还会再感染。常见的感染现象有以下几种:

(1)再感染。

患有某种传染病的人痊愈后,经过一定时间被同一种病原体感染。

(2)重复感染。

患病过程中再次被同一种病原体感染,最常见的是疟疾、血吸虫病、丝虫病等。

(3)复发。

在疾病恢复期或快要痊愈时,被再度出现的病原体感染,导致症状复发,重新进入治疗期。

(4)再燃。

临床症状基本缓解,但体温还没有恢复正常,反复升高,以伤寒最为常见。

(三)传染病的预防

预防传染病,要对传染病的特征及传播过程予以考虑,从而有针对性地采取一些预防措施。常见的预防措施有以下几种：

1.将传染源控制好

首先，及早发现传染病患者，及时将患者隔离并对其进行治疗，这是对传染源进行控制的关键。

其次，必须严格遵守传染病报告制度，按照《中华人民共和国传染病防治法》，甲类传染病和乙类的艾滋病及肺炭疽为强制管理传染病，应立即隔离，各地分别在规定时间内补报当地疾控中心。其余乙类传染病及丙类传染病分别为严格管理和监测管理的传染病，在规定时间内上报。

最后，要密切观察传染病的病原携带者和接触者，通过预防接种或药物预防等措施来加强预防。

2.将传播途径切断

将传播途径切断的关键在于做好卫生处理和消毒工作，化学消毒法和物理消毒法是两种常见的消毒方法。

(1)化学消毒。

用75％乙醇、84消毒液等化学消毒剂来消灭病原体。

(2)物理消毒。

对病原体采取洗、刷、擦等手段将其消除。

3.对易感人群加以保护

保护易感人群，主要是做好疫苗接种工作。通过接种疫苗，提高机体的抵抗力，从而对细菌、病毒等病原体产生免疫力，防止染上传染病。

二、常见传染病及防治

(一)流感

1.基本知识

流感就是流行性感冒，属于急性呼吸道传染病，流感的发生与以下三种流感病毒有直接的关系。

(1)甲型流感病毒。

传播范围广，不仅在人群中流行，也能在动物中流行，危害动物生命。

(2)乙型流感病毒。

局部传播，流行程度比甲型流感病毒弱。

(3)丙型流感病毒。

主要在婴幼儿群体中传播，一般不会在其他年龄的群体中流行。

被流感病毒侵袭后,有1～3天的潜伏期,发病后呼吸道症状不是很明显,但全身症状比较严重,如急性高热,全身乏力酸痛,尤其是四肢与背部。

2.传播途径

流感的主要传染源是流感病人及隐性感染者。患流感后一周内均有传染性,传染性最强阶段是发病早期。流感的传播途径主要有以下两种:

(1)通过空气飞沫传播是流感最主要的传播途径。流感病人打喷嚏、咳嗽时将呼吸道分泌物中的病毒排到空气中,易感者吸入后感染病毒,易得流感。

(2)近距离接触传播也是流感的一个主要传播路径,人群密集度、气候、环境条件等因素都会影响流感的传播速度。

3.治疗

服用抗病毒药物,加强支持性治疗和对症治疗,对并发症加以预防。

4.预防

(1)教室、宿舍、食堂、图书馆等要经常通风换气,尤其是春季与冬季,从而使细菌、病毒的密度降低,这样传染的机会就会减少。

(2)学生要养成良好的卫生习惯,如日常卫生、饮食卫生、运动卫生、着装卫生等。勤洗手,用干净毛巾擦手,打喷嚏或咳嗽时用手或纸掩住口鼻,双手接触呼吸道分泌物后立即洗手;饮食要健康、均衡;加强体育锻炼,提高抵抗力;换季随气温变化而增减衣服,但要避免突然穿很厚的衣服或突然减去很多衣服,增减衣服要有个过程。

(3)流感季节来临前接种流感疫苗。

(4)流感期间少参加聚会,避免去人流量大、空间密集、环境差的场所,出门养成戴口罩的习惯。

(二)病毒性肝炎

1.基本知识

由多种不同肝炎病毒引起的损害肝脏的传染病就是病毒性肝炎。全身乏力、食欲不振、肝脏肿大、肝功能弱化等是这一传染病的主要症状。

甲型肝炎、乙型肝炎、丙型肝炎、丁型肝炎、戊型肝炎是到现在为止已确定的五种病毒性肝炎,下面简要分析前三种病毒性肝炎。

(1)甲型肝炎。

甲型病毒性肝炎简称"甲肝",通过粪便污染的食物或水经口传播。该病的发生往往比较突然,且有发热、恶心、腹泻、食欲减退、全身乏力等症状。

(2)乙型肝炎。

乙型病毒性肝炎简称"乙肝",这种传染病具有全球性,而且是危害最严重的肝炎,其在慢性肝炎中占很大的比例,达到 $80\%～90\%$。乙肝的主要特点如下:

第一，起病较慢，潜伏期长。

第二，症状主要表现为恶心、腹泻、发热等，这些症状发生在急性期，但发生率比甲肝低。

第三，部分患者可变成慢性肝炎，反复发作，少数患者可演变成肝癌和肝硬化。

乙肝患者和 HBsAg 携带者是乙肝的主要传染源，乙肝有血液传播、母婴传播和性传播等几种传播途径。

（3）丙型肝炎。

丙型病毒性肝炎的传播途径主要是血液传播，这类肝炎具有以下几个特点：

第一，患者多有输血、输血制品史。

第二，病情相对较轻，肝功能轻度异常，出现黄疸的情况少。

第三，转变成慢性肝炎的几率大，很难得到彻底治疗。

第四，少数患者会转变为肝硬化、肝癌。

2. 治疗

目前，主要采用综合疗法来治疗病毒性肝炎，强调合理补充营养和休息。药物治疗是辅助疗法，根据症状不同而用药，治疗期间要避免摄取有损肝脏的食物，尤其要戒酒。

（1）急性肝炎的治疗。

如果在急性肝炎发病早期可以合理补充营养，休息好，并配合其他一般支持疗法，那么通常一个季度左右最多半年时间就可以痊愈。肝炎患者要特别注意休息，这是减轻症状、消除黄疸、保护肝功能的最佳方式。但也不能一直卧床不动，要适当活动，不要劳累。

（2）慢性肝炎的治疗。

中西医结合是治疗慢性肝炎的主要方法，同时要配合一般性支持疗法。

第一，患者在发病早期要休息好，症状减轻后适当活动。

第二，饮食要合理，以富含蛋白质和维生素的食物为主，少量摄取碳水化合物和脂肪，预防脂肪肝。

第三，肝功能恢复正常 3 个月后，可正常生活与学习，但不能太劳累，要定期去医院复查。

3. 预防

（1）对传染源进行控制。

针对不同的传染源做好控制与管理工作，主要涉及以下几方面：

第一，控制肝炎病人。

第二，控制病毒携带者。

第三，控制献血员。

（2）将传播途径切断。

切断传播途径主要从以下几方面着手：

第一，大力管理血液及血液制品。

第二，加强食品卫生管理。

第三，避免日常生活感染。

第四，防止医源性传播。

第五,防止性传播,阻断吸毒等感染途径。

(三)细菌性食物中毒

1.基本知识

细菌或其毒素污染过的食物被人摄入后,就会引起急性感染中毒疾病,这就是细菌性食物中毒。

细菌性食物中毒的潜伏期较短,一般进食后几个小时就会有症状,主要是恶心呕吐、腹痛(上腹或肚脐周围)、腹泻等胃肠道症状,腹泻有的一天多达数十次,严重者甚至会休克。部分患者还有全身症状,如头痛、发热、四肢乏力等。

食物中毒主要有以下两种类型:

(1)胃肠型食物中毒。

这种类型的食物中毒比较常见,夏秋季是高发季节,潜伏期短、集体发病是这类食物中毒的主要特征,症状和急性肠胃炎症状相似,如恶心呕吐、腹痛、腹泻等。

(2)神经型食物中毒。

这是由摄取含有肉毒杆菌外毒素的食物而引起的食物中毒,临床症状主要表现为眼肌、咽肌瘫痪等神经系统症状,这类食物中毒非常严重,对人的生命有很大的威胁,必须及时治疗。

2.传播途径

患者、病菌携带者、感染的家畜家禽是细菌性食物中毒的主要传染源。主要传播途径是食物传播,即摄取被污染的食物或水,餐具被污染过等。

3.治疗

(1)治疗方针。

主要进行对症支持治疗,抗菌治疗主要针对高热者。

(2)药物治疗。

有高热症状的患者可用抗菌药物,病原菌不同,选择的抗菌药物也不同。

(3)其他治疗。

第一,能进食的患者可以口服补液,不能进食者给予糖盐水静滴。

第二,有明显腹痛、呕吐症状的患者,可口服丙胺太林或皮下注射阿托品。

第三,酸中毒患者酌情补充5%碳酸氢钠注射液或11.2%乳酸钠溶液。

第四,脱水严重者应积极补液,并及时对其进行抗休克处理。

4.预防

(1)注意个人饮食卫生,不吃不干净和过期变质的食物,吃新鲜蔬果。

(2)学校建立食堂卫生管理制度,严格执行制度,加强食堂卫生管理。

(3)食堂工作人员定期体检,若有腹泻、皮肤感染等疾患,需及时从食堂调离。

(四)人感染高致病性禽流感

1.基本知识

由禽甲型流感病毒引起的急性传染病就是人感染高致病性禽流感。有多种禽流感病毒亚型都能直接感染人,其中感染高致病性 H5N1 亚型和 H7N9 亚型的病人病情严重、死亡率高。这类传染病的特点是潜伏期短(1～3 天),传染性强,传播速度快,春季与冬季是高发季节。

人感染高致病性禽流感的临床表现有发病急、高热、咳嗽、呼吸困难等,伴有鼻塞、流涕、头痛、四肢酸痛等症状。部分病人还有消化道症状,如恶心、腹痛、腹泻等。重症患者可出现多种并发症,如重症肺炎、肾功能衰竭、急性呼吸窘迫综合征、休克等,这些都会威胁生命。

2.传播与流行

(1)传染源。
主要传染源有患禽流感或携带禽流感病毒的家禽(鸡、鸭、鹅等)。
(2)传播途径。
呼吸道传播是主要传播途径。
(3)易感人群。
易感人群分布广泛,密切接触传染源的人是高危人群。

3.治疗

(1)立即住院隔离,防止传染。
(2)进行对症治疗、支持治疗,患者卧床休息,多补充水。
(3)用解热药、止咳祛痰药等。
(4)抗流感病毒药物是在发热 48 小时内使用。
(5)预防并发症,对已经出现的并发症要及时治疗,否则会危害生命。

4.预防

(1)控制传染源。
封锁疫区,禁止非工作人员出入,彻底处理病禽,对污染物品彻底消毒。
(2)将传播途径切断。
树立安全意识,避免接触禽类,做好消毒工作。
(3)对易感人群加以保护。
第一,学校加强食品卫生管理。
第二,学生养成良好的卫生习惯。
第三,教室、宿舍要经常通风。

（五）新型冠状病毒肺炎

1.新型冠状病毒

新型冠状病毒是指以前从未在人类中发现的冠状病毒新毒株。2019年12月导致武汉病毒性肺炎暴发疫情的病毒为新型冠状病毒，世界卫生组织将该病毒命名为COVID-19。

2.传染源

目前主要是新型冠状病毒感染的患者，无症状感染者也可能成为传染源。

3.传播途径

经呼吸道飞沫和密切接触传播是主要的传播途径，在相对封闭的环境中长时间暴露于高浓度气溶胶情况下存在经气溶胶传播的可能。

4.新冠肺炎的症状

以发热、乏力、干咳为主要表现。少数患者伴有鼻塞、流涕、腹泻等症状。重型病例多在一周后出现呼吸困难，严重者快速进展为急性呼吸窘迫综合征、脓毒症休克、难以纠正的代谢性酸中毒和出凝血功能障碍。值得注意的是重型、危重型患者病程中可为中低热，甚至无明显发热。

部分患者仅表现为低热、轻微乏力等，无肺炎表现，多在1周后恢复。

从目前收治的病例情况看，多数患者愈后良好，儿童病例症状相对较轻，少数患者病情危重。死亡病例多见于老年人和有慢性基础疾病者。

5.新冠肺炎的预防

（1）避免去疾病正在流行的地区。

（2）减少到人员密集的公共场所活动，尤其是空气流动性差的地方，例如公共浴池、温泉、影院、网吧、KTV、商场、车站、机场、码头、展览馆等。

（3）不要接触、购买和食用野生动物（即野味），避免前往售卖活体动物（禽类、海产品、野生动物等）的市场，禽肉蛋要充分煮熟后食用。

（4）居室保持清洁，勤开窗，经常通风，每天2次，每次半小时。

（5）随时保持手卫生。减少接触公共场所的公共物品和部位；从公共场所返回、咳嗽用手捂之后、饭前便后，用洗手液或香皂等流水洗手，或者使用含酒精成分的免洗洗手液；不确定手是否清洁时，避免用手接触口鼻眼；打喷嚏或咳嗽时用手肘衣服遮住口鼻。

（6）建议外出佩戴口罩。外出前往公共场所、乘坐公共交通工具时，可佩戴一次性使用医用口罩，外出就医应佩戴医用外科口罩或N95口罩。

（7）保持良好卫生和健康习惯。家庭成员不共用毛巾，保持家居、餐具清洁，勤晒衣被。不随地吐痰，口鼻分泌物用纸巾包好，弃置于有盖垃圾箱内。注意营养，勤运动。

（8）主动做好个人及家庭成员的健康监测。建议早晚测量体温各一次。

(9)准备常用物资。家庭应常备体温计和一次性使用医用口罩、家用消毒用品等物品。也可备有医用外科口罩或 N95 口罩供必要时外出使用。

(10)家庭成员出现可疑症状(包括发热、咳嗽、咽痛、胸闷等)时,及时就诊。

第三节 常见职业病的预防

一、扁平足

扁平足就是足弓塌陷。

(一)致病原因

长期保持站立姿势,会使足部负担过大,若加上鞋子不合适时,容易引起足部疼痛,严重时会引发扁平足。

(二)运动预防

防治扁平足的主要方法是做矫正体操。矫正体操的重点是锻炼胫骨前肌、腓骨长肌、胫骨后肌、屈指长肌及足部肌。如足尖走、足跟走、足外侧走、踢毽子等,以及坐位时进行足内翻、足趾屈伸和分开并拢、足趾钳物等练习。每日锻炼 1～2 次,每次 20～30 分钟。

二、下肢静脉曲张

下肢静脉曲张是指下肢浅静脉系统处于伸长、蜿蜒而曲张的状态。

(一)致病原因

除个别因患先天性静脉壁薄弱病变外,多因长时间站立或重体力劳动腹压增大,加重了下肢静脉内的压力,久而久之引起静脉扩张、延伸甚至曲张,最终导致静脉瓣膜机能不全。

(二)运动预防

(1)平时要多做双腿上下摆动或蹬夹练习,多做腿部按摩。

(2)站立时,不要总用两条腿一起支撑全身重量,可有所侧重,让两条腿轮换休息。站立时,要经常踮起脚来,让脚后跟一起一落活动,或经常进行下蹲练习。上述动作都能引起小腿肌肉强烈收缩,减少静脉血液积聚。

(3)下肢静脉曲张的人,因为静脉瓣膜有损坏,故应该避免像举重、跳远、短跑、投掷等引起腹压增高的活动,但是可以从事游泳、慢跑、自行车、跳绳等运动。仰卧蹬骑自行车对于防治单纯性下肢静脉曲张有较好的锻炼效果。患者仰卧在床上或地板上,双腿悬空做类似骑车蹬踩动作,可以改善站立过久带来的下肢胀痛、沉重等症状。对于那些症状轻或尚未出现明显病痛的患者,可配穿医用弹力袜或绑腿,进行诸如健身跑、自行车、体操等肢体运动,这有助于下肢有规律的运动与肌肉舒缩,从而发挥小腿"肌肉泵"的作用,防止腿部静脉瘀血。各种呼吸练习有助于调节胸腹腔的压力,所以在运动中也应注意调节呼吸。

三、下背痛

下背痛又称腰背痛,是指一组以下背、腰骶和臀部疼痛为主要症状的综合症。下背疼痛是现代文明病。

(一)致病原因

下背痛的致病原因较多,病理机制复杂,但是各种原因的下背痛均在不同程度上与腰部肌肉疲劳和收缩能力下降有着互为因果的关系。礼仪小姐、餐厅服务员、警察等,他们的肌肉、韧带等组织因为长时间支持腰椎处于同一个姿势,久之将过度耗损,导致肌肉等组织僵硬、疲劳。此外,长时间姿势的不正确,会导致腰椎和骨盆的肌肉组织僵硬,腰椎与骨盆关节长期错位,因而也会造成脊椎关节组织的退化变形。

(二)运动预防

预防下背痛的方法主要是保持正确的姿势,站立时尽量使头部、颈部、胸椎及腰椎保持成直线,不要驼背,也不要腹部过度前挺。适度的运动可以训练肌肉的力量及耐力,以竖脊肌为主的腰部肌肉是人体重要的姿势肌和动作肌,对维持躯干的正直姿势起到重要作用,因此着重强化核心肌肉群,增加肌力及肌耐力并矫正姿势,进而可以起到预防及治疗下背痛的作用。选择运动项目时应考虑轻量的运动,如打太极拳,练习气功和游泳。此外,应注意适度休息。如果工作需要比较长的时间,大约20分钟便要起身做个简单的伸展操,使肌肉得到松弛再继续工作,以免肌肉长期处于紧张状态。

四、颈椎病

颈椎病是一种常见病,是指颈椎间盘退行性改变、颈椎骨质增生以及颈部损伤等引起颈段脊柱内外平衡失调、刺激或压迫颈部神经、血管而产生一系列症状。主要症状是颈部和背部的功能障碍和疼痛,表现为颈部、肩部、上肢麻木和头晕。

(一)致病原因

主要因为长时间伏案劳作,使颈椎长时间处于屈曲位或某些特定体位,不仅使颈椎间盘内的压力增高,而且也使颈部肌肉长期处于非协调受力状态。颈部的肌肉细长而不丰厚,易受牵拉劳损,椎体前缘相互磨损、增生,再加上扭转、侧屈过度,进一步导致损伤而引起各种病变。

(二)运动预防

(1)在工作(劳动)中应经常做几秒钟的抬头,活动活动颈部。

（2）加强头颈部的活动，如颈部旋转或侧摆运动等。

（3）在业余活动中要重视颈部的活动。

（4）此外，应加强颈肩部肌群力量和柔韧性练习。

五、腰肌劳损

腰肌劳损又称"功能性腰痛"或"腰背肌筋膜炎"，主要是指腰骶部肌肉、筋膜等软组织慢性损伤。其主要症状为腰或腰骶部酸痛或胀痛，部分刺痛或灼痛。

（一）致病原因

主要是坐位姿势，一般呈弓起背部向前微倾状态。长时间保持这种坐位姿势，腰部肌肉超负荷做功，处于持续的紧张状态，使小血管受压，供氧不足，代谢产物堆积，刺激局部而形成损伤性炎症。此外，急性腰扭伤也是导致腰肌劳损的重要原因。

（二）运动预防

（1）工作时要经常变换体位，纠正不良姿势。要重视和加强腰部的活动。

（2）平时要加强腰背肌及脊椎间韧带的锻炼和保护，在进行体育活动或搬抬重物前要做好准备活动，防止突然用力使腰部扭伤。

（3）在业余体育活动中，可以每天倒走几次，每次 3～5 分钟。

（4）经常参加太极拳、五禽戏、健身操的锻炼。这些传统的健身方法对预防腰肌劳损很有益处。

（5）此外，应加强腰部肌群的力量和柔韧性练习。

六、肩周炎

肩周炎又称肩关节组织炎，这是肩周肌肉、肌腱、滑囊和关节囊等软组织的慢性炎症，肩周炎在 50 岁左右的人中比较常见，女性多于男性，左侧较右侧多见，双侧同时发病者少见。

（一）致病原因

主要因为肩关节是人体全身各关节中活动范围最大的关节。其关节囊较松弛，关节的稳定性大部分靠关节周围的肌肉、肌腱和韧带的力量来维持。由于肌腱本身的血液供应较差，而且随着年龄的增长会发生退行性改变。办公室工作人员由于长期伏案工作，肩部的肌肉韧带会长期处在紧张状态，加之肩关节平常活动比较频繁，周围软组织经常受到来自各方面的摩擦和挤压，故易发生慢性劳损。

（二）运动预防

（1）站立，两脚同肩宽，两臂轻轻前后摆，并逐渐增大摆动幅度，每天早晚各一次，每次 50～100 下。

（2）提物站立，两脚同肩宽，上身向前弯，患肩周炎侧前臂向下做捞物动作，每天早晚各一次，每次 30～50 下。

（3）画圆圈站立，两脚同肩宽，身体不动，两臂分别由前向后画圆圈，画圆范围由小到大，每天两次，每次 50～100 下。

（4）按摩与被动运动：肩部按摩能起到改善血液循环、减轻肌痉挛和松解关节粘连的作用。按摩配合被动运动，可增大肩关节的活动范围。但要注意按摩的力度，手法一定要轻柔，以免症状加重。

第四章　健康教育其他常识

第一节　心理健康教育

一、心理健康教育的含义、目的及任务

(一)心理健康教育的含义

一般认为,心理健康教育是教育者根据在校学生生理、心理发展特点,从学生的具体实际出发,通过多种心理教育方法和手段的合理运用,对学生心理素质的各个方面进行有目的、有计划地积极教育和辅导,对学生的心理潜能进行开发,对学生的心理机能进行调节,培养学生健康的个性,从而使学生的身心素质得到和谐发展和全面提高的教育活动。

(二)心理健康教育的目的

联合国教科文组织明确指出,21世纪教育的原则是"学会求知、学会做事、学会共处、学会生存"。在21世纪,这四种"学会"将是每个人一生中最重要的知识支柱。

在我国经济发展水平迅速增长的今天,人们的生活方式变得愈发复杂,随之而来的是各种各样的社会问题,例如青少年犯罪、吸毒,中小学生厌学、离家出走、成绩不良、道德水平低下等现象增多等。面对这些社会现象和问题,现代社会中的人们越来越依赖学校教育,希望通过学校教育来解决这些问题。

在处于21世纪的今天,我们的教育目标和教育的作用都应当有所突破,应该赋予其新的内涵,那就是为每个学生的生活指明方向,使每个学生都可以发现、发挥自己的潜能和创造性,充分挖掘自己身上的潜力,以最终实现个人的全面发展。因此,21世纪的教育不再是一种手段和达成某种目的的必由之路,而是要使每个人心理健康地成长,使每个人学会生存。学校心理健康教育的目的也就在于此。

(三)心理健康教育的任务

根据当前阶段下学校的培养目标,学校心理健康教育从整体上来说有两大任务,一是预防,二是促进。具体来说,学校心理健康教育的任务可以分为理论任务和实践任务两个方面。心理教育工作者在进行学校心理健康教育的实践中,要不断总结有关理论,逐步建立起当代学

校心理健康教育系统的、完善的体系。学校心理健康教育的实践任务又可以进一步划分为促进性的实践任务和预防性的实践任务。促进性的实践任务是一种积极的任务,可以看做是优化心理素质,促进全面发展的过程。预防性的实践任务针对的是消极现实,即防治心理疾病,增进心理健康。从临床的角度来看,发展性心理咨询和学校心理辅导属于积极的促进发展的实践任务,障碍咨询属于预防性的解决问题的消极实践任务。

在青少年的身心发展过程中,其心理发展和身体发展意愿,会出现这样那样的问题。对于每个人来说,其一生中都会出现或多或少的不适应,这些不适应的状况或许会不治而愈,但也有可能发展为其人生中的心理障碍问题。

总而言之,学校心理健康教育既要注重大多数学生的心理发展,也要注重个别学生心理问题的防治。事实上,心理疾病的范围很广泛,轻重差别也很大。客观来说,学生的心理疾病肯定是有一个从发生到发展的过程。因此,学校心理健康教育工作者的一个重要任务就是要贯彻预防为主的方针,通过开展学校心理健康教育工作,尽量消除使得学生产生心理疾病的因素。如果发现学生有了心理疾病的苗头,就应该采取合理的措施,将其在初步发展阶段予以终止和消灭。

二、常见心理问题的解决方法

在日常生活中,人们面对着诸多困难和压力,都倾向于将主体与客观现实之间所发生的矛盾和问题,用自己较能接受的方式加以解释和处理,以减少痛苦和不安,从而恢复情绪上的平衡,这种反应形式便是心理防卫机制。面对着考试、就业等诸多压力的学生也要建立和健全这种心理防卫机制,为将来走向社会做好必要的心理准备。心理防卫的手段有很多,下面简单介绍几种。

(一)有机变换

所谓有机变换,就是通过对外部信息接收角度和强度的转换,或对原有心理认知进行重组,或迁移、升华后,使外部刺激与心理认知互为进退地实现协调一致,避免心理矛盾冲突激化所造成的心理困境。有机变换主要有回避法、淡化法、自慰法、转视法、换脑法、升华法、补偿法等几种方法,下面做一下简单介绍。

1.回避法

回避法是在面对一件较难处理的事情时,转移注意力,尽可能回避、躲开导致心理困境的外部刺激,然后再寻求解决途径的方法。对外部刺激的回避,可以使得大脑的兴奋中心发生转移,从而为摆脱心理困境创造条件。因此,当我们在某一心理体验可能导致某一心理困境时,就应采取主动回避的措施,不在困境的时空中久久驻足。

2.淡化法

如果人的心理认知与心理体验不一致就会导致出现一系列的心理冲突,而这种心理冲突又无法排解时,就有可能导致出现各种心理问题。而如果人们采取心理暗示的方法,消除外部

刺激对心理认知的影响,就能弱化心理体验的强度,从而减轻心理认知和心理体验的冲突。这就是淡化法的使用。

3. 自慰法

自慰法,是指通过找一些理由为自己"开脱",以减轻痛苦,缓解紧张,使内心获得平衡的办法。弗洛伊德指出,常见的合理化有两种:一是希望达到的目的没有达到,心理便否定该目的的价值或意义,俗称"酸葡萄效应"。例如想当官的人,没有达到目的,便认为,"无官一身轻"。二是未达到预定的期望或目标,便提高目前现状的价值或意义,俗称"甜柠檬效应"。如狐狸吃不到葡萄,就说葡萄是酸的,只能得到柠檬,就说柠檬是甜的,于是便不感到苦恼。

自慰法实际上是一种精神胜利法,人们常常在不如意时采用此种方法,以求得到宽慰,这比垂头丧气、痛不欲生、精神残败要好得多。如一位同学为考试得了 60 分而难受的时候,他就想,下次再努力吧,这样总比难过得睡不好觉,此后一到考试就焦虑强多了。

4. 转视法

任何事物都有积极和消极的方面,这是客观规律。有时候,同一客观事物,如果从不同的角度来看,可能会引起人不同的心理情绪。按照这个理论,我们在遇到困难和问题时,就要学会转换视角,换个角度看问题,将使人感到痛苦不堪的心理困境转眼化为乌有。

5. 换脑法

换脑法就是转换认知,更新观念,重新解释外部环境信息,通俗来讲就是换一个脑袋思考和解释问题。当我们面临一系列的难题时,可以通过换脑法,减少或消除心理认知与心理体验的矛盾冲突。例如,有些心理素质不太好的同学在考试时通常会特别焦虑,以至于脑子僵化甚至一片空白。但是,若把考试当作检测自己平时学得怎么样,自己尽力而为就是了,情况就会好得多。

6. 升华法

人们在长久的生活和工作中往往形成一定的思维定势,这不利于变通和思考,而应试图把这种固有的心理认知转变到另外更为积极的心理认知,这就是变消极为积极的性质,即升华。升华法在中职学生的学习和生活中也具有重要的作用,它能改变中职学生旧有的心理认知,转变为新的心理认知。这种用新的、高层次的利于他人和社会的心理认知代替旧有的心理认知的方法,能更好地消除人的消极的心理状态,从而为中职学生的学习和生活创造良好的条件。

7. 补偿法

人们往往因自身和客观方面的原因使得自己的最佳目标动机受挫,这时人们就需要采取种种方法来进行弥补,以减轻和消除心理上的困扰,这就是补偿法。这在心理学上称为补偿作用。一种补偿是在目标实现受挫时,通过更替原来的行动目标,或变换实现目标的途径,或克服实现目标过程中的障碍转弱变强,求得长远价值目标实现的方法。如有一位优秀运动员,意

外伤残,无法再参加比赛,便转向了体育科研,在运动员取得成功的同时,他也实现了自己的价值,使原先未能实现的目标得到补偿。著名指挥家日本的小泽征尔,原来是专攻钢琴的。他在手指摔伤、十指的灵敏度受到影响后,曾一度十分苦恼。后来他毫不犹豫改学指挥而一举成名,从而摆脱心理困境。

8.降温法

我们从小就被教育要做有理想有抱负的人,但是如果一个人的目标或抱负水平越高,其付出就越高,但失败的可能性也越大。当个体的动机不能在短时间内实现,或实现的目标已不能满足目前的需要时,就可能有较大的挫败感,这时就会产生心理紧张或痛苦的心理问题。避免或缓解这种状况的一个有效措施,就是当在实现目标过程中受挫时,及时调整目标,使之更加切合实际,易于实现,这就是降温法的使用。

(二)合理宣泄

在日常生活、学习和工作中,人不可能都是一帆风顺的,总会或多或少地遇到一些困难和问题,会出现一些失意或不满情绪,从而影响我们正常的学习和工作,这时就需要合理的宣泄。合理宣泄是一种能有效调节人的心理的办法。常见的合理宣泄方法主要有以下几种:

1.向人倾述

人在心情愉快的时候,往往乐于分享自己的心情,这会让自己更加快乐,但是当遇到挫折或麻烦,心情不佳的时候,往往喜欢自我封闭,不愿意与人倾诉,以至于更加痛苦。因此当我们遇到挫折而不开心时,试着找到自己的至亲好友,或与自己不相干的陌生人等倾诉出来,或许会收到意想不到的良好效果。

2.诉诸文字

诉诸文字是一种有效的自我宣泄的方式。自己跟自己倾吐,随着心中的苦水顺着笔端流泄出来,心情可能会平静许多。过一段时间后,还可以把写的东西拿出来看看,如果觉得充满特殊情感,说不定可以作为日后写小说或传记的素材。

3.纵情一笑

在某些同学当中,常存在着一种误区,为了把自己修炼成君子或淑女,以适应将来白领职业,平时总是不苟言笑,以至于做事循规蹈矩,难以摆脱思维定势的枷锁。实际上,经常适时的开怀大笑,活动脑筋,有益于心理健康。笑也可以说是精神的消毒剂,常常能使困境和窘迫转化为轻松和自然,使精神紧张得到放松,淡化苦痛,化解误会,稀释疑难,和缓气氛,释放情绪,减轻焦虑,摆脱困境。

(三)借助外力

环境对人的情绪有着重要的影响,干净整洁的环境能令人心情愉悦,反之,脏乱不堪的环境会让人心生厌恶,产生消极的情绪。由此可见,适当的采取环境调节的方法对人的心理健康

的保持具有十分重要的作用。

情绪不好时，重新布置一下居室，或到大自然中欣赏一下美景，散散心，就会顿觉神清气爽，身心欢娱。据相关报道说，人们若能长期生活在让人赏心悦目的美景中，往往精神矍铄，健康长寿。为了缓解升学、考试和就业的压力，中职学生可在节假日到环境幽雅的旅游胜地游览、观光，放松自己，能达到调节心理的效果。

借助外力法中，除了环境调节之外，还有音乐调节法、活动调节法等。因受到刺激而心情不能平静下来时，去看一场电影或听一段音乐；心情抑郁时，来一段欢快的民乐或舞曲等，或许都能找回迷失的自己。

第二节　社会适应教育

一、社会适应概述

（一）社会适应的概念

社会适应，也称社会健康，指个体与他人及社会环境相互作用、具有良好的人际关系和实现社会角色的能力。有此能力的个体在交往中有自信感和安全感，与人友好相处，心情舒畅，少生烦恼，他知道如何结交朋友、维持友谊，知道如何帮助他人和求助他人，能聆听他人意见、表达自己思想，能以负责的态度行事并在社会中找到自己合适的位置。

人既是有着细胞器官等组织的生物人，又是有着丰富情感和独特个性的心理人，而从本质上看，人是一个社会人，扮演着各种各样的社会角色。每个人总是生活在社会中，而不是生活在世外桃园，因此，在不同层次的人际关系网络之中，个人与社会的适应情况不仅表现在对自己、对他人、对家庭、对集体、对社会的态度上，而且还表现在与他人和社会建立联系的方式和程度及对各种事情的处理上。

（二）社会适应的内涵

适应，最初是一个生活学概念。一切有生命的有机体都以适应作为生存的基本任务。动物的适应是被动的，他们通过改变自身去适应大自然。我们知道，人是环境的产物。我们都是在不断适应自然环境、社会环境的过程中逐步成长的。达尔文说过："物竞天择，适者生存。"这一法则虽然是针对生物界而言，但对我们人类同样具有一定的借鉴意义。因为人本身就是生物的一种，是高度进化了的生物。但人所处的环境主要是人类自己创造的社会文化环境，人的适应在本质上是人与环境相互作用的过程，是"人的活动使环境适应人的机能，然后，人类又适应自己创造的环境"。对于单个人来说，他要生存，首先要适应他生存的环境，包括自然环境和社会文化环境。在许多情况下，社会环境的力量太强大，个人把握环境的能力有限，他无法选择，也不能拒绝外部强加于他的生活条件，这时，个人只能主要依靠调整自己来适应环境，以获得生存。人生存是为了更好地发展，人适应环境是为了创造出更利于自己发展的新环境，发展

是目的,但为了发展,首先要生存、要适应。因此,适应是人类生存和发展的前提。而且,人所处的客观环境不是静止不变的,总是处于不断的运动变化之中,适应只是相对的、暂时的,人总是不断地调整自己,使自己和环境处于一种和谐、相适宜的状态。因此,适应是人的一种需要,这种内在的、独特的要求,使人的适应成为一种自觉的、能动的适应。

心理学家沃尔曼对适应作如下定义:"一种与环境融洽和谐的关系,包括满足一个人的绝大多数需要,并且拥有符合生理和社会方面的绝大多数要求的能力;人满足需要并符合要求所必需的行为变化,以便一个人能与环境建立起一种融洽和谐的关系。"简言之,适应就是一个与人的需要与满足相联系的心理过程,是个人通过不断做出身心调整,在现实生活环境中维持一种良好的、有效的生存状态的过程。适应的目的是为个体充分发展提供良好的条件,以促进新的适应。社会的每一次变化,人的每一个阶段的发展与成长,都需要个体去适应这种变化,而个体的每一次适应,实际上也是个体的一次成长。

(三)社会适应良好的标准

社会适应良好不像生理健康那样有客观的评价标准。综合国内外的一些研究成果,可以从以下几个方面对一个人的社会健康状况做出评价:

(1)能接受与他人的差异。

(2)与家庭成员和睦相处。

(3)有1~2个亲密的朋友。

(4)共同工作时,能接受他人的思想与建议。

(5)能与同性、异性交朋友。

(6)当自己的意见与多数人的意见不同时,能保留意见,继续工作。

(7)主动与人交往,有稳定而广泛的人际关系。

(8)交往中客观评价他人,取人之长,补己之短。

人能否适应社会是事业成败的关键。不管拥有多少知识、不管具备多么强的业务能力、不管树立了多高的报国之志,如果不具备适应社会的能力,那么就很难成功。而社会不健康的个体与他人交流时往往倾诉自己的不满,没有耐心听取他人的劝告或建议,拒绝从另一角度考虑问题。也有的社会不健康个体的行为指向内部,如避免与他人接触、具有社交焦虑情绪等。社会适应能力的不足对于个体健康及其社会发展都有着很明显的影响和制约作用。

二、学生社会适应能力的培养

人的成长过程是不断适应社会发展的过程。学生应努力提高自己的社会适应能力,增强自己的社会适应性。这既是学生的一种自我关怀,也是学生的一种社会关怀。因为只有这样,学生才能与社会建立起积极的互动关系,求得个人与社会双赢的良好效果。同时,积极培养与引导学生提高社会适应能力,增强社会适应性,也是中职院校应尽的社会责任。具体来说,中职学生社会适应能力的培养有以下方法:

（一）加强个性修养，提高人际沟通协调能力

伟大的科学家爱因斯坦说："优秀的性格和钢铁般的意志比智慧和博学更为重要。"在生活中人们常说，"思想决定行为，行为决定习惯，习惯决定性格，性格决定命运"。的确，我们身边无数的成功者，其成功的真正原因，无一不是因为具有坚强、乐观、不屈不挠的个性。对当代中职学生来说，自信而不自负，谦虚而不自卑，自尊而不自傲，自强而不拒绝善意扶助，不卑不亢，是中职学生社会适应性强的个性保证。同时，中职学生应当努力提高自己的人际沟通协调能力。良好的人际沟通协调能力能够促进中职学生熟悉社会规范，掌握科学技术和生产技能，加快社会化进程。在这方面，应注意从中国传统文化中汲取精华。要明礼好仁、平等尊重、团结互利、真诚守信、相容谅解，要学会赞美别人，要学会换位思考，要保持一颗感恩的心灵，要掌握并学会运用批评、建议的艺术。当然，增强人际交往的主动性是必要的。

（二）培养独立生活的能力

人在环境中生存发展，首先需要具备独立生活的能力。独立生活能力包括生活上的自理能力、独立处理人际关系以及生活中各种矛盾的能力。生活的自我管理能力看起来是一些日常琐事，但是，一个人连自己的生活都管理不好，处处要依赖别人，还怎么能在社会上立得住，又怎么能谈得上发展呢？自我管理能力的培养，关键在于行为习惯的培养。要想克服依赖和惰性，就要从按时休息、讲究卫生、遵守规章制度、自己的事情自己做开始，一点一滴形成习惯。生活的实质就在于独立，世界上凡有大成就的人，没有一个人是不能自立的。有一个独立的头脑，应该具有独立思考和独立处理问题的能力。这种能力不是天生的，主要靠在生活的实践中去观察、去思考、去锻炼。有的人害怕失败，遇到问题不是躲避，就是依靠能力比自己强的人，于是他就总是独立不了。其实，你只要尝试着独立去解决，无论结果是成功还是失败，你都会得到锻炼。成功了，你取得了经验，能力自然会提高；失败了，你并不是百分之百的失败，仔细分析一下，只要纠正行动中的某些不足，你就会获得成功。失败，更能提高你的能力。只要你勇敢地一次次去尝试、去实践，你就会具有任何环境下都能生存的能力。这种能力能使你"遇见森林，可以辟成平地，遇见旷野，可以栽种树木，遇见沙漠，可以开掘井泉"，这种能力使你拥有自信和勇气。

（三）加强校园文化建设，丰富学生课余生活

健康、高雅的校园文化是高校思想政治工作的重要环节、有效途径和有力的载体。丰富的课余生活对学生成长将产生深远的影响。

（1）可以举办各种讲座、学术报告会，激发学生对所学专业的自豪感，从而提高其对专业的兴趣。

（2）开展各种比赛，例如体育竞赛、演讲比赛、辩论会等，通过这些活动来发挥学生的特长，提高自信心，使其自我价值得到充分体现。

（3）组织学生参观博物馆，了解新居住城市的历史、现状及发展前景，让新生多接触社会，了解社会，结识新朋友，排除孤独感。

（4）在校园文化建设中，还应加强心理健康教育的内容，如利用报刊、橱窗、广播等媒体，宣

传生理卫生和保健等方面的知识,使心理教育经常化。

(四)确立合适的人生目标

当人们没有目标时,就会感到迷茫和空虚;当人们的目标过低时,则缺乏一种动力;当人们的目标过高时,则常因为达不到理想而失望。很多困难都来自个人目标确定不当。目标是人们生活所追求的结果,是人生的目的所在,是人自觉行动的前提。如果你不想浪费人生,随波逐流,你愿自己能够成功的发展,那么,你必须为自己确立一个合乎实际的目标。首先,应当根据国家、社会发展的需要和自己人生发展的需要,为自己制定一个远程目标,它是人生要达到的主要理想。同时,还要制定一个为实现远程目标所设立的近程目标,即短期内立即要做的事。远程目标要靠一个个近程目标的完成来实现。如果只有远程目标,没有近程目标,你的人生理想就会成为空中楼阁,可望而不可及,时间一久,就会迷失方向,丧失信心。只有近程目标,没有远程目标,你就不能保持一种永恒的动力。目标的确立,应当从你自身的实际和客观的实际出发,比如你的个性特点、能力以及客观所提供的条件。盲目地追随别人或社会时尚,不但不会获得成功,还会影响到心理的平衡。同时,还应该随时根据已经变化的情况,及时做出调整,以免因为目标脱离实际而不能实现目标。只要我们能确立一个合适的目标,就会有行动的方向和动力,人生就会充满信心与活力。

(五)增强挫折承受力

没有一帆风顺的人生,困难和挫折是人生旅途中不可避免的。面对困难和挫折,面对人生的诸多不测,中职学生首先要有挫折承受力。要认识到"失败是成功之母"。挫折,对于弱者是句号,对于强者只是逗号,应该学会用挫折来激发意志,改进方法,提高能力。做到能进能退,能取能予,能胜能败,能伸能屈,不能动辄成为忧郁王子、伤感丽人。应该坚信没有河水的冲涮,便没有钻石的璀璨;没有挫折的考验,也便没有不屈的人格。只要我们能够正视挫折的存在,并采取积极的态度,就一定能够经受住挫折的考验,从而战而胜之。更重要的是,要有预见,要未雨绸缪,要勇于走出困境。在这里,我们特别强调《谁动了我的奶酪》所蕴涵的敢于并善于改变自己,应对变化、应对挫折的精神。"奶酪"是个比喻,它可能是一份工作,也可能是金钱、爱情、幸福、健康或心灵的安全……生活在今天这样一个快速、多变和危机频发的时代,每个人都可能面临着与过去完全不同的境遇,人们时常会感到自己的"奶酪"在变化。问题在于我们要能预见变化,适应变化,更应达到享受变化的境界。

(六)采取积极的行动

美好目标的实现,取决于脚踏实地的积极行动。行动不仅是个人生存和社会发展的必须,而且还是保持心理健康的必须。最大限度地发挥个人的潜能,实现自己人生的价值,这是人生发展的需要。只有积极行动,你才能了解自己的潜能究竟有多大。当你面对一件事情的时候,你可能觉得它很复杂、很困难,对是否能够完成它,可能心中没有把握。然而,如若不行动,你就不知道你的能力对于这件事情来说究竟有多大。当你积极去做时,你就会一步步地取得成功。当你最后圆满完成任务时,你的能力得到了充分发挥,你由此获得了自信。就这样,每一件事情,你都采取积极的行动,你的能力在一次次完成的任务中得到提高,你就不会一次次自

卑,你的信心也一次次增强。积极行动还可以摆脱由于环境不适应带来的孤独、苦闷、烦躁、恐惧和空虚。当你对环境不熟悉、不满意时,只要你积极行动,做工作,为集体为他人做些事情,你就会逐渐融于社会中,行动使你获得了充实和愉快。当你全身心地投入工作中去的时候,你就不会像往日那样去琢磨自己的心境,要知道,很多烦恼都来自自己的"冥想"。那些专心于自己事业的人们,那些辛勤劳动着的人们,是没有时间去"空虚"和"烦恼"的。为"活着太累"而烦恼的人,赶快积极行动起来,行动会带给你价值,行动会带给你心理的健康与快乐。

(七)建立和谐的人际关系

人对社会的适应,主要是对人际关系的适应。有了良好的人际关系,人才有了支持的力量,有了归属感和安全感,心情才能愉快。人际关系的建立既有认识问题也有技巧问题。每个人都不能只是埋怨别人,埋怨社会,而应该首先主动关心别人,主动为别人做一些事情。人总是会"投之以桃,报之以李"的,主动关心别人的人总会得到别人喜欢的。人应当主动开放自己,关闭自己的心灵之窗,又担心别人不向你吐露心声,是永远找不到朋友的。须知,感情的交流是相互的,你对别人开放得多,别人从你那儿获得的安全感越多,才会向你开放得越多。只有付出真诚,才会得到真诚。人际交往要心理相容。每个人的长处短处各不相同,本着"求大同存小异"的原则,学习别人的优点,包容别人的缺点,你就会得到很多的朋友。尽管现在社会竞争激烈,利益冲突增多,然而,无论什么时候,那些不过分计较自己,多为别人着想的人,总是会受到大家的尊重。

第三节　良好习惯养成

生活习惯与人的身心健康有着极为密切的关系,良好的生活习惯可以让人受益终身。生活习惯是人们在不断地生活和学习、工作中习得的,因此,它也可以在一定条件下通过学习来改变。影响生活习惯的因素有很多,主要包括以下两方面的因素:一是对习惯的认知和态度;二是受环境的影响。处在成长期的中职学生因为具有一定的可塑性,完全可以通过主观努力和环境监督来改掉不良的生活习惯,养成良好的生活习惯。培养中职学生良好的生活习惯可以从以下几方面入手。

一、生活要有计划和规律

中职学生的生活和学习是在一定的秩序下进行的,有规律的生活、科学的作息制度能使人精力充沛,身心健康。但是,通过对中职学生生活习惯的调查资料显示,有60%的学生生活没有规律,不按时起床、睡觉、用餐,不能妥善安排好学习、休息、娱乐的时间,生活无计划。不少同学深夜不睡,早上不起,早餐不吃,上课迟到。有的学生则由于沉重的学习负担,不能合理地安排学习和休息的时间,致使长时期睡眠不足。这种毫无规律的生活,会导致中职学生的身体机能减退,负性情绪增加,植物神经系统功能紊乱,学习效率降低。长此以往,会严重影响学习的质量,对身心健康也不利。

中职学生应该做生活的主人,管理好自己的时间,安排好学习生活,做到长计划、短安排,充分有效地利用时间,劳逸结合。作息时间有规律,不熬夜、不贪睡,始终保持旺盛的精力。

二、体育锻炼要适当

适当的体育运动对人的生理和心理健康都具有十分重要的作用。运动可以提高人的中枢神经系统的反应能力,增强肌肉活动的能力,提高心脏潜力,增加消化与吸收的能力,加速人体生长发育。运动还能使人感知觉敏锐,观察力加强,促进注意力和记忆力的发展,提高思维的敏捷性和灵活性,提高人的活动能力,培养乐观开朗的情绪,增强自信心,培养灵活、果断、勇敢、顽强的意志。

中职学生每天坐着上课,读书时间较长,一般占 1/3 左右,有的人坐的时间更长,用脑多用肢体少。而坐着时一部分肌肉、韧带、关节的负担又过重,久而久之,易引起一部分肌肉劳损。

然而,有很多中职学生对体育锻炼缺少足够的重视,体育运动不够是中职学生特别是女中职学生中的普遍现象。经常参加体育锻炼不仅可以使中职学生的肌肉发达,关节灵活,增强心血管功能,促进新陈代谢,而且还可以调节中枢神经系统的兴奋与抑制等过程,缓解精神压力和紧张情绪,改善睡眠质量,还可以培养中职学生顽强的意志品质和勇敢拼搏的奋斗精神。

由此可见,加强体育运动,是中职学生日常心理保健的重要途径,是对自己的健康负责的要求。中职学生要根据自身的身体状况以及季节变化来选择运动的方式和时间,并持之以恒地进行下去,这样才能锻炼自己的体魄,并促进自己的心理健康水平。

三、合理饮食

饮食习惯作为人们生活习惯的重要组成部分之一,已被越来越多的人所重视。然而,在中职学生中还存在着大量的不良饮食习惯,主要表现为:娇生惯养,偏食、挑食;海吃海喝、暴饮暴食;过分节食等。这样不仅会伤害消化系统的功能,损害健康,同时对心理也是不良刺激,易引起心理问题。为了身心健康,克服不良的饮食习惯,做到饮食得当有节,是中职学生应当努力做到的。

合理的饮食应该是三餐定时定量,吃好早饭。早饭占全天热能供应的 25%～30%,不吃早饭会影响上午的精神状态。另外还要不挑食不偏食,荤素搭配,粗细协调,不暴食暴饮;少吃多盐食品与甜食;创设良好的进餐气氛,细嚼慢咽;多吃水果与蔬菜,做到营养均衡、充分。

四、不吸烟少喝酒

吸烟对人的身体健康危害极大,但在中职学生之中,仍有部分学生偷偷吸烟,他们觉得吸烟好玩,可以成为一种娱乐手段。

大量的实践表明,吸烟会严重危害人的生理健康,吸烟是引起慢性支气管炎、阻塞性肺气肿、肺癌和冠心病的主要原因。同时,吸烟导致心脏病或尿道狭窄等先天性缺陷占一半以上。所以,吸烟对人的健康危害极大。

另外,吸烟还会对人的心理健康产生消极的影响。长期吸烟的人会影响智力水平,使人注意力涣散、记忆力减退、思维不灵活、反应迟钝、学习和工作效率下降,并影响人的个性心理品质。

吸烟不仅损害了中职学生文明、健康向上的形象,还不利于校园精神文明建设。因此,没有吸烟的学生应坚定自己正确的选择,已有吸烟习惯的学生应充分认识吸烟的害处,有计划有步骤地戒烟。

中职学生在节假日或朋友聚会时少量饮酒以增添欢快气氛,但有些同学没能把握好量和度,时有酗酒的现象。经科学研究证明,饮酒成癖或者大量饮酒,对身心健康有严重的危害,酗酒可引起胃炎、胃溃疡、胃出血、酒精中毒性肝炎、肝硬化,诱发高血压和心肌梗塞等。因此,中职学生平时应做到不喝酒,特殊场合饮酒也要做到有节制,避免过量饮酒。

五、讲究卫生

卫生习惯体现着一个人的修养水平,中职学生一定要养成良好的卫生习惯。中职学生尽管文化层次高,但仍有一些人缺乏良好的卫生习惯。高校学生管理部门经常要检查学生宿舍的卫生。有通知的检查大多还过得去,但若是突击抽查,就可能令人大跌眼镜:瓜皮果壳满地乱扔,脏衣服到处乱塞,臭袜子上下乱窜,屋子里臭气熏天。污浊的空气、凌乱的环境无法让人神清气爽地学习、起居。小事见精神,小处现人格。中职学生应该从小事做起,严格要求自己,养成良好的卫生习惯,包括常洗澡勤换衣,常剪头发常漱口,不随地吐痰,不乱扔瓜果皮核、纸屑等,主动为自己和大家创造一个优良的学习生活环境和心理氛围。

第二篇

体 能

第一章 体能及训练方法

第一节 体能概述

体能,是指人体通过先天遗传和后天训练获得的在形态结构、功能调节方面,物质能量的贮存和转移方面所具有的潜在能力以及与外界环境结合所表现出来的综合运动能力。

体能训练,则是对人使用特定的方法和手段来提高人体生理各系统的机能与代谢水平,使之适应竞技运动需要而进行的专门身体训练。体能训练包含的内容较为丰富,如对身体形态、身体机能、身体健康和运动素质的训练等。其中,身体形态,是指人体内部和外部的形态特征;身体机能,是指运动员有机体各器官系统的功能,它是身体活动能力的基础,某一机能水平直接影响着运动时所需要的某一方面能力。

从应用的角度上来看,人的体能可以分为基本体能和运动体能两种。基本体能是人体有机体形态、机能和技能的综合表现;运动体能则是有机体在中枢神经系统控制下,通过运动员身体形态结构、各器官系统机能水平和能量物质储备及代谢水平在运动时表现出来的各种综合表现能力。

在竞技体育范畴内,通常把人体的运动体能分为一般体能和专项体能。体能训练包括一般体能训练和专项体能训练。一般体能训练是指运用多种非专项的体能练习手段,增进运动员的身体健康,提高各器官系统的机能,全面发展运动素质,改善身体形态,掌握非专项的运动技术、技能和知识,为专项成绩提高打好基础的训练。

专项体能训练是指采用直接提高专项素质的练习,以及与专项有紧密联系的专门性体能练习,最大限度地发展对专项成绩有直接关系的专项运动素质,以保证掌握专项技术和战术及其在比赛中顺利有效的运用,从而创造优异成绩的训练。一般体能训练是专项体能训练的基础,一般体能训练为专项运动素质的提高提供必要的条件;专项体能训练则是提高专项运动成绩的特殊需要,并直接为创造优异的专项运动成绩服务。一般体能训练和专项体能训练总的目标是一致的,在训练实践中往往难以截然分开。

第二节 力量素质训练

力量素质是指机体或机体的某一部分肌肉工作(收缩和舒张)时克服内部阻力(肌肉的黏滞力、关节的加固力、肌肉间的对抗力等)和外部阻力(重力、支撑反作用力、摩擦、空气或水的阻力)的能力。中职学生要想促进自身力量素质的发展,可以采用以下几种方法:

一、颈部力量素质训练

颈部肌肉力量素质训练主要是静力性对抗训练和负重训练,具体训练方法如下:

(一)头手倒立

头手倒立训练法主要是发展颈部肌肉力量。要求学生在墙壁前,缓慢屈臂成头手倒立,两手主要起维持平衡的作用,两脚轻轻靠放在墙壁上,以头支撑体重,坚持尽可能长的时间。

(二)背桥练习

背桥练习时,以脚和头着地支撑于地面,采用仰卧或俯卧姿势,腰腹部向上挺起,两手置于胸腹部,使身体反弓成"桥"或腹部向下,以额头(或头顶)和脚趾支撑于地面,臀部上提成"桥"。

二、肩部力量素质训练

肩部力量训练主要是针对肩部肌群力量的训练,特别是锁骨末端的三角肌的力量训练。肩部三角肌前部、侧部以及后部共同围绕起来在肩部形成一个圆球。专门的力量训练能使机体的整个三角肌得到全面的发展。

(一)颈前推举

颈前推举主要是发展三角肌前束和斜方肌的肌力。具体可采用直立姿势或坐姿,两手握杠铃同肩宽,握杠于锁骨处,手臂垂直向上伸直推起。

(二)颈后推举

颈后推举主要是发展三角肌后束、冈上肌和肱三头肌的肌力。两手握杠铃,约同肩宽,垂直上举至手臂伸直。

三、臂部力量素质训练

臂部力量素质训练不仅能使学生拥有强壮有力的前臂肌群,有利于塑造健美的体型,有利于提高握力、支撑力和完成各种训练动作的能力,还有利于增强机体各部位的肌肉力量。具体方法如下:

(一)仰卧撑

仰卧撑训练主要用于发展肱三头肌、三角肌、背阔肌等的力量素质。训练方法为仰卧,两臂伸直,撑在约50厘米高的台上,屈臂,背部贴近高台,然后快速推起两臂伸直,连续做10~15次。

(二)坐姿弯举

坐姿弯举主要用于发展肱二头肌的力量及前臂肌群力量。两腿自然分开,坐在凳端,一手握哑铃,另一手掌置于持哑铃手侧的膝关节上部,握哑铃的手臂充分伸展,将肘关节的上部置于膝关节处另一侧的手背上,上臂固定,慢速屈肘至胸前,然后再有控制地下放哑铃成预备姿势,反复训练。

四、胸部力量素质训练

发展胸部力量素质的方法很多,有徒手练习也有器械训练。在训练实践中,任何下肢高于上体的斜板卧推和飞鸟动作都有助于发展胸大肌下部力量。具体训练方法如下:

(一)俯卧撑

俯卧撑主要是发展肱三头肌、胸大肌、三角肌和前锯肌等肌群的力量素质。训练方法为两手间距稍宽于肩,直臂双手俯卧撑地,两腿伸直,两脚并拢,脚趾撑地。两臂力量提高后,可使两脚位于高台上或在背部负重进行练习。

(二)仰卧扩胸

仰卧扩胸主要是发展胸大肌和三角肌的力量。仰卧在垫子或矮凳上,两手持哑铃两臂伸直,与身体成"十"字形。直臂慢速将哑铃举至胸的正上方,然后慢速还原成预备姿势,反复训练。

五、腹部力量素质训练

腹部力量素质训练的重点是发展腹外斜肌、腹内斜肌、腹直肌和髂腰肌力量,充分利用腹肌的收缩来缩短骨盆底部至胸骨间的距离。具体训练方法如下:

（一）半仰卧起坐

半仰卧起坐主要是发展腹直肌上部力量。具体训练方法为平躺地上或练习凳上，两手持杠铃片置于头后，两足固定。上体向前上方卷起，同时两膝逐渐弯曲。用力吸气，放松呼气，收缩时停两秒。也可将负重物放在胸前上部进行训练。

（二）仰卧起坐

仰卧起坐主要是发展腹直肌、髂腰肌的力量素质。具体训练方法为仰卧在凳上或斜板上，两足固定，两手抱头，然后屈上体坐起，再还原，一次做 10～15 个，也可两手于颈后持杠铃片或其他重物负重训练。

（三）仰卧举腿

仰卧举腿主要是发展腹直肌、腹外斜肌和骶棘肌的力量素质。具体训练方法为仰卧于垫子上，两脚并拢两腿伸直，双手置于头后；或仰卧于斜板上，上体位于高端，两手抓握板端，身体伸展。两腿伸直双脚并拢，慢速上举，腿与上体折叠，使脚尖举至头后，然后慢速还原成预备姿势。也可在踝关节处负重训练。

六、背部力量素质训练

背部力量训练的目的是充分发展人体的背阔肌、大圆肌、斜方肌、冈下肌、小圆肌前锯肌以及骶棘肌等肌群的力量。学生在训练过程中应做到动作准确，使肌肉充分收缩，以充分发展背部力量。具体训练方法如下：

（一）持铃耸肩

持铃耸肩主要用于发展斜方肌力量。具体训练方法为身体直立，正握杠铃，然后以肩部斜方肌的收缩力，使两肩胛向上耸起（肩峰几乎触及耳朵），直至不能再高时为止，然后还原，反复训练。

（二）直腿硬拉

直腿硬拉主要是发展骶棘肌、斜方肌、背阔肌、股二头肌、半腱肌、半膜肌、大收肌等伸展躯干和伸髋的肌肉力量。具体训练方法为两腿伸直站立，上体前屈，挺胸紧腰，两臂伸直，用宽握距或窄握距握住杠铃，然后伸髋、展体，将杠铃拉起至身体挺直。还原后重新开始，反复练习。

七、腿部力量素质训练

腿部是机体运动的最重要的部位之一，腿部力量是机体从事其他常见运动项目的基础。腿部力量素质训练方法具体如下：

（一）纵跳

纵跳主要用于发展伸膝和屈足肌群力量及弹跳力。具体训练方法为身穿沙背心，带沙护腿，成半蹲姿势。两脚蹬地起跳，两臂上摆，腿充分蹬伸，头向上顶，缓冲落地后继续做。连续练习 10～15 次。也可悬挂或标出高度目标，以两手触摸标志线或物体进行练习。

（二）蛙跳

蛙跳主要是发展下肢爆发力及协调用力。训练方法为身穿沙背心，带沙护腿（也可不负重），全蹲。两脚蹬地，腿蹬直向前上方跳起，腾空后挺胸收腹，快速屈腿前摆，以双脚掌落地后不停顿地连续做 6～10 次。

（三）跳深

跳深主要是发展伸膝、屈足肌群和腹肌的力量素质。练习者先将 5～8 个高度为 70～100 厘米的跳箱盖纵向排好，每个跳箱盖横放，间距均为 1 米。练习者面对跳箱盖并腿站立，双脚同时用力跳上跳箱盖，紧接着向下跳，落地后立即又跳上第二个跳箱盖，紧接着向下跳，落地后立即又跳上第三个跳箱盖，连续跳上跳下 20～30 次。也可在有沙坑的高台处做该练习。

第三节　速度素质训练

速度素质是指人体或人体某一部位快速运动的能力。也就是人体或人体某一部位快速作出运动反应、快速完成动作、快速移动的能力。

一、反应速度训练

（1）起动跑。两手撑地，两腿交叉成弓步状，听信号快速起动跑出；或两腿做弓步交换练习时，听信号快速起跑。跑出距离 10～20 米。

（2）听信号起动加速跑。慢跑中听信号后突然加速冲跑 10 米。反复进行。

（3）小步跑、高抬腿跑接起动加速跑。做原地或行进间的小步跑或高抬腿跑，听到信号后突然加速冲跑 10～20 米。反复练习。

（4）转身起跑。背对前进方向站立，听信号后迅速转体 180°，起动加速跑 20 米。

（5）俯撑起跑。从俯撑开始，听信号后迅速收腿起跑 10～20 米。

（6）反应突变练习。练习者听各种信号做各种滑步、上步、交叉步等移动、转身、急停、接球、上步垫球等模仿练习。

二、动作速度训练

（1）听口令、击掌或节拍器摆臂。两脚前后开立，根据口令或击掌或节拍器节奏，做快速前后摆臂练习20秒左右,节奏由慢至快,快慢结合。摆臂动作正确、有力。重复2～3组,组间休息3～5分钟。

(2)悬垂高抬腿。两手握单杠成悬垂,两腿快速交替做屈膝高抬腿和下蹲伸直动作,速度越快越好。每次两腿各抬20～50次,重复2～3组,组间歇3～5分钟。

(3)原地快速高抬腿或支撑高抬腿。身体前倾支撑肋木或墙壁等,听信号后做高抬腿10～30秒,大腿抬至水平,上体不后仰。可重复练习4～6次,间歇5～7分钟。

(4)快速小步跑。小步跑15～30米,两腿频率越快越好。要求以大腿工作,小腿放松,膝踝关节放松,脚落地"扒地"。重复4～6次,间歇5～7分钟。

(5)快速小步跑转高抬腿跑。快速小步跑5～10米后,再转高抬腿跑20米。小步跑要放松而快,转高抬腿跑时频率不变,只是幅度加大。重复3～5次,间歇4～5分钟。

(6)快速小步跑转加速跑。快速小步跑10米左右转入加速跑。加速跑时频率节奏不能下降,跑出20～30米放松。重复3～5次,间歇4～5分钟。

(7)高抬腿跑转加速跑。快速高抬腿跑10米左右转加速跑,频率节奏及前摆腿的高度不能下降。重复3～5次,间歇5～6分钟。

(8)踏标记高频快跑。跑道上射出步长标记,听信号后全速踏标记跑20～40米。步长标记要合适。每组2～3次,重复2～3组,组间歇5分钟。

(9)前倒起跑。两脚前后开立,身体自然前倾,至重心前倒失去控制时迅速起跑20～30米。每组2～3次,重复2～3组,组间歇5～7分钟。

(10)连续跨栏跑。放置5～6个低栏,栏间距1.5～2米,做快速连续过栏练习。要求动作速度快,过栏动作正确,节奏准确。每组5～7次,重复2～3组,组间歇7～10分钟。每次计时跑。

三、位移速度训练

(1)原地摆臂。两脚前后开立,根据口号或击掌声,做有节奏的前后摆臂20秒。要求节奏快、动作有力。也可采用计时计数摆臂、模拟摆臂、障碍摆臂等方法进行练习。

(2)原地快速高抬腿。以短跑动作前后摆臂进行原地快速高抬腿,肘关节弯曲大约90°。前摆手摆到约肩部高度,后摆手摆到臀部之后。大腿摆到与地面平行。

(3)高抬腿跑绳梯。双脚在同一格内落地,尽快跑过每格约50厘米间距的绳梯。

(4)小步跑。站立姿势,按小步跑技术做快频率行进间小步跑20米。要求膝、踝放松,积极扒地,两臂协调配合,频率越快越好。练习3～4组,每组3～4次。也可采用小步跑接后蹬跑、小步跑接加速跑、快步走接小步跑等进行练习。

(5)加速跑。一般可采用上坡加速跑60～80米,蹲踞式或站立式起跑后加速跑20～40米,由慢到快逐渐地均匀加速跑60～80米三种方式练习。要求逐渐加速,并高速完成练习。反复练习。

(6)直腿跑。用直腿跑技术,跑出时摆动腿伸直,以足跟擦着地面向前摆动。要求动作协调,行进距离20～30米。反复练习。

(7)快速跑。站立式或半蹲式姿势出发,一开始要尽快发挥最大跑速,距离可分别为30

米、60 米、80 米。反复练习。

（8）跑步动作平衡。采用最高速度时的单腿支撑姿势，左脚用脚掌支撑，肘关节弯曲约 90°。左手在肩部高度，右手在髋部高度，右腿高抬，右脚踝靠近臀部。

（9）跑步姿势交换腿高跳。先从慢跑开始，用跑的身体姿势进行高跳。起跳后再用另一只脚落地。

（10）踝关节小步跑。采用很小的步长快跑，强调脚底肌群的蹬地和踝关节屈伸动作。以脚掌蹬离地面。

（11）双腿过栏架跑。摆放 8～10 个栏架，高 30～40 厘米，间距约 1 米。在栏架上做高抬腿跑，在每一个栏间距内双脚落地，采用同一条攻栏摆动腿。

（12）拖轮胎跑。练习者腰部系上一条绳索，拖动一个汽车轮胎进行跑的练习。

第四节 耐力素质训练

耐力素质是指人体在长时间进行工作或运动中克服疲劳的能力，也是反映人体健康水平或体质强弱的重要标志，它是体能素质的重要指标之一。耐力与力量和速度这两种素质的结合，分别表现为力量耐力和速度耐力。

一、有氧耐力训练

（1）匀速持续跑：跑的负荷量尽可能多，运动时间在一小时以上。心率控制在 150 次/分左右。

（2）变速跑：运动训练负荷强度由低到高，心率控制在 130～150 次/分、170～180 次/分。练习持续时间在半小时以上。

（3）越野跑：一般跑的距离在 4 000 米以上，最多可达 10 000～20 000 米。跑的速度可以适当变化。心率控制在 150～170 次/分。如以时间计的话，运动时间在 1.5～2 小时。

（4）间歇跑：训练负荷量较小，训练中每一次练习的持续时间不长。负荷强度较大，心率达到 170～180 次/分。在身体尚未完全恢复的情况下进行下一次练习，心率在 120～140 次/分之间。

（5）水中快走或大步走：在深 30～40 厘米的浅水池中，做快速走或大步走练习，每组 200～300 米或 100～150 步，4～5 组，间歇 5 分钟。

（6）法特莱克速度游戏：此项目在野外、丘陵、山坡、平原的地形条件下进行，由练习者自己控制距离不等的快跑、慢跑、匀速跑、加速跑交替进行的连续练习。多用于调整训练课或过渡训练期。

（7）3 分钟以上跳绳或跳绳跑：在跑道上做两臂正摇原地跳绳 3 分钟或跳绳跑 2 分钟。4～6 次，间歇 5 分钟。强度为 45%～60%。要求每次结束时，心率在 140～150 次/分，恢复至 120 次/分以下开始下一次练习。

（8）高原训练法：此项训练可激发机体的补偿机制，发展有氧和无氧耐力。世居海拔 1 600

米以上高原的运动员在系统的高原训练中,再上海拔更高的高原,进行 4～6 周的系统训练,再回到居住地训练 3～4 周,下平原参加重大比赛。世居平原的运动员定期上海拔 1 900～2 500 米的高原训练 4～6 周,而后下平原训练 3～4 周后,参加重大比赛。

二、无氧耐力训练

(1)原地间歇高抬腿跑:原地做快速高抬腿练习。如发展非乳酸性无氧耐力,则可做每组 5 秒、10 秒、30 秒钟快速高抬腿练习,做 6～8 组,间歇 2～3 分钟。强度为 90%～95%。要求越快越好。为发展乳酸性无氧耐力,则可做 1 分钟练习,或 100～150 次为一组,6～8 组,每组间歇 2～4 分钟。强度为 80%,要求动作规范。也可前支撑做高抬腿跑练习。

(2)高抬腿跑转加速跑:行进间高抬腿跑 20 米左右转加速跑 80 米。重复 5～8 次,间歇 2～4 分钟。强度为 80%～85%。

(3)原地或行进间间歇车轮跑:进行原地或行进间的做车轮跑训练,每组需 50～70 次,6～8 组,组间歇 2～4 分钟。

(4)间歇后蹬跑:行进间做后蹬跑,每组 30～40 次或 60～80 米,重复 6～8 次,间歇 2～3 分钟。强度为 80%。

(5)反复起跑:蹲踞式或站立式起跑 30～60 米,每组 3～4 次,重复 3～4 组,每次间歇 1 分钟,组间歇 3 分钟。

(6)反复跑:一般跑的距离为 60 米、80 米、100 米、120 米、150 米等。一般每组 3～5 次,重复 4～6 组,组间歇 3～5 分钟。强度一般的心率控制,如短于专项的距离,练习时心率应达 180 次/分钟,间歇恢复至 120 次/分钟时,就可以进行下次练习。如发展乳酸耐力,距离要长些,强度小些。

(7)计时跑:可做短于专项距离的重复计时跑或长于专项距离的计时跑。重复次数 4～8 次,间歇 3～5 分钟。强度为 70%～90%,根据运动员水平及跑距而定,距离短,强度大些。

(8)反复连续跑台阶:在每级高 20 厘米的楼梯或高 50 厘米的看台上,连续跑 30～40 步台阶,每步 2 级,重复 6 次,每次间歇 5 分钟。强度为 65%～70%。

三、有氧、无氧混合耐力训练

(1)反复跑:每组反复跑 150 米、250 米、500 米之间距离 4～5 次。每组练习之间休息约 20 分钟。要求以预定的时间跑完全程。也可以采用专项的 3/4 距离进行练习。

(2)间歇快跑:以接近 100% 强度跑完 100 米后,接着慢跑 1 分钟,间歇练习。快慢方式对照组成一组。反复训练 10～30 组。

(3)短距离重复跑:采用 300～600 米距离,每次练习强度为 80%～90%,进行反复跑。

(4)力竭重复跑:采用专项比赛距离,或稍长距离,以 100% 强度全力跑若干次。每次之间充分休息。

(5)俄式间歇跑:固定练习中间休息时间,随着训练水平提高逐渐缩短中间休息时间。训练时要求学生在 400 米练习中,用规定速度跑完 100 米后,休息 20～30 秒,如此循环反复训练。

(6)持续接力：以100～200米的全力跑,每组4～5人轮流接力。

第五节　灵敏素质训练

灵敏素质是指运动员在各种突然变换的条件下,协调、快速、准确地完成动作的能力。它综合表现了运动者的运动技能和各种运动素质。灵敏素质建立在力量、速度(反应速度、动作速度、移动速度)、柔韧、耐力、节奏感、协调性等多种素质和技能之上,这些素质和技能取决于神经系统的灵活性和可塑性以及已建立的动作的储备数量。

一、徒手训练

(一)单人练习法

(1)快速移动跑：由站立姿势开始,两眼注视指挥手势或判断信号。当练习者听到信号或看到手势后,按照指挥方向进行前、后、左、右快速变换跑动。一般发出的指令的间隔时间不超过2秒。

(2)越障碍跑：面对跑道站立(在跑道上设立多种障碍)。听到"开始"信号后,练习者迅速敏捷地跑、跳、绕,通过各种障碍物体,并跑完全程,可采用计时的方式进行练习。

(3)弓箭步转体：由(左)弓箭步姿势开始,两臂自然位于体侧。听到"开始"信号后,练习者两脚蹬地跳起,身体向左(右)转180°成右弓箭步姿势,有节奏地交替进行。采用计时记数均可。

(4)立卧撑跳转体：由站立或蹲立姿势开始。听到"开始"信号后,练习者完成一次立卧撑动作,即刻接原地跳转180°。计算30秒内完成动作的次数。

(5)原地团身跳：由站立姿势开始。听到"开始"信号后,练习者原地双脚向上跳起,腾空后两腿迅速团身收紧,接着下落还原。连续进行团身跳。采用计时记数均可。

(6)退跑变疾跑：由蹲距式起跑开始。听到"开始"信号后,练习者迅速转体180°快速后退跑5米,接着再转体180°向前疾跑5米。

(7)前、后滑跳移动：两脚前后开立,上体稍前倾,两腿微屈,两臂位于体侧。听到"开始"信号后目视手势而移动身体,前滑跳时,后脚向后蹬地,前脚向前跨出,身体随之向前移动;当前脚落地后,随即向前蹬地,后脚向后跳,身体随之向后移动。前、后滑跳移动也可以采用左、右滑跳的方式进行练习。

(二)双人(结伴)练习

(1)模仿跑：2人一组,前后站立,间隔3米。听到"开始"信号后,前者在跑动中做出变向、急停、转身、跳跃等不同动作变换的练习,后者则模仿前者在跑。跑动中做出相同的动作变换。

(2)手触膝：2人一组,面对站立。听到"开始"信号后,双方在移动中伺机手触对方膝盖部

位。身体素质良好者可采用一些鱼跃、前扑等动作。触膝次数少者受罚。

（3）躲闪摸肩：2人站在直径为2.5米的圆圈内。听到"开始"信号后，练习者在规定的圈内跑动做一对一巧妙拍摸对方左肩的练习。

（4）过人：在直径为3米的圆圈内，2人各站半圈。听到"开始"信号后，一人防守，一人设法利用晃动、躲闪等假动作摆脱防守者进入对方的防区。交替进行。

（5）障碍追逐：乙方为被追方在前，甲方为追方在后。听到"开始"信号后，练习者利用障碍物进行一对一追逐游戏，追上对方用手触到身体任何部位后，即刻交换进行。

二、器械训练

（一）单人练习

单人练习包括多种形式的传球、运球、顶球、追球、颠球、托球、接球和多球练习、滚翻传接球练习、悬垂摆动、翻越肋木、钻山羊、钻栏架，以及各种专项球类练习和技巧练习、体操练习等。

（二）双人（结伴）练习

结伴练习包括多种形式的传球、运球、接球、抢球、断球，以及跳跃障碍、顶球接前滚翻等练习。下面简略介绍几个练习动作。

（1）扑球：2人一组，面对站立。一人将球抛向另一人体侧，对方可利用侧垫步、交叉垫步或交叉步起跳扑向球，并用手接住球。2人交替进行练习。

（2）通过障碍：面对障碍物站立。助跑5米，跳过山羊，钻过山羊，绕过双杠间，再返回起点。

（3）跳起踢球：2人间隔15米，面对站立。一人抛球至另一人体前或体侧方，对方快速跳起用脚准确踢球。交替进行练习。

（4）接球滚翻：2人一组，一人坐在垫上（接球），另一人面对站立（传球）。坐在垫上，接不同方向、速度的来球。当接到左、右两侧的球后做接球侧滚动；接到正面的球后做接球后滚翻。交替进行练习。

第六节　柔韧素质训练

柔韧素质，指的是人体关节活动幅度的大小以及跨过关节的韧带、肌腱、肌肉、皮肤以及其他组织的弹性与伸展能力。

一、腰部柔韧素质训练

（1）俯卧转腰：俯卧在台子上，躯干上部伸出边缘之外悬空，颈后肩上扛一根木棍。双臂体侧展开固定木棍。呼气，尽量大幅度转动躯干，不同方向进行重复练习该动作。

(2)仰卧团身:在垫上仰卧,屈膝,双脚滑向臀部。双手扶在膝关节下部。呼气,双手向胸部和肩部牵拉双膝,并提起髋部离开垫子。重复练习。

二、腹部和胸部柔韧素质训练

(1)俯卧背弓:俯卧在垫上,屈膝,脚跟向髋部移动。吸气,双手抓住踝。臀部肌肉收缩,提起胸部和双膝离开垫子。重复练习。

(2)跪立背弓:在垫上跪立,脚尖向后。双手扶在臀上部,形成背弓,臀部肌肉收缩送髋。呼气,加大背弓,头后仰、张口,逐渐把双手滑向脚跟。重复练习。

(3)上体俯卧撑起:俯卧。双手掌心向下、手指向前放在髋两侧。呼气,用双臂撑起上体,头后仰,形成背弓。重复练习。

三、髋部和臀部柔韧素质训练

(1)弓箭步压髋:弓箭步站立,前面腿膝关节成90°,后面腿脚背触地,脚尖向后。双手叉腰。屈膝降低重心,后面腿的膝触地。呼气,下压后面腿髋部。换腿重复练习。

(2)身体扭转侧屈:直立,左腿伸展、内收,在右腿前尽量与其交叉。呼气,躯干向右侧屈,双手力图接触左脚跟。身体两侧轮换练习。

(3)坐立反向转体:坐在地面,双腿体前伸展,双手在髋后部地面支撑。一条腿与另一条腿交叉,屈膝使脚跟向臀部方向滑动。呼气,转体,头转向身体后方继续转体,使身体对侧的肘关节顶在屈膝腿的外侧,并缓慢推动屈膝腿。

四、肩部和背部柔韧素质训练

(1)单臂开门拉肩:在一扇打开的门框内,双脚前后开立,拉伸臂肘关节外展到肩的高度。拉伸臂前臂向上,掌心对墙。呼气,上体向对侧转动拉伸肩部。反复练习。

(2)向后拉肩:站立或坐立,在背后双手合掌,手指向下吸气,转动手腕使手指向上。吸气,向上移动双手直最大限度,并后拉肘部。反复练习。

(3)背向压肩:背对墙站立,向后抬起双臂,与肩同高直臂扶墙,手指向上。呼气,屈膝降低肩部高度。重复练习。

五、臂部和腕部柔韧素质训练

(1)上臂颈后拉:站立或坐立,左臂屈肘上举至头后,左肘关节在头侧,左手下垂至肩胛处。右臂屈肘上举,右手在头后部抓住左臂肘关节。呼气,在头后部向右拉左臂肘关节。换臂重复练习。

(2)背后拉毛巾:站立或坐立,一只臂肘关节在头侧,另一只臂肘关节在腰背部。吸气,双手握一条毛巾逐渐互相靠近。换臂重复练习。

(3)压腕:站立,双臂胸前屈肘,一只手的手掌根部顶在另一只手的四指末端。用一只手的手掌根部用力压另一只手的四指末端。换手重复练习。

六、颈部柔韧素质训练

(1)前拉头:站立或坐立,双手在头后交叉。呼气,向胸部方向拉头部,下颌接触胸部。

(2)后拉头:站立或坐立,小心地向后仰头,把双手放在前额,缓慢后拉颈部。

(3)侧拉头:站立或坐立,左臂在背后屈肘,右臂从背后抓住左臂肘关节。将左臂肘关节向右拉过身体中线。呼气,将右耳贴到右肩上。

七、大腿内侧柔韧素质训练

(1)体侧屈压腿:侧对一个约与髋同高的台子站立,两脚与台子平行。将一只脚放在台子上。双手在头上交叉,呼气,向台子方向体侧屈。

(2)直膝分腿坐压腿:双腿尽量分开坐在地面,呼气,转体,上体前倾贴在一条腿上部。交换腿拉伸,重复练习。

八、大腿前、后部柔韧素质训练

(1)坐压脚:跪在地面,脚趾向后。呼气,坐在双脚的脚跟上。

(2)垫上仰卧拉引:臀部坐在垫上跪立,后倒身体到躺在垫上,脚跟在大腿两侧,脚尖向后。身体后倒过程中呼气,直到背部平躺在垫上。重复练习。

九、小腿柔韧素质训练

(1)坐拉脚掌:双腿分开坐在地面上,一条腿屈膝,脚跟接触伸展腿的腹股沟。呼气,上体前倾,一只手抓住伸展腿的脚掌向躯干方向牵拉。重复练习。

(2)扶墙拉伸:面对墙壁站立,双手扶墙支撑身体,双脚始终贴在地面,脚趾指向墙。呼气,屈肘前移重心,两前臂贴墙,身体斜靠在墙上。重复练习。

(3)扶柱屈髋:在柱子前,双手握住柱子,双脚左右开立并尽量内旋。呼气,屈髋并后移髋关节,双腿与躯干形成约45°夹角。

十、脚部和踝部柔韧素质训练

(1)脚趾上部拉伸:两脚前后开立,前面腿微屈膝,脚趾上部支撑在地面,双手放在其大腿上。双脚轮流练习。

(2)踝关节向内拉伸:坐下将一条腿的小腿放另一条腿的大腿上。一只手抓住踝关节上部小腿,另一只手抓住脚的外侧。呼气,并向内(足弓方向)拉引踝关节外侧。双脚轮流练习。

(3)脚趾下部和小腿后部拉伸：面对墙双脚相距约 50 厘米前后开立，前脚距墙约 50 厘米。双手扶墙，身体向墙倾斜。后脚正对墙，脚跟贴在地面。呼气，提起后脚脚跟，将体重移到后脚的脚掌上，下压。双腿轮流练习。

第七节　平衡能力训练

平衡能力指抵抗破坏平衡的外力，以保持全身处于稳定状态的能力。人的任何运动可以说几乎都是在维持身体平衡的状态下进行的，尤其是大肌肉的活动，更需要有较好的平衡能力才能胜任。

一、初级训练

初级阶段的平衡能力练习主要体验平衡的感受，通过身体重心的转移建立初步平衡感。

(一)坐姿平衡

训练目的：训练身体在静态下的平衡，矫正坐姿，初步培养平衡感。
训练方法：
(1)坐在椅子上，抬头挺胸，后背倚靠椅背。
(2)双臂自然放在前面的桌子上，身体保持平衡。
训练要求：放松肩膀及身体其他部位的肌肉，不要过度紧张。

(二)单脚站立

训练目的：初步训练在重心偏离常态时的身体平衡感。
训练方法：
(1)双手左右侧平举，身体正直，目视前方站稳。
(2)一只脚站立，另一只脚抬起，上身保持不动。
(3)换脚练习，并逐渐延长站立时间。
训练要求：单脚站立时尽量不要东摇西晃。

(三)脚尖站立

训练目的：训练在小支撑点上的平衡。
训练方法：
(1)双脚尖站立，并从 1 数到 10。
(2)双脚尖站立平稳后，改为单脚尖练习。
训练要求：最初训练以光脚练习为宜。

（四）平衡板上站立

训练目的：利用器具训练身体平衡。

训练方法：

(1)在支点较宽的平衡板上站立,目视前方,并从1数到10。

(2)训练中逐渐减小支点的宽度,并从1数到20。

二、中级阶段

在身体的连续移动中掌握平衡。这是比较困难的阶段,因为身体两侧所进行的动作不相同,这样对平衡能力就提出了更高的要求。

（一）顶物走

训练目的：初步锻炼在动态中平衡。

训练方法：

(1)地面上画一直线,孩子头顶一本书或一个枕头站在起点。

(2)沿直线走,同时头上的东西不能掉下来。

(3)在练习达到一定程度时,可以将直线改为圈线。

训练要求：忌用手扶头上的东西。

（二）跳华尔兹舞

训练目的：培养在方向不断变化的活动中保持动态平衡能力。

训练方法：

(1)地面上画一个大圆圈,围绕着某一垂直的轴转圈。

(2)速度逐渐加快。

注意事项：若出现头晕、出汗、脸色苍白时,应及时停下来休息,并调整转动的速度与弧度。

（三）走平衡木

训练目的：利用器具训练平衡感,使之能够在平衡木上保持平衡;在保持身体平衡的基础上表现某种韵律,为较高级的知觉动作做准备。

训练方法：

(1)在平衡木上行走,保持平稳。

(2)在以上基础上按节拍或音乐行走。

训练要求：跳下的动作要轻,前脚掌先着地。

（四）不倒翁

训练目的：训练旧的平衡状态破坏后建立新的平衡状态的能力。

训练方法:

(1)在座位上保持良好的坐姿。

(2)坐正后,从一侧推动学生以破坏其平衡,要求再度保持坐正的体姿。

(3)在推动下要保持平衡,可在其不注意的情况下进行推动,并继续保持平衡。

注意事项:推动力由轻到重,并注意保护,以免跌倒而受伤。

三、高级阶段

(一)蒙眼走

训练目的:发展不依靠视觉的空间平衡知觉能力。

训练方法:

(1)开始时两眼睁开站立,并注意地面所画直线的走向。

(2)然后闭上眼睛站立,并向正前方行走。

(二)倒走

训练目的:发展平衡知觉能力,从二维平衡感发展到立体平衡感。

训练方法:

(1)地面上画一直线,沿直线倒着走。

(2)在平稳的基础上计时,训练速度。

(3)上下楼梯时练习倒着上、下台阶。

(三)拿横杆走平衡木

训练目的:利用手持器具练习平衡走动。

训练方法:

(1)拿着横杆在平衡木上走动。

(2)横杆的长度可不断加长,两头可挂上物品进行练习。

训练要求:无论旋转还是卧倒,速度都应由慢到快。

第二章　职业体能

第一节　坐姿类职业体能训练

一、肌肉力量耐力训练

人体各种活动都是在身体各部位肌肉牵动着关节和骨骼并克服各种阻力的情况下实现的。因此,肌肉张力是维持身体各种姿势的基础。坐姿时腰背部肌肉是主要的受力肌。锻炼坐姿时机体各部位的主要受力肌群,可以增强肌肉弹性,改善组织血液循环,增强新陈代谢,防止或降低组织疲劳。

力量耐力是力量和耐力的综合素质,它是在静力性或动力性工作中长时间保持肌肉紧张,而不降低其工作效率的运动能力。针对坐姿类岗位对身体素质的要求,应主要发展颈肩部、腰背部、腕部肌肉群的力量耐力。

(一)颈肩部肌群力量耐力训练方法

以下三种训练方法都是为了发展胸锁乳突肌、斜方肌肉的力量,减缓和消除颈肩部的疲劳。

1.摸耳屈伸

坐立均可,两手自然放于体侧,眼睛正视前方。右手叉腰,同时将左手侧上举,越过头顶去摸右耳,同时头向左侧倾斜,还原;再用右手以同样的姿势去摸左耳,还原。

2.手侧压颈屈伸

坐立均可,上背挺直,眼睛正视前方。左手按头左侧,右手叉在右侧腰间。左手用力把头向右侧推压,而颈部则用力顶住,不让轻易压倒,但逐渐被压倒。然后,颈部用力把头向上向左抬起,而左手则用力压住头部,不让其轻易抬起,但逐渐完全竖直。练完一侧,换练另一侧。

3.双手正压颈屈伸

坐立均可,上背挺直,眼睛正视前方,双手十指交叉,按在脑后。双手用力压头部,使其向前下屈,颈部则用力顶住,不让轻易下压,但逐渐被压到颈部触及锁骨柄。然后,颈部用力把头向上抬起,而两手则用力压住头部,不让其轻易抬起,但逐渐抬到原位。

(二)腰背部肌群力量耐力训练方法

1.直腿硬拉

此训练的主要目的是发展骶棘肌、背阔肌、斜方肌、臀大肌以及股二头肌、半腱肌、半膜肌、大收肌等伸展躯干和伸髋的肌肉力量。

两腿伸直站立,上体前屈,两手正握杠铃,握距约同肩宽,两臂伸直,然后伸髋,展体将杠铃拉起至身体挺直。还原后重新开始。每组练习2～5次。上拉时应注意腰肌群要收紧,杠铃靠近腿部。

2.俯立划船

这种训练方法的目的是发展背阔肌上、中部以及斜方肌、三角肌的力量,减缓坐姿工作者的腰背部疲劳。

上体前屈近90°,抬头,正握杠铃。然后两臂从垂直姿势开始,屈臂将杠铃拉近小腹后还原,再重新开始。上拉时应注意肘靠近体侧,上体固定,不屈腕。

(三)腕部肌群肌肉力量耐力训练方法

以下两种练习方法都是为了发展前臂伸肌和屈肌的力量,减缓腕部肌群疲劳。

1.屈伸腕静态练习

立正,一手持哑铃,手掌朝上。另一手微托持哑铃手肘关节,靠于腰部,手紧握哑铃充分屈腕静止15秒,休息5秒,再充分伸腕静止15秒。

2.屈伸腕动态练习

立正,一手持哑铃,掌心朝上。另一手微托持哑铃手肘关节,靠于腰部,手紧握哑铃以2秒钟一次的频率做屈伸腕运动。

二、柔韧素质

柔韧素质是指身体某个关节或关节组活动范围的幅度以及肌肉、肌腱、韧带等软组织跨过关节的弹性与伸展能力,对于长期久坐的人非常重要。主要的训练手段有以下几种:

(一)腰背、胸部柔韧素质训练方法

1.坐位拉背

此练习是为了拉伸背部肌肉,减缓和消除背部肌肉的疲劳感。

坐在椅子上,双膝微屈,躯干贴在大腿上部,双手抱腿,肘关节在膝关节的下面。呼气,上体前倾,双臂从大腿上向前拉背,双脚保持与地面接触,保持 6～8 秒。

2. 坐椅胸拉伸

此练习是为了拉伸胸部肌肉,减缓和消除胸部肌肉的疲劳感。

坐在椅子上,双手头后交叉,椅背高度在胸中部。吸气,双臂后移,躯干上部后仰,拉伸胸部。动作缓慢进行,保持 6～8 秒。

(二)颈肩部柔韧素质训练方法

1. 低头沉思

此练习主要是伸展颈后部,对于长期保持仰颈工作者具有很好的减缓疲劳的功效。

坐立均可,上背挺直,双手叉腰,眼睛正视前方。缓慢低头,下颌尽量靠近胸骨,押拉颈部肌肉,持续 30 秒;还原,向后屈伸,保持 30 秒。

2. 扭转望月

此练习主要是为了伸展侧颈部,对于长期保持坐姿和颈部不正确状态造成疲劳的减缓和消除具有很大的作用。

坐立均可,上背挺直,双手叉腰,眼睛正视前方。头缓缓地向左后旋转,目光注视前上方,尽最大努力保持 6～8 秒,还原,然后以相同的姿势换方向做,再还原。

3. "米"字形弯曲

此练习能够达到伸展全颈部的作用。

坐立均可,头部依次向前弯—复位—向左弯—复位—向后弯—复位—向右弯—复位;然后依次做左前弯—复位—左后弯—复位—右后弯—复位—右前弯—复位。

(三)臂部和腕部柔韧素质训练方法

1. 向内旋腕

此练习主要是为了拉伸腕部,对于电脑工作者长期敲击键盘所造成的腕部疲劳具有很好的减缓和消除作用。

站立,双手合掌。呼气,尽量内旋双手手腕,双手分离。重复练习。动作幅度尽量大,每次保持 6～8 秒。

2. 背后拉毛巾

此练习主要是为了拉伸臂部,对于坐姿状态的电脑工作者具有很好的消除疲劳的作用。

坐立均可,一臂肘关节在头侧,另一臂肘关节在腰背部。吸气,双手握一条毛巾逐渐互相靠近。换臂重复练习。动作幅度尽量大,每次保持 10 秒左右。

三、心肺耐力

心肺耐力即心肺功能,是指人体的心脏、肺脏、血管、血液等组织的功能,与氧气和营养物质的输送以及代谢物的清除有关。

长期的坐姿工作者由于时常低头含胸,胸部和心血管得不到发展,经常造成肺通气不畅,时间久了就会造成各种疾病。要根据职业的特点选择运动项目,多选择有氧代谢的运动项目,如步行、游泳、跳绳、健美操、爬山等有大肌肉群参与的慢节奏运动,以弥补运动不足,锻炼心肺,矫正体形。除加强全身锻炼外,还应选择太极拳、气功等养生练习法,消除神经疲劳。

四、自我放松与相互按摩

(一)按揉颈肌

此练习是为了放松颈肌,减缓和消除颈肌的疲劳。

坐立均可,双目微闭。双手五指交叉放于颈后两侧,自下而上用掌根按揉颈肌。主要用两拇指大鱼际按揉颈肌,动作有节奏,根据个人情况,选择按揉力度。

(二)穴旋肩

此练习是为了放松肩颈肌,减缓和消除肩颈肌的疲劳。

两脚自然站立,稍分开,屈肘,双目微闭。两手中指分别点按肩颈穴,前后环绕各4拍。

(三)放松背部肌肉

此练习是为了放松背部肌肉,减缓和消除背部肌肉的疲劳。

两脚自然站立,稍分开,与肩同宽。双手在背后十指交叉握住,肩膀打开,尽量往后仰至自己的极限。

(四)轻揉腰肌

此练习是为了放松腰部肌肉,减缓和消除腰部肌肉的疲劳。

坐立均可。先用双手轻揉腰部肌肉,直至有发热感,再以双手掌根推拿腰肌10次,最后握空拳轻轻叩击腰部。

第二节　站姿类职业体能训练

从事站立型职业的人员,身体常处于站立状态,对下肢的力量与耐力要求较高,应以发展他们的下肢和腰腹肌的力量为主,通过形体操、健美操的训练,可以使他们形成合理的站立姿势与美好的形态。主要的训练方法根据不同的部位的力量耐力进行针对性训练。

一、腰腹肌力量耐力训练方法

（一）捆腿半仰卧起坐

此训练是为了发展腹直肌上部力量，提高腹直肌的耐力。

仰卧于垫子上，两小腿平行搁于凳面，双手交叉抱于头后。慢慢使双肩向膝部弯起，直至肩胛骨离地 3～5 厘米，保持这个姿势 1～3 秒，然后还原。

（二）静止搭桥

此训练是为了增强后背和腰部主要肌肉的力量及稳定性，以提高后背和腰部主要肌肉的力量耐力。

平躺，脚着地，手臂放在体侧。臀部、大腿和躯干肌肉用力提起骨盆，直到肩膀与膝盖连成直线。身体缓慢下降，回到起始位置。

（三）借球搭桥

此训练的主要目的是为了发展躯干的主要肌肉，如腘绳肌、臀部肌肉和股四头肌的力量以及脊柱的稳定性。

平躺，双脚放在健身球上，膝盖微屈，手臂置于体侧，做搭桥练习，脚后跟用力压球面，保持身体平衡，然后慢慢放下身体，回到初始位置。

二、下肢力量耐力训练方法

（一）踏板提踵

此训练的主要目的是发展小腿三头肌的力量。

两脚站立于踏板上，脚跟提起，脚尖点地，两手侧平举，保持 6～8 秒。

（二）抱膝触胸

此训练的主要目的是发展股四头肌、小腿三头肌的力量。

身体直立，面对踏板，然后右腿支撑站立，左脚踏在踏板，接着用力蹬踏，腿伸直，同时右腿屈膝高抬，两手抱膝触胸。还原后，交换腿连续做。

（三）踮脚跳跃

此训练的主要目的是发展小腿腓肠肌、股四头肌、比目鱼肌的力量，对提高身体平衡能力也有锻炼价值。

两脚并拢站立，两膝微屈，两手撑腰，双脚前掌原地向上纵跳，膝盖绷直，下落时，先前脚掌着地，然后全脚掌着地，再踮脚起跳。

第三节　变姿类职业体能训练

变姿类职业的人群工作不规律,灵活性较强,长期处于奔波状态,要随时应对突发或者紧急事件,所以能适应这类工作的人员必须具备较强的体魄、充沛的体力、敏捷的反应能力、良好的心理素质以及在不利环境中保持职业性工作的能力。对这类职业的体能训练方法有以下几种:

一、耐力训练方法

耐力素质是指人体在长时间进行工作或运动中克服疲劳的能力,是反映人体健康水平和体质强弱的一个重要标志。这里特指心肺耐力(心肺功能)。

作为变姿类职业者,如导游、记者或消防战士等,他们几乎每天都有高负荷的行走,因此需要具备较强的腿部力量及耐力素质。在选择运动项目时,可考虑健身走、健身跑、长跑、健美操、跳绳、游泳、爬楼梯、爬山、障碍跑、越野、攀登等项目。

二、灵敏性训练方法

变姿类职业者经常面对不断变化的外界环境,如导游长期奔波于各个城市间,时常面对各种高山峻岭、惊涛骇浪等环境,在旅途中随时可能碰到突发事件;记者要在前线比较艰苦的环境下完成采编工作,甚至还要参加地震、洪水、国外战争等天灾人祸的采访活动;营销员经常到处游说,常要对顾客的各种问题作出最敏捷最准确的反应。因此该职业岗位员工必须具备良好的应变能力。要想提高应变和判断能力,训练方法如下:

(1)做各种调整身体方位的健身性练习。

(2)以非常规姿势完成侧向或倒退跳远、跳深等的练习。

(3)做专门设计的各种复杂多变的"躲闪跑""之字跑""穿梭跑"和"立卧撑"四项组成的综合性练习。

(4)限制完成动作的空间练习,如在缩小的球类运动场地进行练习。

(5)改变完成动作的速度或速率的练习,如变换动作频率或逐步增加动作的频率的练习。

(6)在跑、跳中做迅速改变方向的各种跑、躲闪、突然起动以及各种快速急停和迅速转体练习。

(7)做各种变换方向的追逐性游戏和对各种信号作出应答反应的游戏等。

三、心理素质

变姿类职业者工作灵活性强,因此工作时间不稳定、工作负荷大、随时处于待命状态,造成了强大的心理压力。尤其是体力兼脑力劳动的新闻工作者。有一项专门针对记者职业的调查

表明,很多新闻工作者都处于超负荷状态,特别是处于第一线的采编人员,他们的工作时间非常不规律,有时候可能加班加点,甚至通宵达旦。这些高强度的工作和无规律的生活严重影响了他们的身心健康。

因此,变姿类职业者除了要加强身体素质练习外,为更好地适应现代社会快节奏、强压力的挑战,还必须增强自我健身意识,提高心理素质。要想提高自身的心理素质,就应在平时生活中始终保持一种平和的心态,遇到紧急事情或始料不及的情况时,首先要保持冷静和思维清晰,长此以往,才会形成一个良好的心理素质。

第四节 特殊职业体能训练

一、航空航天类职业体能训练

航空航天类职业体能训练的目的是尽可能缓解和减少乘务工作者身体疲劳与不适的症状,增强乘务工作者遇到突发事故的身体应急能力,增强乘务工作者在飞机上长时间工作的能力,以便更好地完成高质量的民航乘务服务工作。

(一)耐力素质练习

耐力素质是指人体在长时间进行工作或运动中克服疲劳的能力,也是反映人体健康水平或体质强弱的一个重要标志。

耐力素质练习列举如下:

(1)12分钟定时跑:在规定的12分钟里计时跑步,要求完成一定距离的练习量。

(2)2分钟跳绳练习:连续不停顿地跳绳2分钟。

(3)连续跑台阶:在高20厘米的楼梯或高50厘米的看台上,连续跑30～50步,如跑20厘米高的楼梯,每步跳2级,重复6次,每次间歇5分钟,强度为55%～65%。要求动作不能间断,但不能规定时间,向下走尽量放松,心率恢复到100次/分钟时再开始下一次练习,也可穿沙背心做该练习。

(4)1分钟立卧撑:由直立姿势开始,下蹲两手撑地,伸直腿成俯撑,然后收腿成蹲撑,再还原成直立,每次做1分钟,4～6组,间歇5分钟,强度为50%～55%。要求动作规范,必须站起来才算完成一次练习。也可以穿上沙背心做该练习,或做立卧撑接蹲跳起,则强度稍大,做30次为一组,组间间歇为10分钟。

(二)力量素质练习

力量素质是指人体神经肌肉系统在工作时克服或对抗阻力的能力。

力量素质练习列举如下:

(1)仰卧举腿:动作方法是练习者仰卧在地板上,两手握住同伴双脚腕做举腿动作,同伴用手推练习者双脚,以增强控制腹肌能力。练习时,举腿速度要快,放下时腿不许着地。

(2)俯卧背腿:俯卧在地板或垫子上,两腿并拢伸直,髋部支撑,两臂自然伸直置于体侧,连续做两腿向后上振起动作。练习时,两腿尽量向上振起。俯卧背腿是发展脊柱伸肌与髋关节伸肌力量的有效手段之一。

(3)俯卧撑:俯身向前,手掌撑地,手指向前,两臂伸直,两手撑距同肩宽,两腿向后伸直,两脚并拢以脚尖着地。两臂屈肘向下至背低于肘关节,接着两臂撑起伸直成原来姿势。练习时,身体保持平直,不能塌腰成"凹"形,也不可拱臂成"凸"形。

(4)引体向上(男生练习):两手正握或反握单杠,握距同肩宽,两脚离地,两臂伸直,身体悬垂。引体发力身体向上拉至头过杠面,然后身体慢慢垂下来成原来姿势。练习时,发力引体不要借助身体摆动和屈蹬腿的力量。

(5)屈臂悬垂(女生练习):两手反握单杠,握距同肩宽,屈臂将下巴、头部的位置保持在单杠以上,两脚离地,身体悬垂,手臂用力将身体静止悬垂。

尽可能坚持比较长的时间。

(三)抗眩晕能力练习

抗眩晕能力主要是指身体的前庭感受器官应对旋转、晃动的能力。通过针对性的练习能适当增强乘务工作者身体的抗眩晕能力,减缓由于所处空间的快速旋转或晃动引发的头晕、头痛、恶心、呕吐等不适的感觉。

抗眩晕练习列举如下:

(1)连续前滚翻:将体操垫排成一长排,从垫子的一侧开始做连续前滚翻,一直做到垫子的另一侧。

(2)原地跳转360°:原地站立,双腿并拢或自然分开,双手屈臂放置于身体的两侧,微屈双膝,双脚原地蹬地向左或右侧跳转360°,双臂配合身体的跳转进行摆动。可连续左右各完成10次以上。

(3)闭目旋转接直线行走:闭目原地连续(左、右)转10周,然后闭目沿直线走10米,再睁眼看自己走的方向是否准确。

(4)垫上侧滚动:将体操垫排成一长排,仰卧躺在体操垫上,双腿伸直并拢,可将双手抱在胸前,身体连续向左或向右做侧滚动360°。

(四)平衡能力练习

平衡是指人体不论处在何种位置、运动,或受到外力作用时,能自动地调整姿势的能力,即当人体重心垂线偏离稳定的支持面时,能立即通过自主的或反射性的活动使重心垂线返回到稳定的支持面内。

平衡能力练习列举如下:

(1)走平衡木:在平衡木上以较快的速度连续快步行走,注意保持身体重心的平稳。

(2)燕式平衡:由站立双手侧平举开始,上体双臂向前下压,左(右)腿保持单腿站立,同时抬起右(左)腿,保持上体、双臂、右(左)腿与地面平行,尽可能坚持比较长的时间。

(3)走链桥:在链桥的一端连续走到另一端,注意保持身体的平稳、控制链桥晃动的幅度。

(4)闭眼单脚站立:左(右)脚站立,抬起右(左)腿(或双手交叉抱住上抬的单腿的小腿前

面),闭眼单腿站立,尽可能坚持比较长的时间。

(五)灵敏性素质练习

灵敏性素质是人的运动技能、神经反应和各种身体素质的综合表现。灵敏性素质之所以是运动技能、神经反应和各种素质的综合表现,是因为各专项的每一个动作都不同程度地体现了力量、速度、耐力、柔韧性等素质。通过力量特别是爆发力量,控制身体的加速或减速;通过速度,特别是爆发速度,控制身体移动、躲闪、变换方向的快慢;通过柔韧保证力量、速度的发挥;通过耐力保证持久的工作能力。通过灵敏性素质练习,可增强肢体反应敏捷性,增强应对突发事故的应急能力。

灵敏性素质练习列举如下:

(1)倒退跑接加速跑:向后做倒退跑,听信号后急停向前加速跑。要求加速跑发挥高速度,也可计时进行。

(2)喊数抱团成组:学生围成一圈顺时针或逆时针方向进行跑动,教师处于圆形队伍的中间,教师报出运用加、减、乘、除简单运算得出的数字,学生用最快的速度抱团组合,看谁反应最快。

(3)折返跑练习:在固定距离的两端进行往返跑练习,学生充分掌握跑动速度与即停能力,到达某一端时,用一手触摸两端的某个点,完成若干个来回的练习。可计时进行练习。

(4)"贴膏药"游戏:学生面向内站成单层圆形,每两人并列为一组,各组间隔2米。游戏时,逃者不是贴前或贴后,而是贴左或贴右,如果贴左(贴右)则右面(左面)一人成为新的逃者。

练习方法及规则:①逃者只有贴左(贴右)才能解脱;②逃者不能跑出圆圈2米以外,否则算被抓住;③追者与逃者角色互换时允许有3～5秒的缓冲时间,即新的追者要给新的逃者3～5秒的准备时间。

二、警察、安保类职业体能训练

体能训练是擒拿技能、警用枪械、防暴与缉捕战术以及健康体育课程的学习基础。擒拿技能、警用枪械、防暴与缉捕战术和其他体育运动等需要的力量、速度、耐力、灵敏、柔韧等素质有赖于体能训练去获得。走、跑、跳、投、跃、攀、爬、钻等人体的基本活动能力,都必须通过体能训练得以增强。

(一)障碍训练路径的设置

起点—跨壕沟—跳矮墙—攀高板跳台—跑独木桥—翻高墙—爬低桩网—折回—跨低桩—翻高墙—绕桥桩—蹬跳台高板—钻墙孔—跨壕沟—终点。

(二)通过障碍

1.跨越壕沟

跑至壕沟前缘30厘米处,一脚蹬地起跳,身体向前上方跃起,另一腿向前上摆出并跨越壕沟着地。

2.跳越矮墙

(1)一手一脚支撑跳跃:跑至矮墙前约1米处,一脚蹬地起跳,使身体跃上矮墙。同时,起跳腿的同侧手(手指向前)支撑于矮墙上缘,另一腿上摆,并以前脚掌支撑于矮墙上缘。随即起跳腿迅速上提收于胯下,越过矮墙着地。

(2)一手支撑跳越矮墙:跑至矮墙前约1.5米处,一脚用力起跳,身体向前上方跃起,另一腿向侧前上方摆起,异侧手(手指向前)支撑于矮墙上缘。身体跃至矮墙上方时,略收腹含胸,起跳腿迅速屈膝提腿,小腿收于胯下并越过矮墙着地。

(3)踏蹬跳跃矮墙:跑至矮墙前约1米处,一脚蹬地起跳,身体向前上方跃起,另一脚前脚掌蹬矮墙上缘,上体前倾,越过矮墙着地。

3.通过高板跳台

(1)攀上高板。

①挂臂式攀上:跑至高板前约50厘米处,一脚蹬地起跳,同侧手前伸并攀住高板上缘远端,另一手撑于或小臂挂于高板的后上缘,随即另一腿用脚跟或小腿挂在高板上缘,身体借力翻上高板面。

②立臂撑上:跑至高板前约40厘米处,双脚起跳,同时双臂或双手挂撑在高板上缘,借身体向上的惯力和两臂撑力将身体撑起,随即两脚前后踏上高板。

(2)跳下高台和低台。

上台后,上体前倾,一腿向前下迈步,脚掌踏于高台中部,另一腿向前下迈步,脚掌踏于低台中部,踏高台腿顺势前迈着地。

4.通过独木桥

跑至斜板前约30厘米处,一脚蹬地,身体向前上方跃起,另一腿以前脚掌踏蹬斜板中上部,蹬地脚迅速踏上桥面。通过时,上体略前倾,两腿微屈,脚掌稍外张,两臂自然张开,保持身体平衡。至桥端时,一腿下迈着地,另一腿从桥端下桥后迈步跑进。

5.攀越高墙

(1)臂撑攀越:跑至高墙前约1米处,一脚起跳,另一腿屈膝上抬,以前脚掌向前下猛蹬墙的中部,借向上的冲力两手攀住高墙上缘,使身体撑上高墙。同时起跳腿迅速屈膝上抬,用膝部或小腿内侧挂于高墙上缘,身体迅速上翻,上体随即下潜,起跳腿异侧手换位(手指向后),同侧臂下移并以手推墙,使身体转向跑进方向,前脚着地后继续跑进。

(2)一手一脚攀越:跑至高墙前一脚处起跳,另一腿屈膝上抬,以前脚掌向前下猛蹬墙的中部,身体向前上方腾起,两手攀、撑于高墙上缘,撑起身体,起跳腿屈膝上摆,身体成一手一脚支撑于高墙上缘。随即蹬墙腿屈膝收于支撑腿胯下并前伸,手推高墙跳下,两腿前后分开着地,并屈膝缓冲,然后继续跑进。

6. 匍匐通过低桩网

跑至网前约 1.5 米处，一脚向前跨一步，同时屈膝弯腰，上体向前下俯冲，两臂前伸，手掌着地，借两腿蹬力钻入网内。前进时，两手两膝两脚着地，以右手扒、左脚蹬和左手扒、右脚蹬的合力交替爬行。出网时，两臂撑起上体继续跑进。

7. 跨越低桩网

跑至网前约 1 米处，一脚蹬地，另一脚前摆并跨过第一根网线，后脚小腿稍向上向外翻绕过第一根网线，并迅速前摆跨过第二根网线着地。两腿依次交替跨过剩下的数根网线。

8. 绕行桥桩

跑至桥下左侧，屈膝弯腰，右腿向右前方迈步，左手扶拉第二柱，身体内倾，左腿绕过第二柱后向第三柱左前方迈出一步，随着身体向第三柱内倾，右手扶拉第三柱，右腿绕过第三柱后向右前迈出一步，身体随之穿出桥下继续跑进。由桥右侧进入则动作与上述相反。

9. 蹬越跳台高板

跑至低台前约 50 厘米处，一脚起跳，另一腿屈膝上抬，脚掌踏于低台面后部，上体前倾，两手掌扶台面。随着蹬地腿迅速屈膝上抬，以前脚掌踏于低台面前部，后腿上抬踏于高台面中部，另一腿顺势迅速向前上方摆出，脚掌踏于高板面上，后腿迅速蹬离高台向前摆，随之屈体前移，一手扶高板面，并推板跳下，两腿前后分开着地并屈膝缓冲，继续跑进。

10. 钻越洞孔

跑至洞孔前 60~80 厘米处，右腿屈膝支撑，左腿上举前伸，身体向前弯腰探头，腹部靠拢左大腿，两臂前伸，使左脚、头部和两臂同时钻过洞孔，然后左脚着地支撑，上体向前上挺起，右腿向前提拉过洞孔向前跑进。

第三章 体能训练实施与评价

第一节 体能训练计划的制订

一、体能训练计划的含义

对于体能训练计划的概念,这里主要从理论属性和实现目标的作用两个方面来进行阐释。

第一,体能训练计划是针对未来训练过程事先进行的理论设计。

第二,体能训练计划是为实现训练目标选择的状态转移通路。

二、体能训练计划的分类

体能训练计划可以根据不同的标准进行不同的分类,如体能训练计划的时间跨度大小、训练对象实际人数、不同的训练目标、训练阶段和具体训练内容。

根据时间跨度的大小,可以将体能训练计划划分为多年训练计划、年度训练计划、大周期训练计划、周训练计划和课训练计划。

三、制订体能训练计划的意义

体能训练计划是在对学生的体能状态和身体机能进行诊断之后,为了能够实现体能训练目标,选择的状态转移通路,这便是理论设计训练整个过程,属于参与体能训练的运动员和教练员实施具体训练的关键指导。对体能训练计划进行制定和实施,是运动训练过程非常重要的组成部分,其始终贯穿于运动员和教练员整个训练实践活动之中。对体能训练计划进行制订,其意义主要从以下几个方面体现出来:

(1)促使训练目标能够更加具体化。

(2)对训练活动参加者的认识和活动进行有机统一。

(3)为体能训练计划的有效控制奠定基础。

四、体能训练计划的基本内容

体能训练计划虽然种类各不相同,在内容方面也存在非常大的差异,同时具体要求也不一

样,但时间跨度不同的体能训练过程,它们的基础性结构是一样高的,这可以从训练计划的具体内容方面予以体现出来。

以上这些共同点可以从以下几个方面表现出来:

(1)运动员起始状态的诊断。

(2)训练指标的确定。

(3)训练阶段的相关划分。

(4)各训练阶段关键任务的明确。

(5)为了实现训练目标而制定具体策略。

(6)对比赛序列的安排。

(7)对训练负荷变化的动态走向的规划。

(8)对训练手段和训练方法的选择。

(9)对不同阶段、不同练习负荷要求的确定。

(10)对有效的恢复手段进行制定。

(11)对评定效果的具体内容、具体标准和具体时间进行规划检查。

除了实时性的周体能训练计划以及课体能训练计划不强制安排比赛之外,以上其他要点都是所有的体能训练计划所必须涵盖的。

根据以上内容对体能训练过程的作用,体能训练计划可以分为准备性部分、指导性部分、实践性部分和控制性部分。通常来说,在制定多年和年度体能训练计划时,要对指导性部分予以重点关注;在制定周体能和课体能训练计划时,要对实施性部分加以多方位的思考。

(一)准备性部分

在体能训练计划中,准备性部分的主要工作就是对运动员的起始状态进行诊断,并对训练目标进行构建,这既是构成训练计划的重要内容,同时也是训练计划的制订和具体训练过程中的独立性和并列性的两个非常重要的环节。

就制订训练计划来说,对运动员的起始状态进行诊断,并对训练目标加以构建在其中起着非常重要的先导作用,能够为训练计划的制定提供相应的信息和依据。

(二)指导性部分

从体能训练计划整体上来看,指导性部分是一个全局性整体决策,其内容非常关键,有着非常重要的战略影响。

指导性部分包括训练阶段的划分以及各个训练阶段具体任务的确定,这能够大体勾勒出整个训练过程的轮廓。做好这一工作后,再在这基础上科学规划训练负荷动态变化的大致走向,进而顺利实现全局配置任务。

如果不对体能训练计划的指导性部分加以多角度思考,就会对训练效果的达成产生不良的影响。此外,训练过程在时间方面的跨度越大,其指导性部分所具有的作用也就会越显著。

（三）实施性部分

这一部分主要就是将各种训练手段运用到训练活动中，注意对不同运动员个性特征与运动专项特征的考虑，有针对性地实施各项训练手段。

很长时间以来，在体能训练计划的制订中，教练员会全方位地详细地考虑训练手段的选择和训练负荷的确定，但对于训练恢复手段的制定这一环节常常有所忽略。就目前来说，恢复问题已经成为教练员等群体所重点关注的问题，不再是当运动员承受训练负荷结束之后感到疲劳时，对恢复问题进行思考，而是在训练负荷制定时，就要对恢复问题以及详细的恢复措施进行充分的考虑。

（四）控制性部分

近年来，对于运动训练控制的问题，受到教练员群体的广泛关注，若想对训练过程进行有效控制，首先就要全面地掌握运动训练过程实际状况的各方面信息，这些信息的获得需要通过计划性检查评定和科学有效的检查评定。这就使得教练员常在训练计划中增加对计划阶段和组织训练阶段的检查评定，这将目前运动训练对运动训练过程的有效控制的显著特征充分反映出来。

五、制订训练计划的主要依据

（一）体能训练目标

体能训练计划的制定，都是围绕如何才能实现所设定的训练目标这一问题来展开的，因此这是制定训练计划首先要考虑的因素，要围绕体能训练目标来制订与实施计划。

（二）体能的起始状态

在确定训练目标方面，运动员体能的起始状态起着基础性作用，这也是整个体能训练的出发点。要将目标的高效转移作为目的而对体能训练计划进行制订，必须要同运动员的具体实际相贴合，这样才能被运动员接受，进而使运动员的体能水平显著提高。

在体能训练中，要注意训练应少而精，只有在对数量和质量进行同时兼顾的情况下，才能使训练效果实现最大化。如果选择了太多的项目，那么就会使得整个练习过程出现走过场的现象，这既无法将训练的作用充分发挥出来，也会对训练造成很多不好的影响，也会出现贪多求全、主次不分的问题。

（三）组织实施训练活动的客观条件

从训练活动的组织和实施来看，其最为关键的物质条件主要包括以下几项：
（1）训练器材的数量。
（2）训练场地的好坏。
（3）训练器材的质量。

(4)营养条件。

(5)恢复条件。

在制订体能训练计划的各个环节中,对各个客观条件进行全面考虑是非常必要的。

(四)体能训练的客观规律

对体能训练过程的客观规律进行严格遵循是科学训练最为本质的特点,这也是对体能训练计划是否科学的一个非常重要的反映。只有对这些规律进行严格遵循,才能为有效训练提供非常重要的保障。

这些客观规律主要包括以下几个:

(1)运动员体能发展规律。

(2)训练适应的产生与变化规律。

(3)运动员各身体素质的特殊规律。

(4)训练计划的阶段性和连续性。

(5)训练过程的多变性和可控性规律。

六、制订体能训练计划的要求

(一)体能训练计划的简明性和实用性

体能训练计划的内容应具体明确,满足定量化要求,文字应简练清晰,与图片穿插配合。这样的训练计划更有可操作性,实施起来更便利。

(二)体能训练计划制定的科学性

体能训练计划既是对训练过程进行有效控制的标准和基础,同时也是系统性开展训练的基本保障。所以,在制订体能训练计划时,教练员既要花费大量的精力来对体能训练的客观规律进行认识和掌握,同时也要同科研人员和运动员保持良好的联系,以进一步加强体能训练计划的科学性。

(三)体能训练计划的稳定与变更

这主要是指,在对体能训练计划进行制订的过程中,要对体能训练计划的稳定与变更关系进行科学合理的处理,并有机结合系统安排和科学调控。

(四)应有明确的指导思想和特色

在制订体能训练计划的环节,首要任务就是对指导思想进行明确,根据训练主体以及训练客观条件的变化,指导思想也要进行合理的调整。

通过对体能训练实践活动的本质进行分析可知,体能训练是具有创造性的实践活动,而创造者既包括教练员,也包括运动员。训练中既要借鉴前人的宝贵经验与积累的财富,又要不断创新,创新是进步的根本,要从运动员的实际情况出发来进行创造性的训练,形成自己的训练特色,不要一味模仿,不起实际的训练只会起到负面的影响,无法实现预期的训练效果。

七、体能训练计划制订的步骤与方法

体能训练计划制订的步骤,主要包括以下几点:
(1)开展一般调查。
(2)进行临床检查。
(3)进行功能检查。
(4)测验体能。
(5)诊断状态。
(6)制定体能训练计划
(7)体能训练过程中的医务监督。
(8)修改和实施计划。
(9)对实施计划进行调控。

(一)一般调查

1.了解有无病史和健康状况

该部分的主要内容包括以下几点:
(1)以往是否有病史。
(2)家族有没有病史。
(3)年龄。
(4)性别。
(5)体重。
(6)身高。
(7)当前的健康状态。
(8)女性是否有月经史等。

2.了解运动史

该部分的内容主要包括以下几点:
(1)运动员的以往运动经历。
(2)运动员的优势。
(3)运动员的喜好。
(4)当前运动员的体能情况,如是否定期参加运动训练,是否参与重要的运动项目,运动时间、运动量、运动中后期的身体反应等。
(5)运动过程中是否有运动创伤或出现不适等。

3.了解体能训练目标

该部分主要是对学生体能训练的主要目标以及训练后提升实际体能的期望等进行全面

掌握。

4.了解社会环境条件

该部分内容主要包括以下几点：
(1)运动员的家庭背景。
(2)社区体育设施条件。
(3)训练场所的硬件设施条件。
(4)训练指导条件。

(二)功能检查

1.对运动系统的检查

运动系统检查主要包括检查和评定肌肉力量,测量身体各部分的长度,检查关节活动度三方面内容。

2.心血管系统检查

心血管系统检查采取静态检查和动态检查两种方式,常用指标有心率、心音、心界、血压、心电图等。

3.呼吸系统检查

呼吸系统的检查指标主要有肺活量(VC)、时间肺活量(TVC)、肺活量运动负荷试验等。

4.神经系统检查

(1)植物性神经系统功能检查
检查方法主要有以下两种：
①卧倒—直立试验。
②直立—卧倒试验。
(2)反射
检查内容包括浅层反射和深层反射两种类型的反射。

5.其他系统功能检查

其他系统功能的检查包括代谢功能、肝功能、肾功能等检查。

6.运动试验

一般来说,运动试验主要在以下几个方面得以应用：
(1)在体能训练制定方面,运动实验能够提供定量依据。运动实验能够提升运动处方实施的安全系数。
(2)使用心电图监测的运动试验能够充当半定量指标,对冠心病的病情和预后进行评定。

另外,运动试验还适用于评定心瓣膜疾病功能。

(3)使用心电图监测的运动试验,属于现阶段意义最为深远的诊断冠心病的一种无创伤性检查方法,其敏感性高至 60%～80%。

(4)对于心脏功能状况评定来说,运动试验同样属于切实可行的方法。

(5)适用于对体力活动实际水平的评定。

(6)能够找出运动诱发心律失常的因素。同安静状态下进行检查相比,运动实验的检查率要高 16 倍。

(三)体能测验

1.速度素质测验

(1)原地进行 10 秒、20 秒摆臂,并计数。

(2)原地进行 5 秒、10 秒、20 秒高抬腿跑,并计数。

(3)起跑 30 米,并计时。

(4)行进间跑 20 米或 30 米计量。

2.力量素质测验

(1)卧推。

(2)反握单杠引体向上。

(3)立姿或坐姿直腿拉拉力计。

(4)俯卧撑。

(5)仰卧举腿。

(6)仰卧起坐。

(7)仰卧两头起。

(8)立定跳远。

(9)俯卧挺身,计次数。

(10)原地纵跳摸高。

(11)助跑起跳摸高。

(12)负重蹲起。

(13)哑铃飞鸟。

(14)负重半蹲起。

(15)握力计握力等。

3.耐力素质测验(12 分钟跑)

划分成 4 个阶段展开练习,12 分钟以快走为主,中间穿插慢跑;12 分钟步行与慢跑交替;12 分钟慢跑;12 分钟按测验要求尽力跑。

（四）状态诊断

1.状态诊断的主要内容

（1）身体形态。
（2）身体机能。
（3）身体素质。
（4）技术能力。
（5）心理水平。
（6）智力水平。

2.状态诊断的要求

状态诊断要求具体包括以下几个方面：
（1）及时性要求。
在各个训练阶段的关键时刻及时诊断。
（2）有效性要求。
有效性要求是指选取指标应当能够对检测内容与检测任务进行客观反映。
（3）客观性要求。
客观性要求就是要不断提升诊断的信度。
（4）可靠性要求。
可靠性要求就是指状态诊断的测量评断要准确。
因此，在整个训练过程中要将诊断结果加以及时应用，同时根据诊断阶段，对训练过程中所存在的不足之处进行积极调整和挖掘。

第二节　体能训练的评价

一、体能训练评价的指标体系

（一）身体生理机能水平指标

身体机能水平就是指的机体新陈代谢的功能以及各器官、系统的工作效能。它主要包括心血管机能（脉搏、血压等）、呼吸机能（肺活量、最大摄氧量等）等身体机能。
（1）心血管机能：主要包括脉搏、血压、贝拉克能量指数、耐力指数、克兰普顿血液下垂法。另外，还有运动负荷下的心血管机能，如 30 秒 30 次蹲起、哈佛式台阶试验等。
（2）呼吸机能：主要包括肺活量、最大摄氧量等。呼吸机能动态试验测评，如 5 次肺活量试验、定量负荷后 5 次肺活量试验、闭气试验等。

（二）身体形态发育水平指标

人体的形态指标主要包括体格、体型、身体成分和身体姿势等方面。

1.体格

体格主要指的是人体外部形态、结构、发育状态和体能水平的重要手段。它主要包括的内容有长度、宽度、围度和体重等。

长度主要包括身高、坐高、肢长（上肢长、手长、指距、下肢长、小腿加足高、小腿长、足长）；宽度主要包括肩宽、骨盆宽等；围度主要包括胸围、上臂紧张围和上臂放松围、大腿围、小腿围、踝围、腰围等；体重主要指的是整个人体的重量。另外，依据个体差异为了能更好地反映人体体格状况，通常人体比例更能反映人体的形态和发育状况。如体重与身高之比、指间距（肩臂长）与身高等比、坐高与身高之比等。

2.体型

体型所描述的就是人体某个阶段形态结构及组成成分。人体的体型受很多因素的影响，例如年龄、性别、营养、生活环境、遗传等，因此，不同个体在体型上，会有着较大的个体差异。

个体体型对自身体能起到了决定性的影响，我们通常将机体体型分为肥胖型、瘦长型和匀称型三大类。肥胖型显然体力较差，因此体能也弱，细长型无力。只有正常的体型才表现出较高的体能。

3.身体成分

个体的营养状况和体质水平可以通过自身体脂成分的高低来进行反映。许多实践可证明，如果机体体脂成分过少，就说明机体出现了营养不良或有某种疾病；相反，体脂成分如果过多，就说明机体出现营养过剩或内分泌系统有疾病。瘦体重在身体成分中具有主要作用，正常人体中，瘦体重多，也即运动系统发达，则人的体能就强。近年来，由于生活水平的提高，膳食结构的改变，尤其是不科学的营养卫生习惯，再加上缺乏体育锻炼，造成社会上"肥胖"比例的大幅度上升，从而导致了体能下降的趋势。因此，对身体成分进行评价对体能的发展具有重要意义，也给科学营养膳食，养成良好的体育锻炼习惯提供重要理论依据。

4.身体姿势

身体姿势是人体各部分在空间的相对位置或存在于空间的状态。人体是一个占有一定空间、时间的实体，无论在何种情况下，它的各个部位之间都会有着一定的相对位置，并与环境保持着一定的力学关系，这些表现也就是身体姿势。

通过对身体姿势的测评，可以了解个体发育的一般情况，发现和纠正形态缺陷，促进人体型和体态朝着完美的方向发展。对身体的测评，通常又分为整体姿势测评和局部姿势测评（脊柱生理弯曲、胸廓形状、腿形、足形等）。不同姿势对人体的体能具有不同的影响。如：扁平足、"O"形腿不利于人体运动能力发挥。

（三）身体素质和运动能力

（1）力量素质：主要包括静力力量（握力、背力）、爆发力（纵跳、立定跳远）、肌肉耐力（引体向上）、斜身引体、双杠臂屈伸、屈膝仰卧起坐。

（2）速度素质：主要指动作速度、反应速度和位移速度。

（3）耐力素质：主要指有氧耐力和无氧耐力。

（4）柔韧素质：主要指肩部、腿部、臂部、脚部等的柔韧性。

（5）灵敏素质：主要指准确、协调地完成动作的能力。

（6）动感知机能：要包括上肢定位机能、重量感知机能、用力感知机能、空间感知机能等。

（7）平衡性机能：主要分为静力性平衡机能和动力性平衡能力两大类。

另外，评价指标体系中还有心理发育水平（学生健全心理素质、意志力）的指标，对特殊环境的适应能力（学生健康行为方式习惯、挫折承受力及遇险自救能力等）的指标等。

二、体能训练评价的方法

根据不同的评价目的、不同的评价指标性质及评价对象，体能训练的评价也存在着不同的方法。一般来说，常用的方法主要包括以下几种：

（一）定量指标的定量评价方法

定量指标指的是能够用一定的计量单位进行定量描述的指标（即有确定的测量单位）。通常而言，对这类指标的定量评价，多借助于使用仪器测量所获得的数据，并应用数理统计方法制定评价标准，设计评价方法。这种评价方法的优点是客观和准确。因此，也可以称为客观的定量评价方法。对学生体能训练评价的指标中，形态、机能、身体素质、运动能力等均属于定量指标。

（二）定性指标的定量评价方法

定性指标是指那些无法用一定计量单位进行描述的，没有确定的测量单位的指标，也被称为质量指标和软指标。对这类指标进行定量评价时，因为既没有确定的测量单位，又无法通过仪器的测量获得数据，而主要是依据专家的主观经验（即经过多年实践而积累的专业经验）进行评价。所以，又称为经验评价法。这种方法，虽然也可以用排列名次或评分的方法进行定量，但由于评价结果的有效性和客观性在很大程度上取决于专家们的经验，而专家的经验，又与其各自的经历、专业经验和知识水平有很大关系。因此，势必会对评价的有效性和客观性产生一定的影响。为了对定性指标进行定量评价，常常要使用以质量学思想为基础的评价方法，如质量学对质量的定量评分方法、调查研究法、专家评价法等。

运用综合评价的方法对个体的身体素质和运动能力的全面发展水平进行综合评价时，要求根据被评价者性别、年龄查相应的单项评分表，并将各单项得分合计成总分。对总分直接进行比较，也可查综合评价表，并对其所属综合评价等级进行比较。

而对集体进行综合评价时,一般可按集体的平均总分进行直接比较。也可将每个集体中每个人总分按综合评价标准查出所属评价等级,然后按 5、4、3、2、1 计算集体总分进行比较(人数应相等)。

此外,对个体心理发展水平和环境的适应能力的评价可以通过量表测试,然后进行集体综合评价。

拓展
模块

第一篇

球类运动

第一章 足球运动

第一节 足球运动常识

古代足球运动起源于中国。据大量的史料记载,我国早在战国时期就有了足球游戏,叫"蹴鞠"或"踏鞠"。唐朝是我国古代足球运动发展的鼎盛时期。"充气的毬"和"设立毬门"是在场地器材方面的两大创造。同时,女子"蹴鞠"游戏也很盛行,而且传到了日本。

现代足球运动于 1863 年起源于英国,并得到迅速发展。从 1900 年足球被列为奥运会的正式比赛项目,到 1904 年国际足球联合会(FIFA)成立,迄今已接纳了 200 多个国家和地区为会员,是国际上最大的单项体育组织之一。国际大型的足球比赛主要有世界杯足球赛、奥运会足球赛、世界杯女子足球赛。其中,世界杯足球赛,反映了世界足球最高水平和发展方向,对世界足球运动发展起到积极的推动作用。当今,足球运动在世界范围内得到进一步的普及与提高,不少国家视足球为"国球"。以欧洲的意大利、德国、英国和南美洲的巴西、阿根廷等国家的足球运动水平最高。

1840 年后,现代足球运动从英国传入中国。旧中国曾多次参加远东运动会足球赛和两次参加奥运会足球赛。新中国成立后,党和政府高度重视我国足球运动的普及与提高,特别是当前足球被列为体育改革的突破口,实行了从体制到赛制的一系列改革措施,初步建立的职业化足球,为中国足球的腾飞奠定了基础。2015 年,中国发布了《中国足球改革发展总体方案》,体现了我国发展足球运动的决心。2016 年 4 月,国家发展改革委发布《关于印发中国足球中长期发展规划(2016—2050 年)的通知》,这标志着中国足球史上首次有了一部时间段明确的长远发展规划。

我国的足球运动水平与世界强国存在差距,但是也在不断提升。中国女足多年称雄亚洲,走向世界,2015 年加拿大女足世界杯上,中国女足闯入 8 强,创造了 16 年来的最佳战绩,2016

年的奥运会预选赛上,中国女足发挥出色,成功获得奥运会入场券,时隔 8 年重返奥运。我国男足多年来一直成绩平平,远远落后于世界一流强队,还需要继续努力。与此同时,我国的职业联赛进行得如火如荼,特谢拉、拉维奇、费莱尼等世界球星加入中超,提升了中超联赛的水平和影响力,2016 至 2020 年的中超版权达到了 80 亿元。中超俱乐部也不断在国际赛场创造佳绩,广州恒大淘宝俱乐部在 2013 年和 2015 年两次获得亚洲俱乐部冠军联赛的冠军。相信在国家的重视以及广大球迷的支持下,中国足球将会越来越好。

第二节 足球运动技能

一、足球运动基本技术

(一)踢球技术

1. 脚背正面踢球

(1)脚背正面踢定位球。

直线助跑,最后一步稍大些,支撑脚积极着地支撑,在球的侧面 10～12 厘米处,脚尖正对出球方向,膝关节微屈,踢球腿随跑动向后摆动,小腿屈曲,支撑的同时踢球腿以髋关节为轴,大腿带动小腿由后向前摆动。当膝关节摆至接近球的正上方时,小腿做爆发式的摆动,脚趾屈,以脚背正面部位击球的后中部。击球后身体及踢球腿随球前移(图 T-1-1-1)。

图 T-1-1-1

(2)脚背正面踢侧面半高球。

根据来球速度及运行轨迹,选好击球点,身体侧对出球方向,身体向支撑脚一侧倾斜展腹,踢球腿抬起,大腿伸、小腿屈,大腿带动小腿由后向前急速摆动,用脚背正面击球的中部,同时身体向出球方向扭转,击球后踢球脚随球前摆着地以维持身体平衡(图 T-1-1-2)。

(3)脚背正面踢反弹球。

根据来球的速度、运行轨迹、落点,支撑脚踏在球落点的侧面。在球落地时,踢球腿爆发式

前摆,在球刚弹离地面时,用脚背正面击球的中部,并控制小腿的上摆(送髋、膝关节向前平移),出球则不会过高。

图 T-1-1-2

2. 脚内侧踢球

(1)脚内侧踢定位球。

直线助跑,支撑前的最后一步稍大些,支撑脚站在球的侧面约 15 厘米处,脚尖正对出球方向,支撑腿膝关节微屈。在支撑脚着地时,踢球腿大腿带动小腿由后向前摆动,在前摆的过程中大腿外展,当膝关节的摆动接近球的正上方时小腿做爆发式摆动,在触球前将脚跟送出使得脚内侧部位所形成的平面与出球方向垂直,踢球脚脚底与地面平行,脚尖微微翘起,踝关节功能性地紧张使脚型固定,触(击)球后身体跟随移动,髋关节向前送(图 T-1-1-3)。

图 T-1-1-3

(2)脚内侧踢空中球。

根据来球速度和运行轨迹及时移动到位,踢球腿大腿抬起并外展,小腿微屈并绕额状轴后摆,利用小腿绕额状轴由后向前摆动,当摆至额状面时与球接触,击球的中部。

(3)脚内侧踢地滚球。

脚内侧踢地滚球时要考虑来球的速度、方向及摆腿的时间,来确定支撑脚的选位,保证踢球腿能顺利地摆踢发力。

3. 脚背内侧踢球

(1)脚背内侧踢定位球。

斜线助跑,助跑方向与出球方向约成 45°,最后一步稍大,以支撑脚底积极着地,脚尖指向出球方向,距球内侧后方 20～25 厘米,膝关节微屈。在支撑同时,踢球腿已完成后摆,并开始以髋关节为轴大腿带动小腿由后向前摆动,当大腿摆至与支撑腿接近同一平面时,小腿做爆发式摆动,此时脚尖外转、脚背绷直,以脚背内侧部位触击球。击球后踢球腿及身体继续随球向前(图 T-1-1-4)。

图 T-1-1-4

(2)脚背内侧削踢定位球。

踢弧线球时,脚背内侧部位击球的后中部,摆腿的方向不通过球心,沿弧线前摆,在击球的瞬间,踝关节用力向内转,使球侧旋沿弧线运行。

4.脚背外侧踢球

(1)脚背外侧踢定位球。

助跑、支撑脚站位及踢球腿摆动均与脚背正面踢球技术的三个环节相同,脚触球是用脚背外侧部位。此时要求膝关节和脚尖内转,脚背绷紧,脚趾紧屈并提膝,触(击)球后身体随踢球腿的摆动前移。

(2)脚背外侧踢地滚球。

可用于踢前方、侧前方及正侧方、侧后方来的地滚球。踢球的动作规格要求与踢定位球相同,但支撑脚站位时应考虑球的滚动速度,以保证在脚触球的瞬间支撑脚与球的相对位置符合规格要求。

(3)脚背外侧削踢定位球(又称香蕉球)。

用脚背外侧部位击球的后中部,摆腿的方向不通过球心线,沿弧线前摆,使球侧旋沿弧线运行。

(二)停球技术

1.脚内侧停球

(1)脚内侧停地滚球。

支撑脚脚尖正对来球,膝关节微屈,同侧肩正对来球。接球腿提膝大腿外展,脚尖微翘,脚底基本与地面平行,脚内侧正对来球并前迎,当脚内侧与球接触的一刹那迅速后撤,把球接在脚下(图 T-1-1-5)。若需将球停在侧面时,支撑脚脚尖应向同侧斜指,脚内侧与来球方向成一定角度触球,同时支撑脚提踵,以前脚掌为轴做适当转动,身体移动。当来球力量不大时,只需将脚提到一定的高度,并使脚内侧与地面形成锐角轻触球。也可在触球时用下切动作使球前进之力部分转变为旋转力,而将球接在脚下。

图 T-1-1-5

(2)脚内侧停反弹球。

根据来球的落点,及时移动到位,支撑脚与球落点的相对位置在球的侧前方,支撑腿膝关节微屈,身体向停球后球运行的方向偏移。接球腿提起且放松小腿,脚尖微翘,脚内侧对着接球后球运行的方向并与地面成一锐角,当球落地反弹刚离地面时,大腿向接球后球运行的方向摆动,用脚内侧部位轻推球的中上部(图 T-1-1-6)。用这种方法停球时,也可在触球时使球产生旋转以达到停好球的目的,但应注意球的旋转并及时加以调整。

图 T-1-1-6

(3)脚内侧停空中球。

根据来球的速度及运行轨迹,及时移动到位。若为抛物线较小的平空球则应根据临场的实际情况选择适当高度的停球点,将接球腿抬起,使脚内侧部位对准来球的方向并前迎,脚在接触球的一瞬间后撤,并将球停在所需的位置上。

2.脚背正面停球

脚背正面停球的部位是穿系鞋带的部位。其特点是迎撤动作自如,关节活动度大,接球稳定,但变化较少,适用于下落球。停球时,身体正对来球,判断来球路线和速度,支撑脚稳固支撑,接球腿屈膝提起,以脚背正面对球迎出,触球刹那,接球脚引撤下放,膝、踝关节相应放松,以增强缓冲效果。欲将球停于体前或体侧时,接球脚跟稍提,触球刹那踝关节适度紧张,通过触球面角度的调整,控制出球方向;欲将球停至身后时,接球脚脚尖要勾翘,踝关节适度紧张,控球刹那引撤速度要快,身体随之转动,控制出球方向。

3.脚底停球

(1)脚底停地滚球。

身体正对来球方向,移动前迎,支撑脚站在球的侧面(或前或后均可),脚尖正对来球方向,膝关节微屈。同时接球腿提起,膝关节微屈,脚略背屈,使脚底与地面约小于45°角(且脚跟离开地面),一般以前脚掌接触球的上部为宜。在触球瞬间接球脚可轻微跖屈(前脚掌下点)将球停住,也可根据需要在接球同时将球推向前方或拉向身后。

(2)脚底停反弹球。

根据来球落点,及时前移迎球,支撑脚站在落点侧后方,脚尖正对来球方向,球落地瞬间,用前脚掌去触球的中上部,微伸膝,用脚掌将球停在体前。若需停在身后则应在触球瞬间继续屈膝,将球回拉,并伴随支撑脚以前脚掌为轴旋转90°以上。

4.脚背外侧停球

脚背外侧停球特点是动作幅度小、速度快、灵活机动、隐蔽性强。但动作难度较大,接球时常伴随假动作和转体动作,适用于停地滚球和反弹球。

(1)脚背外侧停地滚球。

将停球点放在接球腿一侧,支撑腿膝关节微屈。接球腿提起屈膝,脚内翻使小腿和脚背外侧与地面成一锐角,并对着停球后球运行的方向,脚离地面的高度应略等于球的半径,然后大腿向接球后球运行的方向推送,同时身体随球移动(图T-1-1-7)。

图 T-1-1-7

(2)脚背外侧停反弹球。

根据来球的落点及时移动到位,支撑脚站在来球落点的侧后方,除触球部位外,其他环节均与脚背外侧停地滚球相同。

5.胸部停球

(1)挺胸式停球。

面对来球站立(两脚左右或前后开立),两膝微屈,重心置于支撑面内,上体后仰,下颌微收,两臂自然张开,维持身体平衡。接触球瞬间,两脚蹬地,膝关节伸直用胸部轻托球的下部使

球微微弹起于胸前上方。

对于较高的平直球也可采用这种方法将球停于胸前,但触球瞬间膝关节由直变屈,脚由提踵状态变全脚掌落地,整个身体保持停球时的姿势,下撤将球停在胸前。

(2)收胸式停球。

适用于停齐胸的平直球。收胸停球与挺胸停球的动作差异在于触球刹那。当球接近时,将手臂向后放并张开胸部。当球触胸瞬间,迅速收腹、缩胸,缓冲来球的力量,使球落于体前。胸部停球的触球点高,停球后下落反弹。因此,做完胸部动作后,需及时将球控在脚下。如果要将球停向身体两侧时,在触球的刹那要突然转动身体,带动球变向。

(三)运球技术

1.脚内侧运球

要求在运球前进时支撑脚始终领先于球,位于球的侧前方,肩部指向运球方向,支撑腿膝关节微屈,重心放在支撑腿上,另一条腿提起屈膝,用脚内侧推球前进,然后运球脚着地。由于肩部指向运球方向,身体侧转,虽然移动速度较慢,但身体前倾有利于将对方与球隔开,因而这种技术多用在运球寻找配合传球时,或有对方阻拦需用身体做掩护时。

2.脚背正面运球

运球时身体保持正常跑动姿势,上体稍前倾,步幅不宜过大,运球腿提起,膝关节稍屈,髋关节前送,提踵,脚尖下指,在着地前用脚背正面部位触球后将球推送前进。

由于脚背正面运球时身体保持正常跑动姿势,故可以发挥出较快的速度,因而这种技术多用在运球前方一定距离内无对手阻拦时。

3.脚背外侧运球

运球时身体保持正常跑动姿势,上体稍前倾,步幅不宜过大,运球腿提起,膝关节稍屈,髋关节前送,提踵,脚尖绕矢状轴向内旋转,使脚背外侧正对运球方向,在运球脚落地前用脚背外侧推拨球的后中部。

脚背外侧运球时,身体姿势与正常跑动时相同,因而可以发挥出较快的速度,故与脚背正面运球有相同的用途。另外,利用脚腕的动作可以很快改变脚背外侧面所正对的方向,故在运球脚一侧改变方向时也多采用这种运球方法。这种方法能用身体将对手与球隔开,故掩护时也常使用。

4.脚背内侧运球

身体稍侧转并自然协调放松,步幅小,上体前倾,运球腿提起外展,膝微屈外转,提踵,脚尖外转,使脚背内侧正对运球方向,在运球脚落地前用脚背内侧推拨球,使球随身体前进。

脚背内侧运球由于身体稍侧转,不能采用正常跑动姿势,因而不适用于高速运球。但由于接触部位和支撑位置的特点易于完成向支撑脚一侧的转动,故多用于向支撑脚一侧的转动变向运球。

（四）头顶球技术

1.前额正面头顶球

（1）原地前额正面头顶球。

身体正对来球方向，眼睛注视运动中的球，两脚左右开立（或前后开立），膝关节微屈，重心置于两脚间的支撑面上（或后脚上），两臂自然张开。当球运行到将垂直于地面的垂线时，两腿用力蹬地，迅速向前摆体，微收下颌，在触球瞬间颈部做爆发式振摆，用前额正面击球中部，上体随球前摆（图 T-1-1-8）。

图 T-1-1-8

（2）跑动前额正面头顶球。

顶球的动作要领与原地顶球相同，只是第一环节应正对来球跑出抢点。球顶出后，由于跑动速度较快，为保持平衡身体须随球向前移动。

2.前额侧面头顶球

（1）原地前额侧面头顶球。

根据来球的运行速度、运行轨迹，及时移动到位。两脚前后开立（或左右开立），出球方向的异侧脚在前，重心逐渐过渡到前脚上，眼睛注视来球，前膝微屈，两臂侧前后自然张开，当球运行至体前上方时，用力蹬地，前脚掌并适度旋转，上体随着向出球方向扭摆，同时用力向击球方向甩头，以前额侧面击球的后中部。

（2）跑动前额侧面头顶球。

与原地额侧头顶球动作要领相同，不同的是此动作是在快速跑动中开始和完成的，注意完成动作后的身体平衡。

（五）抢断球技术

1.正面跨步堵抢

抢球者两脚前后开立，迎着运球者而站，两膝微屈，身体重心下降并置于两脚间，当运球者与抢球者间的距离缩小到一定范围（即抢球者上前跨一大步可能触及球），运球者脚触球后即将落地或刚刚落地时,抢球者后脚用力蹬地并跨步向前,以脚内侧去堵截球,当已堵住球时,另一只脚应迅速上步。若抢球脚堵住球,对手也堵住球时,则抢球者应将另一只脚迅速前移做支撑脚,抢球脚在不脱离球的情况下迅速向上提拉,使球从对手脚面滚过,身体重心也迅速跟上并将球控制好(图 T-1-1-9)。

2.合理冲撞抢球

当防守者并肩与运球者跑动追球时,防守者重心稍下降,靠近对手一侧的手臂紧贴身体,利用对方同侧脚离地的过程,用肘关节以上部位适当冲撞对手同样部位,使对手身体失去平衡,乘机将球控制住(图 T-1-1-10)。

图 T-1-1-9   图 T-1-1-10

3.正面铲球

移动接近控球者,膝关节微屈,重心下降,当控球者触球脚触球后尚未落地时,抢球者双脚沿地面向球滑铲,随即用手扶地做向一侧的翻滚,并尽快起身。

(六)守门员技术

1.选位

对方射门时,守门员一般应站在射门点与两门柱形成角的平分线上,当对方运球逼近或近射时,守门员应及时出击前迎,以便缩小射门角度或扑脚下球。当对方远射时,可适当靠前站,但要防备对方吊射。当球推进到中前场时,守门员可前移到点球点附近。在保证及时回位的情况下尽量扩大活动范围。

2.准备姿势

两脚左右分开与肩同宽,两膝弯曲,脚跟稍提起,身体重心放在两脚掌上,上体稍前倾。

3.接球

(1)接地滚球。

有直腿式和单腿跪撑式两种方法。直腿式接球时,两腿直膝自然并立,上体前屈,两臂自然下垂并肘,两手小指靠近,掌心向前。在手指触球的刹那,随球后引并屈肘,屈腕,将球包于胸前。单腿跪撑接球时,身体正对来球,两脚左右开立,一腿屈膝,另一腿内转跪撑,膝关节接近地面并靠近屈膝的脚跟,两手随球后撤并屈肘,屈腕将球抱于胸前。

(2)接平直球。

平直球又分为低于胸部和齐胸高的两种。接低于胸部的平直球时,首先移动使身体正对来球,两脚左右开立,上体稍前倾,两臂并肘前伸,两手小指相靠,手掌对球。当手触球的一刹那,两臂随球后撤并屈肘,顺势将球抱于胸前。接齐胸高的平直球时,先移动使身体正对来球,两脚左右开立,两臂屈肘手指向上,手指微屈,手掌对球,两拇指相靠。当手触球的刹那,手指,手腕适当用力,随球顺势屈臂后撤,转腕将球抱于胸前。

二、足球运动基本战术

(一)进攻战术

1.二过一配合

进攻战术中的"二过一",就是比赛中两个进攻队员战胜一个防守队员的局部战术配合。"二过一"是足球比赛中运用最普遍、最简单、最基本的进攻战术。具体配合的形式和方法是很多的,下面介绍几种比赛中常用的"二过一"配合。

(1)斜传直插二过一

如图 T-1-1-11,由进攻队员⑩与⑦拿球做向前运球,吸引防守者的注意力,然后突破斜传球。由队员⑪与⑧快速直插接球,突破防守。

(2)直传斜插二过一

如图 T-1-1-12,由进攻队员⑩与⑦作直传球,同队的⑪与⑧队员都是斜线插上接球。

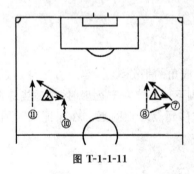
图 T-1-1-11

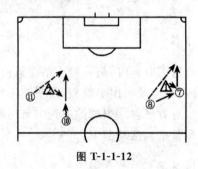
图 T-1-1-12

(3)踢墙式二过一

如图 T-1-1-13,这种方法常用于中路突破。它是由队员⑧快速向前运球,在接近防守队员时,及时向队员⑨脚下传球,队员⑨像墙一样,一次出球将球反弹至防守者背后,队员⑧快速插上接球。

(4)回传反切二过一

如图 T-1-1-14,这种方法是由队员⑪回传给队员⑩,拉出防守队员身后的空当,队员⑪突然转身反切,队员⑩将球铲向防守者的身后。

图 T-1-1-13

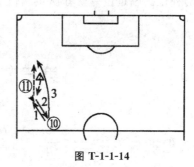

图 T-1-1-14

2."三过二"战术配合

"三过二"是在比赛中局部地区 3 个进攻队员通过连续配合突破两个防守者的防守。由于这种配合有两个同队队员可以同时接应传球,因此使持球人传球路线更多,且进攻面扩大,要求也较高,防守的难度也较大。下面介绍几种"三打二"的进攻战术配合方法。

(1)第二空当

所谓第二空当,是指当一名进攻队员跑向一个有利的空当(第一空当)并牵制一名防守队员时,使原区域出现了空当(第二空当),第二个进攻队员迅速插向第二空当,利用传接配合,突破防守。

打第二空当配合对 3 名进攻队员的基本要求:

①扯动要逼真,能将防守者从原防守的位置上吸引开来,以形成空当。接应者应及时摆脱,迅速插向空当。传球者要掌握好传球的时机与传球的落点,使拉扯、切入、传球做到一气呵成,恰到好处。

②根据比赛场上的实际情况要善于变化,打第一空当与打第二空当或第三空当相结合,使守方防不胜防,就能起到更佳的效果。

(2)连续二过一

连续二过一至少由两组二过一配合组成。

在三人配合时应做到:

①3 名进攻队员的位置基本上呈三角形。两名无球队员不能一起跑向同一个点造成位置重叠。

②控球者在传球前应注意观察,选择最有威胁的进攻配合。

(二)防守战术

防守战术也包括个人的基础战术和全队的整体战术,其中选位、盯人、补位是最基本的防守战术。

(1)选位。防守队员选择的站位,原则上应站在对手与本方球门中心所构成的一条直线上,根据球的位置作相应的前后、左右移动,使球和人都能处于自己的视野之内。

(2)盯人。针对对方进攻队员,有目的地积极主动贴近对手,使其在跑位、传接球时不能充分发挥技术特长。

(3)补位。临近位置防守队员站位要有层次,不能平行站位,相互间要有保护、补漏、交换位置。

第三节 足球运动规则

一、犯规与不正当行为

(一)直接任意球

裁判员认为,如果队员草率地、鲁莽地或使用过分的力量违反下列6种犯规中的任何一种,将判给对方踢直接任意球:

(1)踢或企图踢对方队员。

(2)绊摔或企图绊摔对方队员。

(3)跳向对方队员。

(4)冲撞对方队员。

(5)打或企图打对方队员。

(6)推对方队员。

如果队员违反下列4种犯规中的任何一种,也判给对方踢直接任意球:

(1)为了得到对球的控制而抢截对方队员时,于触球前触及对方队员。

(2)拉扯对方队员。

(3)向对方队员吐唾沫。

(4)故意手球(不包括守门员在本方罚球区内)。

(二)点球

比赛进行中无论球在什么位置,如果队员在本方罚球区内违反了犯规中的任何一种应被判罚点球。

(三)间接任意球

如果守门员在本方罚球区内违反下列犯规中的任何一种,将判给对方踢间接任意球:

(1)在发出球之后未经其他队员触及,再次用手触球。

(2)用手触及同队队员直接掷入的界外球。

(3)用手持球时间超过6秒。

裁判员认为,如果队员有下列情况时,也将判给对方踢间接任意球:

(1)动作具有危险性。

(2)阻挡对方队员。

（3）阻挡对方守门员从其手中发球。

（4）因违反规则而停止比赛被警告或罚令出场。

（四）黄牌

如果队员违反下列 7 种犯规中的任何一种,将被警告并出示黄牌:

（1）犯有非体育道德行为。

（2）以语言或行动表示异议。

（3）持续违反规则。

（4）延误比赛重新开始。

（5）当以角球或任意球重新开始比赛时,不退出规定的距离。

（6）未得到裁判员许可进入或重新进入比赛场地。

（7）未得到裁判员许可故意离开比赛场地。

（五）红牌

如果队员违反下列 7 种犯规中的任何一种,将被罚令出场并出示红牌:

（1）严重犯规。

（2）暴力行为。

（3）向对方或其他任何人吐唾沫。

（4）用故意手球破坏对方的进球或明显的进球得分机会(不包括守门员在本方罚球区内)。

（5）用可判为任意球或点球犯规破坏对方向本方球门移动着的明显的进球得分机会。

（6）使用无礼的、侮辱的或辱骂性的语言。

（7）在同一场比赛中得到第二次警告。

二、越位

（一）关于越位位置

处于越位位置:队员较球和最后第二名对方队员更接近于对方球门线。

不处于越位位置:队员在本方半场内;队员齐平于最后第二名对方队员;队员齐平于最后两名对方队员。

（二）关于越位

越位:处于越位位置的队员,在同队队员踢或触及球的一瞬间,裁判员认为其就下列情况而言“卷入”了现实比赛中时才被判为越位犯规:干扰比赛;干扰对方队员;利用越位位置获得利益。

不越位:如果队员直接从下列情况下接到球,则没有越位犯规:球门球;掷界外球;角球。对于任何越位犯规,裁判员应判给对方在犯规发生地点踢间接任意球。

第二章　篮球运动

第一节　篮球运动常识

　　篮球是 1891 年由美国马萨诸塞州普林尔德(春田)市基督教青年会训练学校教师奈史密斯博士创造的。起初他将两只桃篮分别钉在健身房内看台的栏杆上,桃篮口沿距离地面 3.05 米,用足球作比赛工具,向篮投掷。投球入篮得 1 分,按得分多少决定胜负。每次投球进篮后,要爬梯子将球取出重新开始比赛。以后逐步将栏改为活底的铁篮,再改为铁圈下面挂网。到 1893 年,形成近似现代的篮板、篮圈和篮网。

　　篮球运动于 1896 年前后传入我国,先在天津、北京、上海、广州等地的基督教青年学会中传播,后来逐渐扩大到支委会学校和一般学校。1910 年在南京举行的首届全国运动会上,男子篮球被列为表演项目,参加表演的有天津、北京联队和上海队。1913 年华北体育联合会把篮球列为正式比赛项目,同年,由中国、日本和菲律宾组织的远东运动会也把篮球列为正式比赛项目。新中国成立后,篮球运动的发展比较迅速,1954 年建立了全国联赛的竞赛制度。1959 年举行第 1 届全国运动会,当时中国男、女篮球队已接近世界水平。现在,我国篮球是亚洲篮球的最高水平。2012 年中国男篮参加了伦敦奥运会比赛,但小组未能出线。随着"小巨人"姚明和王治郅的退役,中国男篮已经明显缺少了旗帜性人物,导致成绩开始出现下滑的态势。但在 2015 年的男篮亚锦赛中,中国男篮击败菲律宾,获得冠军,并获得 2016 年里约奥运会参赛资格。2016 年里约奥运会中,我国男篮 5 战皆负,引发了国人对篮球运动发展的进一步思考。随着中国男子篮球职业联赛的蓬勃发展,2016 年 11 月 22 日,中篮联体育有限公司正式成立,标志着 CBA 联赛改革迈出了坚实的一步,同时,这也是管办分离、体育职业化体制改革的重大举措。2017 年 2 月,姚明当选篮协主席,并进行了一系列改革。近年来,我国崛起了一批优秀的新生代力量,他们为中国男篮注入了新鲜的血液,是中国篮球的希望,这更加坚定了我们对中国篮球的信心。

第二节　篮球运动技能

一、篮球运动基本技术

(一)移动技术

1.起动

起动是队员在球场上由静止状态变为运动状态的一种动作,是获得位移初速度的一种方法。起动时重心降低,上体前倾,两臂屈肘自然垂于体侧,后脚或异侧脚的前脚掌用力蹬地,快速摆臂起动(图 T-1-2-1)。

图 T-1-2-1

2.跑

(1)变向跑。变向跑是队员在跑动中利用方向的变化完成攻守任务的一种方法。从右向左变向时,最后一步用右脚前脚掌内侧用力蹬地,同时脚尖稍加内扣,迅速屈膝,腰部随之左转,上体向左前倾;移动重心,左脚向左前方跨出,然后迅速前进(图 T-1-2-2)。

图 T-1-2-2

(2)变速跑。变速跑是队员在跑动中,利用速度变化完成攻守任务的一种方法。由慢跑变快跑时,上体前倾,用前脚掌短促有力地向后蹬地,同时迅速摆臂,前两三步要小,加快跑的频率。由快变慢时,上体抬起,步幅加大,用前脚掌抵地,减缓冲力,从而降低跑速。

（3）后退跑。后退跑时，用两脚的前脚掌交替蹬地向后跑动，同时上体放松挺直，两臂屈肘配合摆动，保持身体平衡，两眼平视，观察场上情况。

（4）侧身跑。向前跑时，脚尖对准跑动方向，头和上体转向球的方向，以便观察场上情况。

3.滑步

滑步是防守移动的一种主要方法。它易于保持身体平衡，可向任何方向移动。滑步可分为侧滑步（横滑步）、前滑步和后滑步。

以侧（横）滑步为例，滑步前两脚左右开立同肩宽，膝微屈，上体稍前倾，两臂侧伸，眼平视，盯住对手。向左滑步时，右脚前脚掌内侧蹬地，同时左脚向左跨出，在落地的同时，右脚迅速随同滑行，然后继续重复上述动作。滑步时，身体不要上下起伏，要随时调整重心，保持身体平衡。动作结束时，恢复原来的身体姿势，并根据攻守情况，迅速转换到下一个动作。向右侧滑步时，动作方法相同，方向要相反。

4.急停

（1）跳步急停。队员在中速和慢速移动中，用单脚或双脚起跳，上体稍后仰，两脚同时落地，落地时屈膝，两臂屈肘外张，保持身体平衡（图 T-1-2-3）。

图 T-1-2-3

（2）跨步急停。队员在快速移动中急停时，先向前跨一大步，上体后仰，重心后移，用脚跟先着地，然后过渡到全脚掌抵住地面，迅速屈膝。接着再上第二步，脚着地时，脚尖稍向内转，用前脚掌内侧蹬地，两膝弯曲，上体稍向侧转并微前倾，重心落在两脚之间，两臂屈肘自然张开，保持身体平衡。

（二）运球技术

1.高运球

高运球时两腿微屈，上体稍前倾，眼平视，以肘关节为轴，前臂自然伸屈，用手腕、手指柔和而有力地按拍球的后上方。球的落点控制在运球的手臂的同侧脚的外侧前方，使球的反弹高度控制于胸腹之间（图 T-1-2-4）。

图 T-1-2-4

2.低运球

运球时,两腿应迅速弯曲,重心下降,上体前倾,球的落点在体侧,用上体和腿保护球,同时,用手腕和手指短促地按拍球的后上方,使球控制在膝关节的高度。

3.运球急停急起

在快速运球中突然急停时,采用两步急停,使身体重心降低,手按拍球的前上部,使球停止向前运行。运球急起时,两脚用力后蹬,上体急剧前倾,迅速起动,同时,按拍球的后上部,人、球同步快速前进。

(三)传球技术

1.双手胸前传球

两腿前后分开微屈,上体稍向前倾,重心在两脚之间。双手握球的两侧偏后,五指自然张开,手心不要接触球,两拇指成"八"字形。两肘弯曲并靠近身体持球于胸前。传球时用手指和腕向前翻转和抖动的力量将球传出。出球时最后通过指端向后旋转使球平直地飞行(图 T-1-2-5)。

图 T-1-2-5

2.双手头上传球

双手从球的两侧面持球(手指尖朝上),置于头顶,肘部微屈,向传球方向跨一步的同时手腕向后转,球移至脑后,将球向前抛出,手腕向下转发力。

3.单手肩上传球

双手持球于胸前,两脚平行开立。传球时,左脚向传球方向迈出半步,同时将球引到右肩上方,肘部外展,上臂与地面近似平行,手腕后仰,右手托球,左肩对着传球方向,身体重心落在右脚上,右脚蹬地,转体,前臂迅速向前挥摆,手腕前屈,通过食指、中指拨球将球传出。球出手后,随着身体重心前移,右脚向前迈出并保持基本站立姿势。

(四)接球技术

1.双手接球

双手接球是最基本的接球方法,也是在比赛中运用最多的动作之一。其优点是握球牢稳,易于转换其他动作。双手接球时,两眼注视来球,两臂伸出迎球,手指自然分开,两拇指成"八"字形,手指向前上方,两手成一个半圆形。当手指触球后,两臂随球后引缓冲来球的力量,两手握球于胸腹之间(图 T-1-2-6)。保持身体的平衡,做好传球、投篮或突破的准备。来球的高度不同时,两臂伸出迎球的高低也有所不同。

图 T-1-2-6

2.单手接球

单手接球控制的范围大,能接不同方向的来球。但是单手接球不如双手接球牢稳,因此,在一般情况下应尽量用双手接球。如用右手接球,则右脚向来球方向迈出,两眼注视着来球。接球时,手掌成勺形,手指自然分开,右臂向来球的方向伸去。当手指接触球时,手臂顺势将球向后下引,左手立即握球,双手将球握于胸腹之间,保持基本持球姿势。

(五)投篮技术

1.单手投篮

单手投篮时,投篮手五指自然分开,手心空出,手腕后仰,大、小拇指间的夹角约为80°,以扩大对球的支撑面,用指根及其以上部位托球的后下方,球体的重力作用线近乎落在食指和中指的指根部位,肘关节自然下垂,另一手扶球的侧上部,置球于同侧头或肩的前上方。

(1)原地单手肩上投篮。两脚开立,两膝微屈,身体重心在两脚之间,上体稍前倾,右手翻腕托球于右肩前上方,手指自然张开成球状,手心不要贴球,球的重心要落在中指和食指之间,左手帮助扶在球的侧下部,右肘自然下垂,腕关节放松;下肢蹬地的同时,右臂向前上方伸展,手腕向前扣动,手指拨球,将球柔和地送出;球出手后,手腕放松,手指自然向下(图T-1-2-7)。

图 T-1-2-7

(2)原地跳投。原地跳投技术是在原地立定投篮的基础上发展起来的跳起投篮技术,它具有出手点高的特点,可以弥补身高不足方面的弱点。双手持球于胸腹之间,两脚左右(或前后)开立,两膝微屈,身体重心落在两脚之间,上体放松,眼睛注视篮圈。起跳时两膝适当弯曲(两脚前后开立时也可上一步再做此动作),接着脚掌蹬地发力,提腹伸腰,向上迅速摆臂举球并起跳,双手举球于肩上或头上,左手扶球左侧。当身体升至最高点或接近最高点时,左手离球,右臂向前上方伸直,同时用突发性力量屈腕、压指,使球通过指端投出。球离手后身体自然落地,屈膝缓冲,准备冲抢篮板球或回防。

(3)行进间单手肩上投篮。跑动接球时,跨右脚然后接着跨出第二步,这一步稍小并用力起跳,右腿屈膝抬高,在左脚蹬地起跳的同时,双手迅速将球举至右上方,右手五指自然分开,掌心空出,手腕后屈托球,左手扶球做保护,肘下垂;眼睛注视球篮,接着右手托球向上伸展,手指柔和地拨动,手腕下压,将球投出命中(图T-1-2-8)。

图 T-1-2-8

2.双手胸前投篮

双手持球于胸前,双肘自然下垂,两脚自然开立,两膝微屈,重心落在两脚之间。两手手指

自然分开,拇指相对成"八"字形,用指根以上部位握球的两侧后下方,手心空出,两臂自然屈肘,肘关节下垂,置球于胸与下巴之间。投篮时,下肢蹬地发力,两臂向前上方伸展,前臂内旋,拇指下压,手腕前屈,食、中指将球投出。

(六)持球突破技术

1.交叉步突破

以左脚作为中枢脚为例。两脚左右开立,两膝微屈,身体重心降低,持球于胸腹之间;突破时,右脚向右前方跨出,假装向右侧突破,当对手重心向右偏移时,左脚前掌内侧迅速蹬地,上体向左转体探肩,右肩向前下压,重心向左前方移动,右脚迅速向左侧前方跨出,同时将球移于左侧,推放球于右脚外侧,左脚用力蹬地向前跨出,迅速超越对手。

2.顺步突破

顺步突破也称同侧步突破,特点是突破方向与跨步方向相同,起跨突然迅速。运用时,对中枢脚移动和加速运球之间的协调配合要求较高,配合不好易造成走步违例。以左脚作中枢脚为例。准备姿势和突破前的动作要求与交叉步突破相同。突破时,假做投篮,当对手重心前移时,右脚迅速向前方跨出一步,上体向右脚外侧偏前方,左脚前脚掌迅速蹬地,向前方跨出运球突破防守(图 T-1-2-9)。

图 T-1-2-9

(七)抢篮板球技术

1.抢进攻篮板球

观察对手防守动向,判断球反弹的方向、速度和落点,根据对球的反弹判断和对手防守的态势,及时采取迂回的快速起动,争取在位置上取得相对的或更好的优势。在抢位的同时,注

意屈膝降低重心,并用肩、背主动接触对手。积极用力蹬地起跳,争取空中的高度,占据一定的空间位置。充分伸展身体及手臂,尽可能在更高的空中位置上获球。抢球时手臂和腕、指的力量要大,紧握球体,或迅速托臂屈肘握球在手。即使在不能获球的情况下,也要尽力用挑、拨、捅等办法将球从对方手中打出。

2.抢防守篮板球

防守队员抢篮板球要突出挡的意图,利用自己占据篮下或内侧位置挡抢篮板球。

当进攻队员投篮时,防守队员要根据对手的移动情况和位置,运用上步、撤步和转身等动作把进攻队员挡在身后,并抢占有利位置。在篮下抢位挡人时,一般采用后转身挡人,降低重心、两肘外展来抢占空间位置,并保持最有利的起跳姿势。

(八)防守技术

1.防守无球队员

(1)位置的选择。防守时,位置的选择非常重要,正确、合理地占据有利位置,会使防守主动。就一般情况来说,防守队员应站在对手与球篮之间的内侧位置上,保持与对手有适当的距离和角度,以便能按要求来行动。与对手的距离要根据对手与持球队员的距离而定,一般来讲离球近则近,离球远则远,以能控制对手为原则。

(2)手臂的配合。在积极移动的同时,必须借助手臂的动作,扩大防守面积。手臂要随着移动配合做伸出、挥摆、上举等动作,以便更有效地阻挠对手接球和争取断球。

(3)积极地移动。防守时,要随时保持有利的防守位置,就必须有正确的准备姿势,以保证及时地移动。由于对手不断地向不同的方向移动,所以防守队员的准备姿势的站法也要随着变换,一般在离球较近防守时,经常采用面向人侧向球的站法,不让对手摆脱接球;在离球较远处防守时,经常采用侧向人面向球的站法,以便断球或进行协防配合。不论哪种站法,都要积极运用撤步、滑步、交叉步、碎步和快跑等脚步移动跟住对手,堵截其移动路线。为了及时起动,防守队员应以短小的步幅,不停地滑动,以便更快地移动阻挠对手,使他向不利的位置上转移。

2.防守有球队员

(1)位置、距离的选择。当对手接球后,必须迅速调整位置和距离,在占据对手与球篮之间的有利位置基础上,还要与对手保持适当的距离。一般来讲,离篮远则远,离篮近则近,并根据对手的特点(善投、善突等)、战术的需要而有所调整。

(2)防守的动作。由于有球队员的特点、意图以及与球篮的距离不同,所以防守有球队员时的动作也有所不同。一般防守有球队员有两种方法:

①平步防守:两脚取平行站立的防守姿势,两臂侧伸和挥摆。这种方法防守的面积大,便于左右滑动,对防突破比较有利。

②斜步防守:两脚前后站立的防守姿势,一臂上伸,另一臂侧伸进行阻挠。这种防守方法便于前后移动,对防投篮比较有利。

不论采用哪种防守方法,都要积极移动,当对手运球或突破时,应阻截他的移动路线,迫使他运向边角,当对手做假动作时,不要受其引诱而失去身体平衡。

(3)合理地运用抢球、打球技术。在防有球队员的过程中,始终要伺机抢、打对手的球,但要判断准确,动作突然快速,注意保持身体平衡,避免犯规。

二、篮球运动基本战术

(一)攻防战术基本配合

1.进攻基础配合

进攻基础配合的形式主要有以下几种:

(1)传切配合。

二人传切:如图 T-1-2-10 所示,④传球给⑤后做向左切入的假动作,然后变向从右侧切入,⑤接球后回传给④的下一位队员,并做向底线切的假动作,然后变向从左侧横切。④切入后至⑤队尾,⑤至④队尾。依次进行练习。

三人传切:如图 T-1-2-11 所示,④与⑤各持一球,④传球给⑥后从右侧切入接⑤传球投篮。⑤传球给④后,横切接⑥传球投篮。④、⑤投篮后自抢篮板球传给本组的另一人。按逆时针方向换位,连续进行练习。

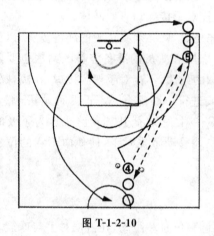
图 T-1-2-10

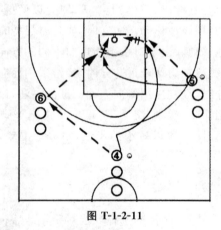
图 T-1-2-11

(2)突分配合。

如图 T-1-2-12 所示,开始时④持球突破,在突破中跳起分球给向两侧移动的⑦,⑦在接球后做投篮动作,然后传球给⑤,⑤接球后从底线或内侧突破,跳起传球给接应的⑧。位置交换,④到⑦队尾,⑦到④队尾。突破要有速度,注意保护好球。接应分球的队员要移动及时。

如图 T-1-2-13 所示,⊗传球给④,④接传球后向篮下运球突破,当遇到⑤补防时,将球分给移向空位的⑤,⑤接球投篮。④、⑤抢篮板球回传给⊗。④接球前要做摆脱动作,突破时保护好球,⑤要及时突然移动至空隙地区接应。

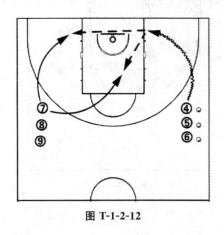

图 T-1-2-12

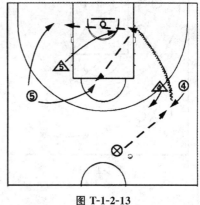

图 T-1-2-13

（3）掩护配合。

如图 T-1-2-14 所示,将练习者分成两组,⊗站在④身前充当防守者,⑥跑到⊗侧后方给④做侧掩护,④先做向左跨步切入假动作,待⑥做好掩护后,及时向另一侧切入,⑥适时地后转身跟进。然后两人互换位置,轮流进行练习。

如图 T-1-2-15 所示,⑥传球给④,然后去给④做侧掩护,④利用掩护运球切入时,⑥换防△,④可将球传给转身跟进的⑥投篮。

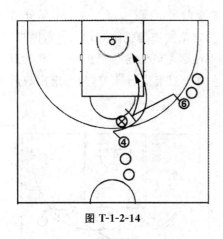

图 T-1-2-14

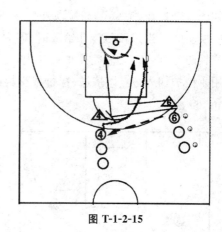

图 T-1-2-15

（4）策应配合。

如图 T-1-2-16 所示,将练习者分为三组,按逆时针方向传球,传球后跑到下一组的队尾落位。

如图 T-1-2-17 所示,⑥传球给⑤,⑤回传并上提做弧线跑动要球,⑥传球给插上策应的④,然后切入篮下接④的传球上篮。三人轮转换位。

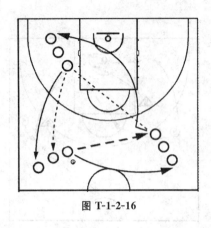

图 T-1-2-16

图 T-1-2-17

2.防守基础配合

防守基础配合的形式主要有以下几种：

(1)挤过配合。

如图 T-1-2-18 所示，④去给⑤做掩护，当④接近⑤时，同时⑤准备移动，⑤要及时向前跨一步靠近⑤，并在⑤与④之间侧身挤过继续防守⑤。⑤去给⑥做掩护，⑥按⑤同样的动作挤过。依次进行循环练习，然后攻、守互换。

(2)穿过配合。

如图 T-1-2-19 所示，⊗在弧顶外持球，④、⑤、⑥轮流做定位掩护，④、⑤、⑥防守者练习挤、穿、换防守。当⊗弧顶传球给⑥时，④立即起动借⑤定位掩护摆脱防守切入，④做挤过、穿过或交换防守练习。⑤做完掩护后拉出，④切入后到限制区左侧做定位掩护，⑥将球传过弧顶后利用④掩护切入，⑥做挤过、穿过或交换防守练习。如此反复进行练习，到一定次数后攻守交换。

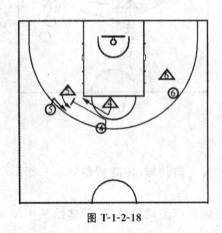

图 T-1-2-18

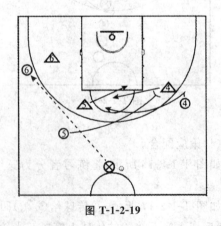

图 T-1-2-19

(3)换防配合。

如图 T-1-2-20 所示，⊗与④和⑥在外围传接球，当⊗传球给④的同时，⑤给④做后掩护，

④将球回传给弧顶队员⊗，④借掩护之机切入篮下，这时⑤一边跟防，一边通知④，当④切入时，⑤突然换防④，并准备断弧顶队员传给④的高吊球，此时④要抢占内侧防守位置，防止⑤接弧顶的球。

(4)"关门"配合。

如图 T-1-2-21 所示，④、⑤、⑥在外围相互传球，寻找机会从④与⑤或⑤与⑥之间突破。④、⑤、⑥除了要防住自己的对手外，还要协助邻近同伴进行"关门"，不让对方突破到篮下。当进攻者突破不成把球传出时，"关门"的队员还应快速还原去防自己的对手。

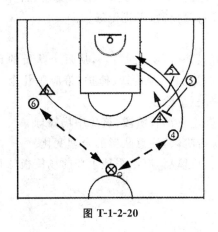

图 T-1-2-20

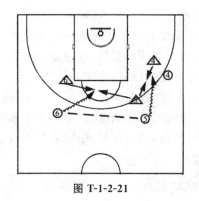

图 T-1-2-21

(二)攻防战术整体配合

1.快攻与防守快攻

(1)快攻。

快攻是由防守转入进攻时，以最快的速度、最短的时间，在人数上造成以多打少的优势，或在人数相等以及人数少于对方的情况下，乘对方立足未稳，果断而合理地进行的一种快速进攻战术。长传快攻是队员在后场获球后，几个队员在快速奔跑过程中运用短而快的传接球，迅速推进过中场迫近对方篮下进行攻击的一种配合。快攻战术的结构分发动与接应、推进、结束三部分：

发动与接应：发动是快攻战术的前提，接应有固定接应和动机接应两种。

推进：是紧接第一传的配合，是快攻的桥梁。

快攻的结束：指快攻进行到前场最后完成攻击所运用的配合。

(2)防守快攻。

防守快攻是在由攻转防的过程中，队员有组织地运用个人战术行动和几个人之间的协同配合，主动堵截对手，积极抢、断球，破坏其快攻战术，为争控制对手进攻的速度，以达到稳定防守，迅速组织起各种不同形式的全队防守战术的目的。其方法和手段是，提高进攻成功率，积极拼抢前场篮板球，封堵快攻第一传和截断接应。

2.半场人盯人防守与进攻半场人盯人防守

(1)半场人盯人防守。

半场人盯人防守是在篮球比赛中由进攻转入防守时,全队有组织地迅速退回后场,在半场范围内进行盯人防守的一种全队战术。半场人盯人防守的基本要求:

①防守队应根据双方队员的身高、位置和技术水平,合理地进行防守分工,尽量与对手力量相当。

②由进攻转入防守时,要迅速退回后场,找到自己的对手,积极抢、断球,夹击和补防。

③防守有球队员要逼近对手,主动攻击球,积极封盖投篮,干扰传球。

(2)进攻半场人盯人防守。

进攻半场人盯人防守战术方法是根据半场人盯人防守战术的特点,从每个队员的具体实际出发,综合运用传接球、投篮、运球、突破等个人技术动作,及传切、掩护、策应等几个人之间的战术基本配合,所组成的一种全队进攻战术。共分三个阶段:

第一阶段:准备阶段,即推进前场,快速落位做好进攻部署阶段,避免中场停球。

第二阶段:是发动阶段,即运用战术配合投篮攻击阶段,注意队形的合理变化。

第三阶段:结束阶段,即完成配合投篮攻击阶段,投篮后,有组织地争夺前场篮板球和调整位置,保持攻守平衡。

3.区域联防与进攻区域联防

(1)区域联防。

区域联防是指由进攻转入防守时,防守队员退回半场后,各按分工负责防守一定的区域,严密防守进入本区域的球和进攻队员,并与同伴协同防守,形成一定的队形,有机地组成集体防守战术。其特点是,位置较为固定,分工明确,有利于组织抢后场篮板球和发动快攻,但容易在局部区域被对方以多打少。区域联防的常用形式有:"2—1—2""2—3""3—2"等阵容。其战术要求:

①根据攻守双方的特点合理布置。一般是把快速灵活善于抢断的队员放在外防区,把身材高大、力量好、补防意识强,可控制篮板球的队员放在内线防区。

②5个队员要积极协同配合,以球为主,人球兼顾,有球紧、无球松,整体队形随球的转移而及时调整。

③要充分利用"关门"、夹击、补防等防守配合,严防背插、溜底线和突破等攻击性较强的进攻配合。注意保护中锋。

(2)进攻区域联防。

进攻区域联防是根据对方防守的队形和本队的特长所采用的进攻配合战术。其常用形式有"1—2—2""1—3—1""2—1—2""3—2"等。其战术要求:

①快攻是进攻区域联防的有效方法之一。进攻争取在对方尚未退回后场组织好防守队形之前,积极发动快攻。

②进攻队应针对防守队形,采用插空站位的进攻队形。

③进攻是要利用各种配合声东击西、内外结合的攻击,借以打乱防守队形,创造投篮机会。要积极争抢前场篮板球并随时准备退守。

第三节 篮球运动规则

一、场地与器材

(一)场地

篮球运动竞赛场地应该是一块平坦、坚实且无障碍物的表面,长 28 米,宽 15 米,也可以为长 26 米,宽 14 米。从界线的内沿量起,所有的线应用相同的颜色(最好是白色)画出,宽 5 厘米并清晰可见。任何障碍物包括球队席就座的人员距比赛场地应至少 2 米。

(二)器材

(1)篮球架。篮板是用 3 厘米厚的坚韧木材或透明材料制成的,高 1.05 米,宽 1.08 米,篮板下沿距地面 2.90 米。

(2)篮球。篮球比赛规则规定,比赛所用的篮球应是橙色的圆形的标准篮球,它的外壳可以用皮、橡胶或合成物质制成。球圆周的尺寸应不小于 749 毫米,不大于 780 毫米;重量不得少于 567 克,不多于 650 克。充气后,球从 180 厘米高度落到球场的地面上反弹起来的高度不得低于 120 厘米,也不得高于 140 厘米。

(3)球场的禁区(3 秒区):长方形。

(4)3 分线的距离:6.75 米。

二、投篮

开始于:队员通常在球离手前开始做投篮连续动作,根据裁判员的判断,他已经向对方的球篮投、拍或扣球,开始得分尝试时。

结束于:球已离开队员的手时,如果是跳起在空中的投篮队员,他必须双脚落回地面。虽然投篮队员被认为是在做得分尝试,但他的手臂可能被对方队员抓住,以此来阻碍他得分。在这种情况下,球是否离开队员的手不是关键因素。

三、暂停

教练员和助理教练员在比赛中有权请求暂停,每次暂停时间为 1 分钟。在第一个半时的任何时间每队可准予 2 次要登记的暂停;在第二个半时的任何时间可准予 3 次要登记的暂停,每一决胜期的任何时间可准予 1 次要登记的暂停。

在比赛的最后 2 分钟和加时赛中,叫暂停的球队可以拥有后场球权,暂停后不用再从场外的中线附近发球,而是在技术代表区的对面指定的发球区发界外球。

当比赛被中断时,如果 24 秒计时器上的剩余时间多于 14 秒(包括 14 秒),那么,计时器上的时间将不做调整;反之,如果时间少于 13 秒(包括 13 秒),那么,24 秒计时器上的剩余时间将会被调整到 14 秒。

四、替换

在球成死球,比赛计时钟停止,以及当裁判员已经结束了与记录台联系时,或在替换机会期间,球队、替补队员有权请求替换。

五、犯规与违例

(一)犯规

1. 侵人犯规

侵人犯规是在球进入比赛状态、活球或死球时队员的犯规。队员不准通过伸展臂、肩、髋、膝或过分地弯曲身体或不正常姿势以阻挡、拉人、推人、撞人来阻碍对方行进,也不准使用任何粗野动作。违反上述规定即为侵人犯规。

侵人犯规的罚则:在所有情况下,都登记一次侵人犯规,并按下列情况处理:①如果被侵犯的队员未做投篮动作,应由被侵犯队员在犯规地点最近的边线掷界外球。②如果被侵犯的队员在做投篮动作,则投中有效,再判罚一次罚球;如果未投中,判给两次罚球;如果 3 分投篮未投中,判给三次罚球。③每一节比赛全队累计犯规超过 4 次时,对未做投篮动作的队员发生犯规,则执行 2 次罚球。

2. 队员技术犯规

参赛队员或教练员等,在比赛中与裁判员、记录员以及技术代表不合作或不遵守篮球规则精神的,应被认为是一次技术犯规。

3. 双方犯规

双方犯规是指两名对抗的队员大约同时互相发生接触犯规的情况。

(二)比赛违例

1. 时间违例

3 秒违例:某队在前场控制活球并且比赛计时钟正在运行时,该队的队员在对方限制区内停留超过 3 秒,为 3 秒违例。

5 秒违例:被严密防守的持球队员,在 5 秒内没有传球、投篮或运球,为 5 秒违例。

8 秒违例:当一个队在后场控制活球时,该队必须在 8 秒内使球进入前场,否则为 8 秒

违例。

24 秒违例:每当一名队员在场上控制活球时,他的队必须在 24 秒内尝试出手投篮,否则为 24 秒违例。

罚则是由对方获得掷界外球权。

2.掷界外球违例

(1)掷界外球队员球离手时,脚踏场地的边线或端线。

(2)掷界外球队员在处理球时,5 秒内没有将球掷进场内。

罚则是由对方获得掷界外球权。

3.带球走违例

规则规定:"当持球的队员,用一脚向任何方向踏出一次或数次,另一脚(称中枢脚)可以保持不离开与地面的接触点而旋转。"所谓带球走或带球移动,是指持球队员一脚或双脚向任一方向移动时,超出了这条规则的限制。在宣判带球走或持球移动时,首先须确定有无中枢脚。当中枢脚确定后,在传球或投篮中,中枢脚可抬起,但在球离手前不可以落地;在运球开始时,球离手前,中枢脚不可以抬起。当没有中枢脚时,在传球或投篮中,双脚都可抬起,但在球离手前不可以落地;在运球开始时,在球离手前两只脚都不可以抬起。

罚则是由对方获得掷界外球权。

4.运球违例

队员控制球后将球掷、拍或滚,在球触及另一队员之前触及球为运球。每次运球中,必须使球与地面接触。队员运球后,用双手同时触及球一刹那或使球在一手或双手中停留的一刹那,即运球完毕。队员第一次运球结束后不得再次运球,如果再次运球,则为非法运球。但下列情况不算运球:连续投篮;接球不稳失掉球,然后恢复控制球;与对方队员抢球时用连续挑拍以图控制球;拍击另一队员控制的球;拦截传球并获得该球等。

非法运球的罚则:将球判给对方队员在违例地点最近的边线掷界外球。

5.球回后场

控制球的队员在前场不得使球回后场,包括掷界外球。当球触及有部分身体接触中线或位于中线后的该队队员,或球接触后场地面后又被该队队员首先触及,即为球回后场。

罚则:判给对方队员在边线中点处掷界外球。掷界外球队员两脚分别站在中线延长部分的两侧,有权将球传给场上任何地方的队员。

6.使球出界

在球出界甚至球触及了除队员以外的其他物体而出界之前,最后触及球或被球触及的队员是使球出界的队员。

罚则:将球判给对方队员在违例地点最近的边线掷界外球。

第三章　排球运动

第一节　排球运动常识

　　排球运动于 1895 年诞生于美国,马萨诸塞州的霍利约克城基督教青年会干事威廉·莫根创造了排球运动的雏形。为了迎合人们对运动量大小的不同要求,威廉·莫根结合当时盛行的网球和篮球运动,将网球的网挂在篮球场中间,采用篮球的内胆,让游戏双方将球像网球那样打来打去。首次排球比赛是 1896 年在美国斯普林费尔德体育专科学校举行的。出场人数由双方共同商定,不限多少,但必须相等。一次比赛共打 9 盘,一方的一名队员发球连得 3 分为 1 盘;发球者必须一脚踩在端线上,并有两次发球机会。1912 年,规定双方上场的队员必须轮转位置;1917 年,规定每队上场队员为 6 人;1922 年,规则已趋完备,规定每方必须在三次以内将球击过网;1977 年,国际排联对规则又进行了修改,将标志杆内移 20 厘米,拦网触手后还可击球三次。这两条规则有利于防守,对进攻技术、战术的发展是一个很大的促进。

　　1905 年,排球运动传入我国,经历了 16 人、12 人和 9 人制排球。新中国成立以后,开始推广 6 人制排球,我国运动员创造了"平拉开扣球""前飞""快速反击"等新战术。目前,我国男排成绩接近世界一流水平。在 2008 北京奥运会上,史无前例地获得了第 5 名,取得了重大突破。2010 年,获得了广州亚运会第五名,亚洲杯的亚军;2011 年,获得了男排亚锦赛亚军。遗憾的是,在 2011 年世界杯上,仅获得了 11 名。中国女排是一支世界传统强队,是现代中国各体育团队中成绩突出的体育团队之一。曾在 1981 年、1982 年、1984 年、1985 年、1986 年夺得冠军,成为世界上第一个"五连冠",并又在 2003 年和 2004 年两度夺冠,共七度成为世界冠军(或奥运冠军)。2011 年 11 月 18 日,中国女排 3 比 0 战胜德国女排,夺得世界杯季军,成功晋级2012 年伦敦奥运会,遗憾的是无缘四强。2013 年,郎平再次执教中国女排,中国排球运动的水平逐步提升。2015 年的女排世界杯上,中国女排击败日本夺得冠军。2016 年的里约奥运会上,中国女排克服困难,敢打敢拼,最终夺得金牌,时隔 12 年重回世界之巅。2017 年 9 月,在日本举行的第 7 届女排大冠军杯上,中国女排时隔 16 年再次在这一赛事中夺冠。2018 年的女排世界杯上,中国女排获得铜牌。2019 年的女排世界杯上,中国女排夺得冠军。随着我国新一代排球运动员的崛起,相信我国排球运动未来将获得更大的发展。

第二节 排球运动技能

一、排球运动基本技术

（一）准备姿势

1.半蹲准备姿势

两只脚左右分开,稍微比肩宽一点,一只脚在前,两只脚尖稍微往里收,脚跟稍微抬起。膝关节要有一定的弯曲,膝关节的投影在脚尖前面,上体向前倾斜,重心在前边。两手臂自然放松弯曲,两只手放在腹前。身体自然放松,眼睛盯住来球,两只脚要一直不停挪动以方便起动（图 T-1-3-1）。

2.稍蹲准备姿势

稍蹲准备姿势要比半蹲准备姿势重心稍微高点,动作方法和半蹲准备姿势基本相同,大多数应用于扣球前的助跑或对方组织进攻需要快速起动的时候（图 T-1-3-2）。

3.低蹲准备姿势

低蹲准备姿势比半蹲准备姿势的身体重心还要低,身体重心更靠前,两脚之间的距离要更宽一些,膝关节的弯曲角度要更大一些。这时候肩部的投影要超过膝盖,膝关节的投影要超过脚尖,两只手要放在腹部之上。低蹲准备姿势主要用在防守和接拦回球的时候（图 T-1-3-3）。

图 T-1-3-1

图 T-1-3-2

图 T-1-3-3

（二）移动技术

队员从起动到制动之间的人体位移称移动。移动可以使队员及时地接近球,保持好人与球的关系,以便合理完成击球动作,迅速地移动可以占据场上的有利位置,争取时间和空间;队员是否能及时地移动到位,是完成技术的关键。

1.起动

移动发力的开始就叫起动,移动的关键是起动的速度。起动的速度主要取决于正确的准备姿势、运动员的反应能力和他的腰腿部的速度力量。在排球比赛过程中,要根据运动员在场上的情况,运用不同的准备姿势,这样才能随时随地的改变移动方向和移动速度。

2.移动步法

(1)并步与滑步。当球和身体的距离大约在一步左右时可以运用并步移动,例如,向前移动的时候,后腿要蹬地,前面一只脚要向来球的方向跨出一步,后腿要迅速跟上做好击球的准备。当球在你身体的侧面并离你稍远,而且并步不能立刻接近球的时候,可以快速运用连续的并步,这种连续的并步就是滑步。

(2)跑步。当球与身体的距离较远的时候需运用跑步,采用跑步移动的时候,两只手臂要配合身体前后摆动,当球飞来时,要边跑边转身,并且逐渐将身体重心降低,准备击球。

(3)跨步和跨跳步。跨步要比交叉步的移动距离近一些,主要用于接1~2米的低球。移动的时候步子要迈大一些,身体重心要低。例如,向前移动,那么后脚就需要用力地蹬地,前脚向前跨出一大步,膝关节弯曲,上体向前倾斜,身体重心要从后腿移至前腿上,可以向前方、向斜前方或向侧方。跨跳步就是在跨步的过程中做出跳跃腾空的动作(图 T-1-3-4)。

图 T-1-3-4

3.制动

在快速移动之后,为了保持稳定的击球姿势和克服身体惯性的冲力,必须运用制动技术。

一步制动法:一步制动时,最后跨出一大步,同时降低重心,膝和脚尖适当内转,全脚掌横向蹬地,抵住身体重心继续移动,并用腰腹力量控制上体,使身体重心的投影落在两脚所构成的支撑面内。

两步制动法:两步制动时,以倒数第二步做第一次制动,紧接着跨出最后一步做第二次制动,同时身体后仰,重心下降,双脚用力蹬地,使身体处于有利于做下一个动作的姿势。

(三)发球技术

发球是进攻的开始。发球可以直接得分,也可以破坏对方一攻的战术组成,还可以起到先发制人的作用。所以发球既要有攻击性,又要有准确性。

1. 正面下手发球

这种发球动作简单,适用于初学者,但球速慢,攻击性不强。如图 T-1-3-5 所示,面对网两脚前后开立,左脚在前,右脚在后,两膝弯曲,上体前倾,左手持球于腹前。左手将球垂直上抛在右肩的前下方,离手约 20 厘米高度即可。在抛球的同时,右臂伸直后摆,身体重心也适当后移。以肩为轴,手臂由后经下方向前摆动,身体重心也随着前移,在右肩的前下方腹前高度用全手掌击球的后下方。击球后,随着身体重心前移之势迅速跨步入场。

图 T-1-3-5

2. 正面上手发球

这种发球面对网站立,便于观察对方,发球的准确性大,易于控制落点,并能充分利用转体、收腹动作带动手臂加速挥动,以便运用手腕的推压动作,加大击球的力量和速度。如图 T-1-3-6 所示,面对球网,两脚自然开立,左脚在前,左手持球于体前。用抬臂和手掌的平托上送,将球平稳地垂直抛于右肩的前上方,高度适中。在左手抛球的同时,右臂抬起,屈肘后引,肘与肩平,上体稍向右侧转动。击球时,利用蹬地,使上体向右转动,同时收腹,带动手臂挥动。在左肩上方伸直手臂,用全掌击球的中下部。击球时,手指自然张开吻合球,手腕要迅速主动地做推压动作,使击出的球呈上旋飞行。击球后,随着重心前移,迅速进场。

图 T-1-3-6

3. 侧面下手发球

侧面下手发球动作较简单,击球时主要靠腰腹转动带来的力量带动手臂挥动击球,比较省力,稳定性较大,所以容易掌握,但攻击性较小。如图 T-1-3-7 所示,两只脚要左右开立并与肩同宽。膝关节稍弯曲,上体略前倾,左肩对球网站立,左手持球将球放在腹前位置。发球时用左手将球抛起,距腹前约一臂远,高度约离手 30 厘米。在抛球的同时,右臂伸直后摆至身体右侧后下方。击球时,右脚蹬地,身体左转带动右臂向体前上方摆动,用全手掌或掌根在腹前击球的后下方将球击出。击球后,迅速进入场地准备比赛。

图 T-1-3-7

(四)垫球技术

垫球是用单手或双手手臂或手的坚硬部位,由球的下方向上击球的技术动作。垫球主要用于接发球,接扣、吊球及接拦回球,有时也用来组织进攻。

1.正面双手垫球

正面双手垫球是双手在腹前垫击来球的一种垫球方法,是各种垫球技术的基础,也是最基本的垫球方法。其基本垫球动作如图 T-1-3-8 所示。正面双手垫球的基本手型有抱拳式(图 T-1-3-9)、叠掌式(图 T-1-3-10)和互靠式(图 T-1-3-11)。正面双手垫球按来球力量大小可以分为垫轻球、垫中等力量球和垫重球。

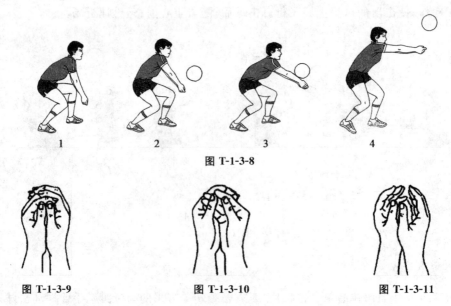

图 T-1-3-8

图 T-1-3-9   图 T-1-3-10   图 T-1-3-11

2.侧面双手垫球

侧面双手垫球就是用两臂在身体两侧垫球的技术动作,这种技术动作主要用于来球速度较快、离体侧较远、来不及移动的时候。如图 T-1-3-12 所示,当球飞向左侧时,左脚向左跨出一步,这时右脚前脚掌内侧蹬地,左膝弯曲,身体重心放在左脚上,两手臂夹紧向左伸出,右肩微向下倾斜,同时腰右转、左肩上提。两臂垫击球的后下部将球的飞行路线截住,侧垫时,两手臂要先伸向来球方向截住球,不要随球伸臂,否则球接触手臂后会向侧方飞出。还要特别注意两手臂不要弯曲,否则会影响垫球效果。

1   2   3   4

图 T-1-3-12

3.背垫球

背向着垫球方向,从体前向背后将球垫起的垫球动作称为背垫球。背垫时,首先应判断好球的飞行方向,迅速移动到球的落点处,背对着出球方向,两臂夹紧伸直,插入球下。同时配合蹬地、抬头挺胸、展腹后仰等动作,利用直臂向后上方摆动抬臂将球垫起。当来球较低时,应屈肘、翘腕,用虎口处将球向后上方垫起。

(五)传球技术

传球是用双手(或单手)在额前上方,利用蹬腿、伸臂协同一致的动作及手指手腕的弹力完成的击球技术动作。

1.正面传球

(1)手型

手触球时十指应自然张开使两手成半球状,手腕稍后仰,以拇指内侧、食指全部、中指的二、三指节触球的后下部,无名指和小指在球两侧辅助控制球的方向。两拇指相对近"一"字形。

(2)动作方法

如图 T-1-3-13 所示,准备姿势采用稍蹲姿势,上体稍挺起,仰头看球,两手自然抬起,屈肘,放松置于额前。当来球接近额前时,开始蹬地、伸膝、伸臂,手指微张从脸前向前上方迎出。全身各部位动作应协调一致。击球点在脸额前上方约一球距离处。在迎球动作的基础上,当手和球即将接触前,手腕和手指要有前屈迎球的动作,当手和球接触时,各大关节应继续伸展,最后用手指手腕的弹力将球击出。

图 T-1-3-13

2.侧向传球

身体侧对传球目标,在不转动身体的情况下,靠双臂向侧方传球的动作称为侧向传球。侧传的准备姿势、手型及迎球动作同正面传球,但击球点应偏向传出方向一侧。迎球时,通过下肢蹬地使身体重心向上伸展,上体和双臂向传球方向一侧伸展。异侧手臂动作的幅度要大些,伸展的速度也应快些,以双臂和上体侧屈的协调动作将球传出。

3.背向传球

背向传球时须把身体的背面正对着传球的目标,上体保持正直或稍微后仰,击球点应略高于正面双手传球。当球飞来时,头稍后仰并挺胸,上体向后上方伸展的同时配合下肢蹬地。击球时,手腕适当后仰,使掌心向后上方,击球的底部,利用蹬地、送髋、抬臂、送肘、手指、手腕主动向上方的力量将球向后上方传出。

(六)扣球技术

扣球是队员跳起在本方将球从过网区击入对区的一种击球动作。扣球是攻击性最强的基本技术,是完成战术配合的最后一个技术动作。扣球技术的好与坏是决定胜负的关键,它需要有良好的弹跳高度,利用腰腹力量、快速挥臂鞭打动作和手控制球的能力。

1.正面扣球

两脚开立,膝关节微屈,上体稍前倾,两臂自然下垂,站在离网 3 米左右的位置,观察二传来球,随时准备向各个方向助跑起跳。助跑时首先左脚要先向前迈出一步,接着右脚跟着迅速跨出一大步,同时左脚及时并上,落在右脚侧前方,两脚尖稍内收准备起跳。注意助跑的第一步要小,这样可以使上步的方向对正,也使身体获得向前的水平速度;第二步要大,这样接近球和提高助跑的速度可以得到提高;为了利于制动,要使右脚落地支撑点在身体重心之前。助跑跨出最后一步的同时,两手臂经体侧向后引,两臂自后积极向前摆动的同时,左脚要落地制动,双腿蹬地向上起跳时,两手臂要配合起跳用力上摆。起跳后,挺胸、展腹,上体稍向右转,右臂向后上方引臂,使身体成反弓形。挥臂时转体要迅速、快速收腹,集中力量带动肩、肘、腕各关节成鞭甩动作向前上方挥动击球。击球时击球点要保持在起跳和手臂伸直最高点的前上方,五指自然张成勺形,并保持紧张,以掌心为击球中心,全手掌包满球击球的后中部,同时屈腕屈指主动用力向前推压,使扣出的球加速上旋。空中完成击球动作后,身体自然下落,为了减轻腿部负担,应用双脚的前脚掌先着地,同时顺势屈膝,以缓冲身体下落的力量。

2. 勾手扣球

起跳后,左肩对网,通过转体动作,带动右臂向左上方挥动击球的一种方法就叫做勾手扣球。如图 T-1-3-14 所示,助跑的最后一步,两脚与中线平行,完成起跳动作后要使左肩对网或跳后在空中时就使左肩转向球网。跳起后,上体稍后仰或稍向右转,右肩下沉,当左臂挥至脸前后迅速引至体侧,手臂伸直,掌心向上,手指微张成勺形,同时,挺胸展腹。击球时,利用向左转体及收腹的力量使手臂伸直,手臂由下经体侧向上划弧挥动,用全手掌在头的前上方最高点处击球的后中部。整个动作与勾手大力发球相似。

图 T-1-3-14

3. 单脚起跳扣球

助跑后第二只脚不再踏地而直接向上摆动帮助起跳的一种扣球方法叫做单脚起跳扣球。单脚起跳扣球时球与网的夹角较小或者采用顺网的一步、两步或多步的助跑。助跑后,左脚跨出一大步,上体向后倾斜,左脚迅速蹬地起跳的同时右腿也向前上方摆动,为利于起跳,两臂应配合摆动,起跳后扣球动作与正面扣球动作相同。

(七)拦网技术

拦网是队员在网前以身体任何部分阻挡对方击球过网的技术动作。掌握拦网技术,提高拦网技术水平,对夺取比赛的胜利起着极其重要的作用。

1. 单人拦网

两脚平行站立,大约与同肩宽,身体正对球网,距离球网 30～40 厘米,膝关节微屈,两手臂自然弯曲放在胸前,以便随时准备起跳或移动。比赛中拦网队员需要及时移动,以便对准对方进攻点。常用并步、滑步、交叉步、跑步移动。拦网起跳时,降低重心,膝关节弯曲,弯曲程度可

以因人而异,两脚用力蹬地,用两臂在体侧划小弧用力上摆的力量,来带动身体向上垂直起跳,起跳后利用收腹的力量来控制身体平衡。要掌握好拦网起跳的时间,可以通过对方二传球的高低、远近、快慢以及扣球队员的起跳时间和动作特点来决定。拦高球时,一般在扣球队员跳起之后起跳;拦快球时,可以和扣球队员同时起跳或提前起跳。起跳的同时,两手臂要与球网平行,努力向网上沿的前上方伸出,两手臂伸直,前臂要与网接近,两手伸向对方上空接近球,两手自然张开,屈指屈腕呈勺型。为了防止球从两手间漏过,所以两手之间距离不能超过一个球。当手触球时,两手要突然紧张,要用手腕的力量用力下压盖住球的上方。站在靠近边线的拦网队员,为了防止对方打手出界,拦网时外侧手掌心要内转。拦远网扣球时,手臂要尽量向上伸直,手腕不能下压,以提高拦击点。如果球已经被拦回,则要面向对方,屈膝缓冲,双脚落地。如果球没有被拦到,身体下落时要向着球飞出的方向转身准备救球。

2.双人拦网

双人拦网时应以一人为主拦队员,另一人为配合队员。但主拦队员不是固定的,一般情况下距对方扣球点近的队员应为主拦队员。主拦队员必须抢先移动到对正扣球点的位置,做好起跳准备,配合队员则迅速移动靠近主拦队员准备同时起跳。两队员之间的距离一定要合适。距离太远,跳起后将出现"空门";距离太近,起跳时互相干扰,致使双方都跳不高。双人拦网起跳时,两人的手臂应该在体前划小弧向上摆伸,都要尽量垂直向上起跳,要防止互相碰撞或干扰。手臂在空中既不能重叠,造成拦击面缩小,又不能间隔太宽,造成中间漏球。扣球靠近边线时,靠边线近的拦网队员外侧的手应适当内转,以防打手出界。

3.三人拦网

三人拦网多在对方进行高点强攻的情况下运用。三人拦网时不论对方从哪个位置进攻,都应以本方中间位队员为主拦者,两侧队员主动配合,集体起跳拦网。

二、排球运动基本战术

(一)接发球站位

五人接发球站位:除担任二传任务的队员站在网前或插上位置不参加接发球外,其余队员均按指定位置站立(图 T-1-3-15)。

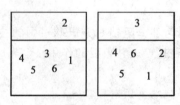

图 T-1-3-15

四人接发球站位:除了一个二传和一个攻手不参加接发球外,其余队员均按指定位置站立

（图 T-1-3-16）。

图 T-1-3-16

（二）阵容配备

1.“三三”配备

安排三个进攻队员和三个二传队员，站位时，一个进攻队员隔一个二传队员。在任何轮次上前后排都保持1～2名二传队员和进攻队员，便于采用“中、边一二”进攻战术，同时也便于传、扣队员相互间的默契配合。

2.“四二”配备

安排四个进攻队员和两个二传队员的配备方法，适合有一定训练水平的排球队使用。四名进攻队员又分成两个主攻和两个副攻队员，他们和两个二传手分别站在对角位置上。场上二传、主攻和副攻队员的站位方法有两种，视采用何种攻防战术而定。

3.“五一”配备

即安排五个进攻队员和一个二传队员，这是当前优秀排球队普遍采用的阵容配备方法。

（三）进攻战术

（1）“中一二”进攻战术：场上3号位的队员作二传，2、4号位队员进攻。其优点是组织简单，比较安全。缺点是不便于进行各种变化。比赛中若二传队员不在3号位时，就要“换位”。

（2）“边一二”进攻战术：二传队员在2号位组织进攻，3、4号位队员进攻配合。其优点是便于组织各种快速配合。缺点是对一传的要求比较高。

（3）插上进攻战术：后排队员在对方发球出手之后插到前排指定区域作二传的配合。其优点是可以保证前排三点进攻。缺点是对一传要求更高。

（四）防守战术

1.“双人拦网心跟进”防守

前排保持双人拦网，不拦网的前排队员后撤至3米线附近防守，后排6号位人员在拦网队员身后跟进至3米线附近进行保护，1、5号位队员在后场防守，每个队员负责一定的区域（图T-1-3-17）。其优点是位置固定，任务清楚，对接吊球和拦网弹起的球较为有利。缺点是后排空隙较大,后场中央及两侧容易出现空当。

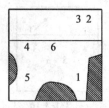

图 T-1-3-17

2.“双人拦网边跟进”防守

前排不参与拦网的队员后撤,协同后排 3 人组织防守。如遇对方吊球,由后排两侧 1、5 号位的队员跟进防守,6 号位队员向跟进队员原防区移动补位。

第三节 排球运动规则

一、比赛方法

排球比赛是两队在有球网分开的场地上进行的比赛,每队 6 人。比赛由后排右边的队员发球开始,直至球落地、出界、某一队员犯规(违例)。

在比赛中,每队可击球 3 次(拦网时除外)将球击回对方场区,一个队员不得连续击球两次。

排球比赛一盘为五局三胜制、三局二胜制,一个队赢得 25 分,同时超过对方 2 分时胜一局。

二、发球犯规

正确发球:

发球队员击球前在本方端线后,也可以有助跑或跳起,一手将球抛起,另一只手(张开或握拳)或手臂的任何部位将球击出。

发球犯规:

(1)击球时脚踏及端线或踏出两边线延长线。

(2)未将球抛起或未使球清晰离手即击球。

(3)双手击球或用单手将球抛出、推出,以及用臂以外的身体部位击球。

(4)发球队员未能在裁判员鸣哨后八秒钟内将球发出。

(5)发球队进行个人或集体发球掩护。

(6)发球队的队员站在场外或踏出场区界线。

(7)发球次序错误。

发球失误：

(1)发出的球触及任何物体或发球队的队员,球没有过网。

(2)发出的球触及标志杆,未从过网区域越过。

(3)发出的球触及本方队员或落在对方场外地面上。

三、持球、连击的判断

(1)持球。击球时没有将球清晰地击出或触球时有较长时间的停留(如捞捧、推掷、携带等),则判为持球犯规。判断持球的主要依据是接触球时有较长时间的停留。根据比赛队水平可适当放宽,但前后尺度需一致,双方一样。

(2)连击。一名队员连续击球两次或球连续触及他的身体不同部位,则造成连击犯规(拦网除外)。但在第一次击球时,除上手传球外,允许身体不同部位在同一击球动作中连续触球。

四、网上球的判断

(1)过网击球。在对方场区空间内击球为过网击球犯规。判断过网击球犯规的依据是击球点是否在对方场区间。如击球点在本场区上空,击球后随球过网是允许的。

(2)触球出界。指球触及拦网队员的手后出界。

(3)触网。比赛进行中,队员触及9.50米以内的球网或标志杆,则判为触网犯规。如果扣球队员将球击在网上,由于球的压力使球网触及对方队员,不应判对方队员触网犯规。双方队员同时触网,应判对方触网犯规。

(4)过网拦网。对方完成进攻性击球以后,过网拦网是允许的。但是在对方击球前和击球时不允许过网拦网。

五、暂停与换人

只有在比赛成"死球"时,经教练员或场上队长请求,裁判员才允许暂停或换人。每局中,每队可以暂停两次,每次暂停的时间为30秒钟。暂停时间从裁判员鸣哨开始计算。

每一局可以替换六人次(一名队员下场另一名队员上场为一人次)。

每局开始上场的队员,只能退出比赛一次。在同一局中,他再次上场比赛时,只能回到该局中替换他的人的位置。自由防守球员不受限制。

六、其他

(1)过中线犯规的判断。比赛进行中,队员整个脚或身体的任何部分越过中线触及对方场区时为过中线犯规。但队员的一只脚或双脚越过中线触及对方场区的同时,脚的一部分还接

触中线或置于中线的上空是允许的。

（2）界内球。球落在场区以内（包括场地界线）的任何地面上，以球的整体垂直投影线为准。沾边算界内球。

（3）界外球。球的整体垂直投影未落场地内。另外，球触及标志杆，从标志杆延长线高度上空，以及从标志杆外过网，应判为界外球。

第四章　乒乓球运动

第一节　乒乓球运动常识

　　乒乓球运动是由网球运动派生而来,乒乓球的英文名称是"table tennis",意即"桌上网球"。据记载,大约在 19 世纪后半叶,由于受到网球运动的启示,在一些英国大学生中,流行着一种极类似现在乒乓球的室内游戏。后来,一位名叫詹姆斯·吉布的英格兰人到美国旅行时,偶然发现了一种用赛璐珞制成的空心玩具球,弹性很强。于是,他就将这种球稍加改进后,代替了软木球和橡胶球,逐步在英国和世界各地推广起来。由于拍击球和球碰桌面时发出的是"乒""乓"的声音,所以"乒乓"的名字也就由此产生了。最初乒乓球是一种宫廷游戏,欧洲贵族间的一种娱乐活动,后来逐渐流入民间。乒乓球到 20 世纪初逐渐成为一项有规则规定的体育竞赛运动。1926 年 12 月,国际乒联在英国伦敦正式成立,并举行了第 1 届世界乒乓球锦标赛。比赛期间,召开了国际乒联第一次全体代表大会。大会规定,每年举行 1 届世乒赛。从 1957 年开始,世乒赛改为每两年举行 1 届。自 2003 年第 47 届世乒赛起,单项比赛于奇数年举行,团体赛在偶数年举行。

　　乒乓球运动传入我国还要追溯到晚清时期,当时上海一家文体用品商店的老板从日本购入了一台乒乓球桌,由此,乒乓球运动传入我国。1952 年,我国加入国际乒联。1953 年参加了第 20 届世乒赛。1959 年,在第 25 届世乒赛上,容国团第一次夺得世界锦标赛男子单打冠军。1961 年,我国主办了第 26 届世界乒乓球锦标赛,在这届比赛中,我国运动员夺得男子团体和男、女单打 3 项冠军。从此,我国乒乓球运动水平走到了世界前列。特别是在第 36 届世乒赛上,我国运动员夺得全部 7 项金牌,创造了世界乒乓球史上的奇迹。此后,中国乒乓球队始终站在世界乒坛的最高峰,在北京奥运会上马琳和张怡宁分获男女单打金牌。中国选手张继科获得 2011 年世界杯单打冠军,中国男队又在 2012 年和 2014 年继续蝉联世界乒乓球团体锦标赛冠军。近两年,女子乒乓球也获得了非常好的成绩,保持着世界顶尖水平。在 2012 年伦敦奥运会上,中国队包揽了全部四项(男团、女团、男单、女单)比赛金牌,由此标志着中国队称霸世界乒坛的势头依旧延续。在此后的 2013 年巴黎世乒赛单项赛上,中国选手再度囊括男单、女单和女双的冠军。在 2014 年 5 月结束的东京世乒赛团体赛中,中国男女队再度无悬念夺冠。2015 年苏州世乒赛,中国队囊括全部五个单项的冠军,其中值得一提的是,在混双比赛中我国选手许昕和韩国选手梁夏银的跨国组合夺冠,这是我国谋求乒乓球运动世界共同发展的一次新尝试。2016 年的马来西亚世乒赛团体赛,中国男女团分别在决赛中战胜日本队双双夺冠。2016 年的里约奥运会上,中国乒乓球队包揽了 4 枚金牌,单打项目各 2 人参赛均包揽金

银牌。2017年世界乒乓球锦标赛五项比赛中国队收获金牌四枚,女单丁宁夺冠,男单马龙夺冠。2018年的乒乓球世界杯上,樊振东夺得男单冠军,丁宁夺得女子冠军,中国男队、女队在团体决赛中双双夺冠。2019年在布达佩斯举行的第55届世乒赛上,中国军团获得全部五项冠军。

第二节　乒乓球运动技能

一、乒乓球运动基本技术

(一)握拍法

1.直拍握拍法

(1)直拍快攻式握拍法。如图 T-1-4-1 所示,以食指第二指节和拇指第一指节扣拍,拇指与食指间距离适中;其他三指自然弯曲,中指第一指节贴于拍的背面。

(2)直拍弧圈球式握拍法。如图 T-1-4-2 所示,拇指紧贴在拍柄的左侧,食指扣住拍柄,形成一个小环状紧握拍柄。其他三指自然伸直,中指第一指节顶住球拍的背面中间。

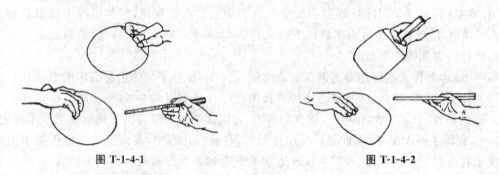

图 T-1-4-1　　　　　　　　　　　　　　图 T-1-4-2

(3)直拍削球式握拍法。如图 T-1-4-3 所示,大拇指弯曲紧贴在拍柄的左侧,并用力压拍。其他 4 指自然分开,托住拍的后面。正手削球时,前臂旋后使球拍后仰,反手削球时,拍后 4 指灵活地把球拍抖起,使拍柄向下。

2.横拍握拍法

横拍握拍法在正反手位能用球拍的两面进行回击对方来球,其优点是拍柄延伸距离要长,正、反手的防守横截面较大;容易在发力进攻与防守时衔接紧密。其主要缺点是攻直线球时动作要明显,很容易被识破;另外,挥拍时的摆速要慢,处理台内短球的难度较大。如图 T-1-4-4 所示,虎口贴住拍肩,中指、无名指和小指自然地握住拍柄,拇指在球拍的正面轻贴于中指旁边,食指自然伸直斜贴在球拍的背面。

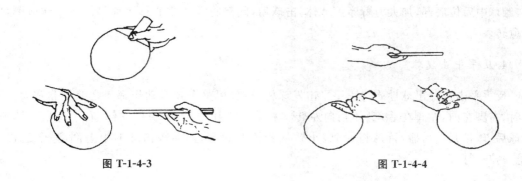

图 T-1-4-3   图 T-1-4-4

（二）发球

1. 正手平击发球

正手平击发球是初学者最基本的发球方法。其速度应一般，略带上旋。动作是站位近台中间偏左处，抛球同时向右侧上方引拍，上臂带动前臂向前平行挥动，拍形稍前倾，在球的下降期击球的中上部向前方发力，使球的第一落点在球台的中段附近。

2. 正手发右侧上旋急长球

正手发右侧上旋急长球球速快、落点长、角度大、冲力强。球的飞行弧线低且向左偏斜，具有较强的右侧上旋。如图 T-1-4-5 所示，左脚稍前，身体略微向右转，当球向上抛起的同时，持拍手随即向右后上方引拍，拍形前倾，腰向右转。当球下降至网高时，以肘关节为轴，上臂带动前臂由右后方向左前方挥动，触球瞬间运用手腕的弹击力量，再变化拍面发斜、直两线，提高隐蔽性，这时重心由右脚向左脚移动。

图 T-1-4-5

3. 正手发下旋加转球与不转球

正手发下旋加转球与不转球球速较慢，前冲力小，主要用相似的发球动作制造旋转变化去迷惑对手。左脚在前，右肩侧对球台，持球向上抛球，同时，持拍手臂将拍引至后上方略比肩高，肘部后移，带动手腕旋内，球拍呈横向拍面垂直，身体重心后移。当球回落时，肘关节加速运动，前臂带动手腕猛然加力旋外，在胸腹前偏右一臂距离处，拍形后仰用球拍下部靠左的部

位,触球中后位底部,加大力臂摩擦球体,击球后,随势将身体重心移至前脚。"切"球愈薄,发球愈转。

4.反手平击发球

反手平击发球出球性质与正手平击发球相类似,但整个技术动作都与之差异非常大。发球时,右脚在前,左脚在后,身体稍向左转。左手掌心托球,置于身体左侧,右手持拍于体前。抛球后,球拍开始后撤,待球将回时,小臂从身体左后方,向前挥击球的中上部,整个过程是"抛—拉—打"。

5.反手发急球

比赛中为能很好牵制对方,偶尔使用一个反手急球。可反手发急球再突变为正手,作为主要战术的配合。左手把球向上抛起,同时右臂外旋,让拍面稍前倾,上臂自然靠近身体左侧,向左后方引拍。球从高点下降至低于网高时,击球左侧中上部,触球的瞬间前臂要加速向右前上方横摆,手腕控制球拍应加力摩擦球,腰部配合向右转动。

(三)接发球

1.站位与判断

(1)选择站位。

根据对方的站位情况选择自己的正确站位,应充分考虑到这种站位是否能有效顾及对方来球的任何一落点。一般来讲,如果对方站在球台左半台,本方也应站在球台的左半台;若对方站在球台的右半台,本方也应相应调整至球台的中间偏右位置。为了有利于照顾球台的各个部位,有利于前后移动接长短球,站位离球台30~40厘米为宜。

(2)判断来球性能。

①方向的判断。主要依据对方发球时的挥拍击球方向和挥臂方向两个因素来进行判断。对方所发来球通常是分为斜线球和直线球。发斜线球时拍面要向侧方向偏斜,手臂应向斜前方挥出;发直线球时,拍面与手臂向前挥出。

②旋转的判断。在判断旋转性质时,可以从以下几个方面进行考虑:

板形:一般情况下,发上旋球时,板形比较竖,发下旋球时比较平、斜。

出手:发上旋球和不转球一般出手比较快;下旋球的出手相对要慢一些。

动作轨迹:发上旋和不转球时,球与球拍接触的一瞬间,手腕摆动的幅度一般不是很大,并时常与假动作配合;在发侧下旋和下旋球时,手腕摆动相对大一点,动作也比较固定。

弧线:上旋球和不转球的运行一般较快,发短球时容易出台,弧线低平;下旋球运行比较平稳,弧线略高,短球不容易出台。

2.接发球方法

接下旋球:用搓球的方法回接。

接下旋长球:用搓球、削球、提拉球回接,搓或削时多向前用力。

接上旋转：正反手攻球或推挡回接，拍面适当前倾，击球的中上部，调节好向前的力量。

接近网短球：用快搓、快点或台内突击回接，主要靠手腕和前臂的力量。

接转与不转球：在判断不准的情况下可轻轻地托一板或撇一板，但要注意弧线和落点。

接左（右）侧下旋球：一般采用搓、削回击较为稳健。回接时拍面角度要稍后仰，稍向上用力。拍面所朝方向（来球方向）向左（右）偏斜以抵消来球的左（右）侧旋。如用推、攻网接，除注意拍面角度和所朝方向（来球方向）外，还要加大向上摩擦球的力量。

接左（右）侧上旋球：一般采用推、攻回击为宜。回接时拍面角度稍前倾，加大向前下方的用力。当来球带左侧旋时，可让拍面朝左（来球方向）偏斜，以抵消来球旋转；当来球带右侧旋时，可让拍面朝右偏斜，以抵消来球旋转。

接高抛发球：如球着台后拐弯的程度大，应向拐弯方向提前引拍。

接急球：接带有上旋的左方急球，一般用反手推挡或反手快拨还击。也可采用侧身回接。接带有上旋的右方急球，可用正手快带、快攻借力回接。

接不同性能球拍的发球：长胶、生胶、防弧胶的发球基本属不转球，用相应的方法回接。

（四）挡球和推挡球

1. 挡球

挡球球速慢，力量较轻，动作简单，易掌握。对方攻击时，挡球还可以作为防御的一种手段。两脚要平行或左脚稍前，身体离球台大约 50 厘米。击球之前，前臂与台面应平行伸向来球。拍触球时，前臂和手腕要稍向前移动，主要是借助对方来球的反弹力把球挡回。在上升期，击球的中部，拍形与台面接近垂直。击球之后，快速收回球拍，快速还原成击球前的准备姿势。

图 T-1-4-6

2. 加力推

加力推回球力量要重，球速快，击球点较高；要充分发挥手臂前推力量，压制对方攻势，这样利于争取主动。如图 T-1-4-7 所示，站位在球台中间或偏左，身体离台约 50 厘米。两脚平站或右脚稍前，两膝微屈，收腹含胸，身体向前或略向左转；右上臂和肘关节靠近身体右侧，前臂外旋并向上提起，引拍至身前或偏左，与球网同高或略高，拍面稍前倾。来球飞越球网时，上臂、前臂和手腕向前，挥拍迎球，同时，腰、髋向左转动，在来球的上升后期或高点期，以前倾的拍形推击球的中上部。球拍击球瞬间，上臂、前臂和手腕向前上方发力推压，腰、髋亦协助用力。击球后，手和臂顺势向前下方挥动，并迅速还原成准备姿势。

图 T-1-4-7

3.减力挡

减力挡回球弧线低、落点低、力量轻。回接对方的大力扣杀或加力推挡时能减弱回球的力量。动作站位与挡球要相同。击球前身体重心略升高,稍屈前臂,球拍保持合适的前倾角度;触球瞬间,有意识地做手臂和手腕后收的动作;削弱来球反弹力的同时,借来球的力量将球挡过去,回球速度快。

4.快推

快推要借力还击,回球速度要快,力量较轻。在发挥出速度上的优势时能起到助攻作用。站位在球台中间或偏左,身体离台约40厘米。两脚平站或右脚略后,两膝微屈,收腹含胸,身体向前或略向左转。右上臂和肘关节靠近身体右侧。手自然弯曲,引拍至身前或偏左,同时前臂外旋,使拍面稍前倾。来球从台面弹起后,前臂和手腕向前,挥拍迎球,在来球的上升期,以稍前倾的拍形推击球的中上部。球拍击球瞬间,前臂和手腕自然向前或向前兼略向上发力,并主要借用来球的反弹之力将球快速击回。击球后,手和臂顺势向前挥动,并迅速还原成准备姿势。动作过程中,身体重心要放在双脚上。

(五)攻球

1.正手快攻

正手快攻站位较近、动作小、球速快,借球反弹力进行还击,能缩短对方的准备回击时间,争取主动,为进攻创造有利条件,也可直接得分。如图 T-1-4-8 所示,站位在球台中间或偏左,身体离台约50厘米。左脚稍前,身体重心放在右脚上,两膝微屈,收腹含胸,身体稍向右转;右臂自然弯曲,前臂后引,将拍引至身体右侧,略偏后,同时前臂内旋,使拍面稍前倾。来球从台面弹起后,在上臂带动下以前臂和手腕为主向左前方或左前上方挥拍迎球,同时,腰、髋带动上体向左转动,在来球的上升期,以前倾拍形迎击球的中上部。球拍击球瞬间,以前臂和手腕为主向左前方或左前上方发力击球,腰部亦协助用力。击球后,手和臂顺势向左前方或左前上方挥动,并迅速还原成准备姿势。动作过程中,身体重心从左脚移到右脚上。

2.反手快攻

反手快攻站位近,动作小,球速快,借来球的反弹力进行还击。反手攻打上旋球时,右脚稍前,同时身体左转,右肩前顶略下沉,肘关节靠近身体,上臂与前臂夹角约为130°。向左侧方引拍,使拍略高于来球,以上臂带动前臂由左后方向右前方挥动,手腕配合外旋,在来球的上升后期或高点期击球的中部或中上部。反手攻打下旋球时,拍形垂直或略后仰,以肘关节为轴,以前臂发力为主在来球的下降前期击球的中部或中下部。球拍多摩擦球,制造一定的上旋。

图 T-1-4-8

3. 正手扣杀

正手扣杀动作大、力量重、球速快,攻击性强;在还击半高球时,就可以充分发挥击球的力量。如图 T-1-4-9 所示,站位在球台中间或偏左,多半在近台位置;左脚稍前,两脚距离比其他攻球稍宽,身体重心放在右脚上,两膝微屈,收腹含胸,腰、髋及上体稍向右转;右臂自然弯曲,前臂后引,将拍引至身体右侧偏后,同时前臂内旋,使拍稍前倾。来球从台面弹起后,腰、髋带动身体及上臂向左转动,与此同时,上臂积极发力带动前臂和手腕向左前方挥拍迎球,在来球的高点期,以前倾拍形猛击球的中上部。球拍击球瞬间,以上臂和前臂为主向左前方发力击球,腰、髋亦积极协助用力。击球后,手和臂顺势向左前方挥动,并迅速还原成准备姿势。动作过程中,身体重心从左脚移到右脚上。若来球下旋,则拍形不要过分前倾,应击球的中部,并适当增加向上的力量。

图 T-1-4-9

4. 反手扣杀

反手扣杀动作幅度大、力量重、球速快、攻击性强,是还击半高球的一种有效的手段。扣杀时,直握拍选手的上臂应靠近身体,右脚稍前同时前臂做旋外动作,拍形稍垂直。拍触球瞬间身体重心上提,食指压拍,拇指放松使拍形稍前倾,在来球的高点期击球的左侧中上部,前臂快速向右前方发力。

5. 正手拉攻

正手拉攻站位要稍远,动作较慢,由下向上挥击,球速不是很快,应靠主动发力击球。这是还击下旋球的有效方法,攻削球时能为扣杀创造有利条件。如图 T-1-4-10 所示,站位在球台中间或偏左,身体离球台 50～60 厘米。左脚稍前,身体重心放在右脚上,两膝微屈,收腹含胸,身体稍向右转;右臂自然弯曲,前臂后引并下沉,将拍引至身体右后下方,同时前臂外旋,使拍面稍后仰。待来球弹起到高点时期,在上臂带动下,以前臂为主向左上前方挥拍迎球,在来球的下降期,后仰拍形迎击球的中下部。球拍击球瞬间,以前臂为主向左前上方发力摩擦击球,使球上旋。

图 T-1-4-10

(六)弧圈球

1. 前冲弧圈球

前冲弧圈球出手快,球速快,弧线低,上旋强,着台后前冲力大。这是一种把力量和旋转结合得较好的进攻性技术。

(1)正手拉前冲弧圈球。

如图 T-1-4-11 所示,基本姿势同拉加转弧圈球,但身体重心稍提高。引拍时球拍与球同高或稍低于来球,上臂带动前臂向右腰部侧后展开,拍形前倾于高点期或上升后期,摩擦球的中上部,由右向左转腰带动上臂、前臂、手腕,由后向左前方发力,配合略向上摩擦,重心前移至左脚。

图 T-1-4-11

(2)反手拉前冲弧圈球。

两脚分开,右脚略前,重心置于左脚,上体略左转,手臂自然弯曲,肘关节略近身,手腕内收,引拍时前臂外旋拉向左后方,拍形前倾。球弹起于高点期或上升后期,触球中上部,腰髋由左向右前上方转动,上臂带动前臂,以前臂为主加速向前略向上摩擦,拍撞球后,手腕向前加力摩擦,重心由左脚转至右脚。

2.加转弧圈球

加转弧圈球飞行弧线较高,球速较慢,上旋力非常强;球着台后下滑速度较快,击出的球第一弧线较高,第二弧线较低,是对付下旋球的非常有效的技术。

(1)正手拉加转弧圈球。

如图 T-1-4-12 所示,两脚分开,两膝内收微屈,重心置前脚内侧,左脚在前,略提脚后跟,身体略右转,手腕外展,向后拉。引拍至右后方,当来球跳至高点期或下降前期时,触球中上部或中部,腰髋带动上臂、前臂由后向前挥动,击球瞬间立即向前上方发力,右脚掌内侧用力蹬地,稍伸膝,前臂要迅速旋内收缩,协同摩擦,重心由右脚转向左脚。

图 T-1-4-12

(2)反手拉加转弧圈球。

站于球台偏左部位,距台约 60 厘米。两脚基本平站,身体重心落双脚,双膝微屈,腹内收,腰、上身略向左转,前臂置腹前自然弯曲。引拍至腹部左侧下方,肘关节略向前,屈手腕,拍下垂,拍形稍前倾,重心在左脚,于球下降前期触球中上部,触球瞬间脚用力蹬地,伸膝、转腹,腰髋带动上、前臂向前上方发力,拍撞球后摩擦,重心略上提前移并转至右脚。

(七)搓球

1.快搓

快搓回球速度快、弧线低,且有一定的下旋力。

正手快搓,右脚稍前移,身体靠近球台。来球在身体左侧时,可运用反手搓球。击球时,上臂迅速前伸,前臂跟随向前,拍形稍后仰,利用上臂前送力量,在球上升期击球中下部。

在用正手搓身体右侧球时,身体稍向右转,手臂向前右上引拍,然后前臂和手腕向前下方用力,在上升期击球中下部。角度来抵消球的右侧旋力。还可以用侧身攻球、反手攻球或削球来回接右侧上旋球。但注意拍面应稍向右偏斜,其他动作要领与接左侧上旋球相同。

当对方发来右侧下旋球时,可用搓球或削球接。接球时,拍面应略向右偏斜,其他动作要领与接左侧下旋球相同。正手位回接右侧下旋球时,可用抽球回接,最好是用拉抽的方法。接球时,拍面略向右偏斜并适当加大提拉的力量,这样才易提高准确性。

2.慢搓

正手慢搓,如图 T-1-4-13 所示,左脚稍前、身体稍向右转。击球前手臂向右上方引拍。然后前臂带动手腕向左前下方用力搓球,在球的下降后期击球的中下部。直拍选手反手搓要以食指和中指用力为主,拇指应配合发力。横拍要将拇指和食指的协调发力充分结合起来。

图 T-1-4-13

反手慢搓,右脚稍前,身体离台约 50 厘米,持拍手臂向左上引拍,击球时前臂和手腕向前下方用力。同时配合内旋转腕动作,拍形后仰,在球下降期后段击球的中下部。击球后前臂顺势前送。横拍搓球,拍形略竖一些,击球后前臂向右下方挥拍。

(八)削球

1.近削

近削站位较近、动作较小、击球点高、回球速度要快、配合落点变化可调动对方,伺机反攻或直接得分。主要在对手拉球旋转不强或攻球力量不大的情况下使用。

(1)正手近削。与远削相同处就不再复述。与远削动作不同之处是要以向上引拍为主,拍形近似垂直或稍稍后仰,整个动作以向下为主,略带向前向左,在来球的上升后期或高点期触球的中下部(比远削偏中部),其动作速度比远削要快。

(2)反手近削。与正手近削基本相同,但是方向相反。引拍动作应适当加快,否则有来不及的感觉。

2.远削

远削动作较大、球速较慢、弧线长、击球点脚低,以旋转变化为主,配合落点变化。一般是用于在远台回接旋转强烈的弧圈球,是削球运动员最基本的入门技术。

(1)正手远削。站位离台 1 米以外,左脚稍前,两膝微屈,身体略向右转,重心下降移至右脚。前臂向右后上方引拍(约与肩高),拍形后仰,在来球的下降后期击球的中下部。上臂带动前臂向左前下方挥动,身体重心移至左脚,随势挥拍前送的动作稍大,然后迅速还原。

(2)反手远削。与正手远削基本相同,但是方向相反。

二、乒乓球运动基本战术

(一)发球抢攻战术

发球抢攻战术是一种先发制人的战术,特别是以攻为主的选手,常以此作为一种重要的得

分手段。常用的发球抢攻战术有:

(1)反手发右侧上、下旋球后抢攻。

(2)反手发急上、下旋球后抢攻。

(3)正手或侧身发转与不转球后抢攻。

(4)正手发右侧上旋球后抢攻。

(5)下蹲式正、反手发左、右侧上、下旋球后抢攻。

(二)对攻战术

对攻战术是对攻型打法互相对垒时常用的一项重要战术。常用的对攻战术有:

(1)紧压反手,结合变线,伺机抢攻。

(2)调右压左,伺机抢攻。

(3)连续压中路及正手,伺机抢攻。

(4)轻重力量变化,伺机抢攻。

(5)近台打(拉)回头和远台对攻。

(三)拉攻战术

拉攻战术是以攻为主打法对付削球类打法的主要战术。其主要战术有:

(1)以拉反手为主,侧身突击斜线后,进行扣杀或加力拉冲。

(2)拉两角,突击(或拉冲)中路或直线后,扣杀或拉冲两角。

(3)拉中路,突击(或拉冲)两角,再扣杀或拉冲空挡。

(4)拉正手伺机突击(或拉冲)后,连续扣杀或拉冲。

(5)长拉短吊,伺机突击或拉冲。

(四)搓攻战术

搓攻战术是进攻型选手的一项辅助战术,而削球类选手则以此作为进行反攻的一项重要手段。其主要战术有:

(1)以快搓短球为主,伺机进攻。

(2)搓转与不转球至不同落点;伺机进攻。

(3)以稳搓防守为主,伺机进攻。

(五)削中反攻战术

削中反攻战术是削球类打法赖以得分的主要战术。其主要战术有:

(1)以削加转球至对方左角为主,配合削不转球至对方右角后进行反攻。

(2)连削对方正手,突变反手,迫使对方用搓回接,伺机用反手或正手反攻。

(3)连续削加转球至不同落点,伺机削不转球后进行反攻。

(4)中近台逼角反攻。

(六)接发球战术

接发球战术是与发球抢攻战术相抗衡的一项战术,其目的在于破坏对方发球抢攻战术的运用,争取形成相持或主动的局面。其主要战术有:

(1)用拉球、快拨或推拉回接,争取形成对攻的相持局面,这是比较主动的接发球方法。

(2)用快搓短球回接,使对方难以发力抢攻(拉),力争下一板抢先进攻,但切忌连续搓球,以免造成被动。

(3)用削球或搓球的旋转、落点变化来控制对方,以造成对方击球失误或形成相持局面,这是削球手常用的接发球方法。

(4)接发球抢攻,这是比较积极、凶狠的回接方法。

第三节　乒乓球运动规则

一、基本定义

(1)握在手中的球拍或持拍手手腕以下部分触球叫做"击球"。

(2)对方击球后,球尚未触及本方台区,本方运动员即行击球叫做"拦击"。

(3)对方击球后,处于比赛状态的球尚未触及本方台区也未越过台面或其端线,即触及本方运动员或其穿带的任何物品,叫做"阻挡"。

二、合法发球

(1)发球时,球应放在不持拍手的掌上,手掌张开和伸平,球应是静止的,在发球中的端线之后和比赛台面的水平面之上。

(2)发球员须用手把球几乎垂直地向上抛起,不得使球旋转,并使球在离开不持拍手的手掌之后上升不少于16厘米。

(3)当球从抛起的最高点降落时,发球员方可击球,使球首先触及本方台区,然后越过或绕过球网装置,再触及接发球员的台区。在双打中,球应先后触及发球员和接发球员的右半区。

(4)从抛球前静止的最后一瞬间,到击球时,球和球拍应在比赛台面的水平之上。

(5)运动员发球时,有责任让裁判员或副裁判员看清他是否按照合法发球的规定发球。

(6)无论是否第一次或任何时候,只要发球员明显没有按照合法发球的规定发球,他将被判失一分,无需警告。

(7)在运动员发球时,没有击中处于比赛状态的球即失一分。

三、判一分

回合中出现重发球以外的下列情况,应判失一分。

(1)未能合法发球。

(2)未能合法还击。

(3)拦击或阻挡。

(4)连续两次击球。

(5)用不符合所规定的拍面击球。

(6)运动员或其穿带的任何物品移动了比赛台面。

(7)不持拍手触及比赛台面。

(8)运动员或其穿带的任何物品触及球网装置。

(9)在双打中,除发球和接发球外,运动员未能按正确的次序击球。

(10)实行轮换发球法时,发球方发出和还击的球,被接发球方连续十三次合法还击。

四、胜一局、胜一场

一局比赛:在一局比赛中,先得 11 分的一方为胜方。10 平后,先多得 2 分的一方为胜方。

一场比赛:一场比赛由奇数局组成。所有比赛均采用 7 局 4 胜制。

五、发球、接发球和方位的次序

选择发球、接发球和方位的权力应由抽签来决定。中签者可以选择先发球或先接发球,或选择先在某一方位。当一方运动员选择了先发球或先接发球,或选择了先在某一方位后,另一方运动员必须有另一个选择。

在获得每 2 分之后,接发球方即成为发球方,依此类推,直至该局比赛结束,或者直至双方比分都达到 10 分或实行轮换发球法,这时,发球和接发球次序仍然不变,但每人只轮发一分球。

在双打的第一局比赛中,先发球方确定第一发球员,再由先接发球方确定第一接发球员。在以后的各局比赛中,第一发球员确定后,第一接发球员应是前一局发球给他的运动员。

在双打中,每次换发球时,前面的接发球员应成为发球员,前面的发球员的同伴应成为接发球员。

一局中首先发球的一方,在该场下一局应首先接发球。在双打决胜局中,当一方先得 5 分时,接发球方应交换接发球次序。一局中,在某一方位比赛的一方,在该场下一局应换到另一方位。在决胜局中,一方先得 5 分时,双方应交换方位。

六、间歇

除了一方运动员提出要求外,单项比赛应连续进行。

在单项比赛的局与局之间,有不超过 1 分钟的休息时间。在单项比赛的每局比赛中,每得 6 分后,或决胜局交换方位时,可用短暂的时间擦汗。一名或一对双打运动员可在一场单项比赛中要求一次暂停,时间不超过 1 分钟。在单项比赛中,暂停应由运动员或指定的场外指导者

提出;在团体比赛中,应由运动员或队长提出。

如果一名运动员或一对运动员与其指导者或教练员对是否暂停有不同意见时,在单项比赛中决定权属于这名或这对运动员,在团体比赛中决定权属于指导者或教练员。

请求暂停只有在球未处于比赛状态时做出,应用双手做出"T"型表示。在得到某方合理的暂停请求后,裁判员应暂停比赛并出示白牌,然后将白牌放在提出要求暂停一方运动员的台区上。当提出暂停的一方运动员准备继续比赛(以时间短的计算)或1分钟暂停时间已到时,白牌应被拿走并且立即恢复比赛。如果比赛双方运动员或是他们的代表同时提出要求暂停,应在双方运动员准备恢复比赛或暂停时间满一分钟时继续比赛。在这场单项比赛中,双方运动员都不再有暂停的权利。

如果赛区内有人受伤流血,应立即中断比赛,直到他接受了医疗救护并将赛区内所有血迹擦干净后再恢复比赛。除非裁判长允许,运动员在单项比赛中应留在赛区内或赛区附近,在局间法定休息和暂停间歇时间内,运动员应在裁判员的监督下,留在赛区周围3米以内的地方。

第五章　羽毛球运动

第一节　羽毛球运动常识

现代羽毛球运动诞生于英国。19 世纪 60 年代,一批退役的英国军官把这种浦那游戏带回英国,并不断改进、研制出羽毛、软木做成的球和穿弦的球拍,逐步使它演变成一项竞技运动。1877 年英国制定第一本羽毛球比赛规则,其中一些内容在今天的羽毛球规则中仍保留使用。1893 年,英国成立了世界上最早的羽毛球协会。1899 年,该协会举办了第 1 届全英羽毛球锦标赛。现代羽毛球运动自在英国诞生以后,很快流行开来,并迅速从不列颠诸岛流传到英联邦各国和斯堪的纳维亚半岛,随后又流传到美洲、亚洲、大洋洲各地,最后传到非洲,至今已成为全世界盛行的体育项目。随着世界上开展这项运动的国家越来越多,1934 年,英国、法国、加拿大、丹麦、新西兰、荷兰、爱尔兰、苏格兰、威尔士等国家和地区联合成立了国际羽毛球联合会,总部设在伦敦。1939 年国际羽毛球联合会通过了各会员国共同遵守的《羽毛球竞赛规则》。目前,国际羽联管辖的世界性羽毛球比赛主要有:汤姆斯杯赛(世界羽毛球男子团体锦标赛),自 1948 年开始,每三年举办 1 届,1982 年后改为每两年举办 1 届;尤伯杯赛(世界羽毛球女子团体锦标赛),自 1956 年开始,每三年举办 1 届,1982 年后改为每两年举办 1 届;苏迪曼杯赛,自 1989 年开始,每两年举办 1 届;世界羽毛球单项锦标赛,自 1977 年开始,每三年举办 1 届,2005 年后每两年举办 1 届(奥运会年除外);世界杯赛,自 1981 年开始,每年举办 1 届;奥运会羽毛球比赛,从 1992 年第 25 届奥运会开始。

羽毛球运动大约是在 20 世纪初传入我国的,最早出现在上海的法国总会。新中国成立后,1956 年在天津举行了第 1 次全国羽毛球比赛。在第 1 届全国运动会上,羽毛球被列入正式比赛项目。第 1 届全国运动会后,汤仙虎、侯加昌、陈玉娘等一批优秀羽毛球青年选手相继回国,带来了当时国外先进的羽毛球技术和训练方法。我国的羽毛球教练员、运动员刻苦训练,认真钻研,敢于创新,在技术打法上提倡百花齐放,使我国的羽毛球运动水平向以快为主、以攻为主的方向上迈出了一大步,在竞技能力上出现了划时代的飞跃。欧洲报纸舆论评论中国羽毛球队为世界羽坛的"无冕之王"。20 世纪 80~90 年代,中国的羽毛球水平在羽毛球项目刚被列为奥运会正式比赛项目时跌落到低谷,中国运动员与世界大奖赛冠军极少有缘。20 世纪 90 年代后期,中国羽毛球队在采取了一系列相应措施后,在各种比赛中的挨打局面开始有了转机。中国女子羽毛球队夺回"尤伯"杯,在代表男女羽毛球整体实力的"苏迪曼"杯比赛中实现了 1995 年、1997 年、1999 年 3 连冠。2005 年 5 月,中国队第 5 次夺取"苏迪曼"杯。现在,加上 2004 年的"汤姆斯"杯和"尤伯"杯,中国羽毛球队成为第一个在一个赛季里独享三杯的球队。2004 年,中国羽毛球队在雅典奥运会获得了 3 金、1 银、1 铜的不俗成绩。2008 年北京奥运会上,蔡赟/傅海峰的银牌创造了历史。2012 年伦敦奥运会上,中国羽毛球队创造了包揽五金的奇迹。2016 年汤姆斯杯中,中国羽毛球男团遭遇"滑铁卢",无缘四强,相比之下,中国羽毛球女团表现出色,2016 年 5 月,中国队实现尤杯三连冠,历史上第 14 次夺取尤伯杯。2016 年里约奥运会上,谌龙夺得羽毛球男子单打冠军,傅海峰/张楠获男双冠军。从 2016 年以来的成绩来看,中国羽毛球队表现欠佳。中国羽毛球队当前正面临着青黄不接的发展困境,对后备人才的培养将是我国羽毛球运动未来发展的重点。

第二节　羽毛球运动技能

一、羽毛球运动基本技术

(一)握拍法

羽毛球基本的握拍法有两种,即正手握拍法和反手握拍法。

1.正手握拍法

握拍之前,先用左手拿住球拍,使拍面与地面垂直;再张开右手,使手掌下部靠在球拍的握柄底托部位,虎口对着球拍柄。小指、无名指、中指自然并拢,食指与中指稍稍分开,自然弯曲并贴在拍柄上(图 T-1-5-1)。

2.反手握拍法

在正手握拍的基础上,拇指和食指将拍柄稍向外转,拇指顶点在拍柄内侧的宽面上或内侧棱上,中指、无名指和小指并拢握拍,柄端靠近小指根部,使掌心留有空隙。球拍斜侧向身体左侧,拍面稍后仰(图 T-1-5-2)。

图 T-1-5-1　　　　　　　　　　　　　　　图 T-1-5-2

（二）基本步法

1.上网步法

由中心位置起动,根据来球的远近可采用一步、二步或三步上网击球;但最后一步总是要求右脚在前,重心落在右脚上。

2.后退步法

由中心位置后退,根据来球的远近,也采用一步、二步或三步后退击球。最后一步是右脚在后,重心在右脚上。反手击球时左脚退一步后,身体需向左转,右脚再向左跨出一步。

3.两侧移动步法

向右侧移动,若来球较近,用左脚掌内侧蹬地,右脚同时向右侧转跨一大步;若来球较远,左脚可向右垫一小步再起蹬,右脚同时向右侧转跨一大步。向左侧移动,右脚掌内侧起蹬,左脚同时向左侧跨一大步。若来球较远,左脚可先向左侧移半步,上体向左转身的同时右脚向左跨出一大步。

（三）发球

发球是羽毛球运动中的一项重要基本技术。发球是组织进攻的开始,高质量的发球会给接发球方造成困难,甚至致使对方接发球失误。发球可分为正手发球和反手发球两种。

1.正手发球

(1)正手发后场高远球

发球时,左手持球,自然弯曲置于胸前,右手持拍向右后上方摆起,身体重心前移,右脚跟提起,身体放松。左手放球使其下落,在右臂向前上方挥动的同时,右脚蹬地,腰腹向正前方转动。使下落的球与拍面在身体右侧前下方的交叉点碰触,球触拍面的中上部。击球瞬间,握紧球拍,闪动手腕,向前上方鞭打击球,在击球的同时,手臂随击球后的惯性自然往左肩上方挥起,身体重心也由右脚移至左脚。击球后,重心下沉,微屈双膝,随时准备回击对方的来球(图T-1-5-3)。

| 1 | 2 | 3 | 4 | 5 | 6 | 7 |

图 T-1-5-3

（2）正手发后场平高球

发球时，站位与准备姿势以及引拍时的轨迹都与发高远球基本相同，只是在发平高球的瞬间前臂加速带动手腕发力，拍面稍向前上方推进，动作幅度小于发高远球。发球后，应迅速准备回击。

（3）正手发后场平快球

发球时，站位稍靠后些（以防对手迅速回球到本方后场），击球时要充分利用前臂带动手腕的爆发力快速向前方击球，使球从对方肩稍高处越过，迅速插入对方反手后场或空当处。击球后，收拍到胸前，回动至中心位置。

（4）正手发网前球

正手发网前球时，站位稍靠前。握拍尽量放松，上臂动作要小，重心在左脚上，右脚跟提起。击球时，由前臂带动手腕使拍面从右向左斜切击球，控制用力，使球刚好贴网而过，落在对方前发球线附近。击球后，还原成准备姿势。

2.反手发球

（1）反手发平球

发球时，球拍的挥动方向与反手发网前球一样，只要在击球的瞬间，手腕抖动，突然发力，拍面要有"反压"动作。

（2）反手发网前球

发球时，小臂带动手腕发力，球拍由后向前推送，拍面呈切削式击球，使球过网后急速下落在对方场区的前发球线附近。

（四）接发球

接发球是相对于发球方说的，还击对方发过来的球叫接发球。

1.站位

单打的接发球站位离前发球线约1.5米处，在右发球区要站在靠中线的位置，在左发球区则站在中间稍偏边线位置，主要防备对方发球攻击反手部位。双打接发球时站位可靠近前发球线，因双打的后发球线距离前发球线比单打短0.76米，发高远球易被扣杀。所以，双打接发球应把主要精力放在对付对方发网前球上。

2.准备姿势

单打接发球应左脚在前，右脚在后，侧身对网，重心在前脚，后脚脚跟稍提起，双膝微屈，收腹含胸，持拍于右侧前，两眼注视前方。

双打接发球准备姿势基本同单打一样，但重心可随意放在任何一只脚上，球拍高举在肩上，注意力要高度集中。

3.接球

在接球时，首先要提高后场击球能力。在比赛中，当对方发平快球时，可采用平高球、平推球、劈吊、劈杀还击,以快制快,掌握主动;也可用高远球还击,充分做好再次还击的准备;对方发网前球时,可用平高球、挑高球、放网前球、平推球还击,有机会还可以用扑球还击。

接发球时,球路与变化直接关系到接发球技、战术的运用。发球抢攻是最常用的战术,要及早发现对方的意图,避强就弱,准确及时地应用放网和平推球还击,落点尽量远离对方的站位,限制对方进攻。遇到对方连续发球抢攻时,接发球一定要沉着、冷静,控制住球,尽可能减少让对方抢攻的机会。

(五)击球

1.后场击球

(1)高球。

①正手击高球。首先要判断好来球的方向和落点,侧身后退,使球处在自己的右肩前上方的位置。左肩对网,左脚在前,右脚在后,重心在右脚上。左臂屈肘,左手自然高举,右手持拍,手臂自然弯曲,将球拍举在右肩上方,两眼注视来球。击球时,右上臂后引,随之肘关节上提明显高于肩部,将球拍后引至头部,自然伸腕(拳心朝上)。然后在后脚蹬地、转体收腹的协调用力下,以肩为轴,上臂带动前臂快速向前上方甩腕,在手臂伸直的最高点击球。击球后,持拍手臂向左下方挥动并收拍至体前,与此同时,左脚后撤,右脚向前迈出,身体重心由后脚移至前脚上(图 T-1-5-4)。正手高球也可起跳击球,按上述要求做好准备动作,然后右脚起跳,随即在空中转体,并完成引拍击球动作。击球动作是在球将从空中最高点落下的瞬间完成。

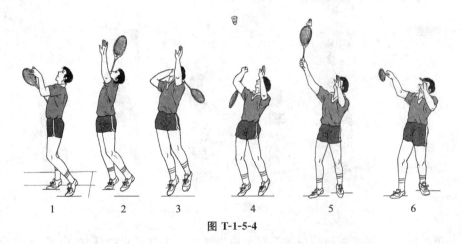

图 T-1-5-4

②头顶击高球。动作要领与击正手高球基本相同,只是击球点偏左肩上方。准备击球时,身体向左倾斜。击球时,上臂带动前臂使球绕过头顶,从左上方向前加速挥动,注意发挥手腕的爆发力击球。落地时左脚向左后方摆动幅度大些(图 T-1-5-5)。

图 T-1-5-5

③反手击高球。当对方将球击到己方左后场区时用反手击高球。首先判断好对方来球的方向和落点,迅速将身体转向左后方,移动步法,最后一步用右脚前交叉跨到左侧底线,背对网,身体重心在右脚上,使球处在身体右上方。击球前,迅速换成反手握拍法,持拍于右胸前,拍面朝上。击球时,以上臂带动前臂,通过手腕的闪动,自下而上地甩腕,将球击出。在最后用力时,要注意拇指的侧压力与甩腕的配合,以及两腿蹬地转体的全身协调用力。

(2)吊球。

①正手吊球。击球准备和前期动作同正手击高球。只是击球时拍面稍向内倾斜,手腕快速切削下压动作,击球托的后部和侧后部。若吊斜线球时,则球拍切削球托右侧并向左下方发力;若吊直线球时,则拍面正对前方向下切削(图 T-1-5-6)。

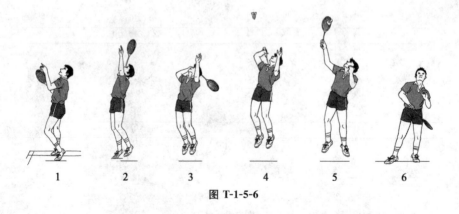

图 T-1-5-6

②头顶吊球。击球准备和前期动作同头顶击高球。头顶吊斜线球时,中指、无名指和小指屈指外拉拍柄,使拍子内旋,拍面前倾,以斜拍面击球托左侧部位;头顶吊直线球时,球拍击球托的正中部位。

③反手吊球。击球准备和前期动作同反手击高球。不同点在于击球时对拍面的掌握和力量的运用。吊直线球时,用球拍反面切削球托的后中部,向对方的右半场网前发力;吊斜线球时,用球拍反面切削球托的左侧,朝对方左半场网前发力。

(3)杀球。

①正手扣杀球。准备姿势相似于正手击高球,不同的是最后用力的方向朝下。在右脚起跳后,身体后仰成反弓后收腹用力,靠腰腹带动大臂、大臂带动前臂、前臂带动手腕,形成鞭打向下用力,球拍正面击球托的后部,无切击,使球沿直线向前下方快速飞行。击球后立即成原准备姿势(图 T-1-5-7)。

图 T-1-5-7

②反手扣杀球。通过准确判断对方来球,迅速移动到合适的击球位置,最后一步右脚向左后侧跨出,背对球网,反手握拍,持拍手屈臂将球拍举至左肩上方准备击球。当球落到右肩上方适当高度时,以肘关节为轴,用左脚蹬力、腰腹力、肩力及大臂带动小臂,手腕、手指快速用力向后击球。击球瞬间握紧球拍,手腕快速用力向前下方扣压。

2. 中场击球

(1)抽球。

①正手抽平球。右脚向右侧迈出一小步,上体稍向右侧倾,正手握拍,手臂向右侧上摆,屈肘,左脚跟提起。准备击球时,小臂稍后摆带有外旋,手腕由稍外展至后伸,使球拍引至后下方。击球时,小臂急速向右侧前方挥动,并由外旋转为内旋,手腕由后伸至伸直闪腕,手指握紧拍柄高速挥拍击球,由后向右侧稍平地抽压过去。击球后,持拍手顺势向左侧挥摆,左脚向左前方迈一步,准备迎击来球(图 T-1-5-8)。

图 T-1-5-8

②反手抽平球。右脚向左前跨一步,上体左转,右手反手握拍向左身前收,屈肘并稍上抬,小臂内旋手腕外展,球拍引向左侧。击球时小臂在向前挥拍的同时外旋,手腕由外展到伸直闪腕,手指握紧拍柄,拇指前顶,迎球挥拍,击球托的底部。击球后球拍顺势盖过去,并随身体的回动收回到右侧前。

③正手抽底线球。准确判断来球,快速移动步法,左脚蹬地,右脚向正手底角跨出,侧身向网,上体向右后倒,重心在右脚。正手握拍,手臂向右举拍,大臂与小臂约成120°角。准备击球时,小臂外旋伸腕,球拍后引,拍面稍后仰。击球时,主要靠小臂带动手腕、手指"抽鞭"式向前挥拍,小臂由外旋到内旋,腕部由伸到屈闪动击球。向前上方用力击球成高远球,向前方用力击球则成平球。

(2)半蹲快打。

半蹲快打是在中场区稍上至略高于头部的来球时采用半蹲姿势,将球平反击。半蹲快打技术主要表现出凶狠、快速、紧逼对方、主动进攻的特点,多用于双打比赛中。

两脚平行站立或右脚稍前站立于中场,成半蹲姿势,右手持拍上举,击球时前臂向前带动手腕抖动爆发式力量击球,拍面稍下压。并要随时跟进争取在身前较高部位将球平击入对方场区。击球托的后部,击球后,随惯性回收成准备姿势。

(3)挑高球。

①正手挑高球。判断来球,快速上网,左脚积极蹬地,右脚跨步向前成弓箭步,侧身对网,重心在右脚。正手握拍,手臂自然向右前方伸出,小臂外旋伸腕。击球时,以肘关节为轴,前臂带动手腕、手指由右下方向前上方或左上方挥拍击球。挑直线高球时,则球拍向前上方挥动击球;挑对角线高球时,则球拍向左前上方挥动把球击出。

②反手挑高球。判断来球,快速上网,左脚积极蹬地,右脚跨步向前成弓箭步,侧身对网,重心在右脚。反手握拍,手臂向左前方伸出,小臂内旋屈肘、屈腕。击球时,以肘关节为轴,小臂带动手腕、手指由左下方向前上方挥动把球击出。

3.前场击球

(1)放网前球。

①正手放网前球。侧身对右边网前,右脚向右侧前方大跨一步成弓步。正手握拍,球拍向右前上方斜举,准确判断来球路线和落点。击球时,右臂自然后伸,手腕稍后伸,小臂稍外旋,手腕由后伸至稍内收转动,右手轻松握拍,食指和拇指夹住球拍,在手腕和手指的控制下,轻击球托底部将球轻送过网。击球后,还原成下次击球前的准备姿势。

②反手放网前球。准备动作与正手放网前球相同,不同的是先向左前场转体,右肩对网,反手握拍,反拍迎球。击球时,前臂前伸、外旋,手腕内收至外展,轻击球托底部把球轻送过网,击球后,还原成准备姿势。

(2)搓球。

①正手搓球。向前移动靠近网前时,右脚向前跨成弓箭步,重心在右脚上,侧身对网,左手自然后伸,起平衡作用。球拍在手臂的带动下向前伸。在伸拍时前臂开始外旋,手腕稍后伸,用食指和拇指夹住拍,中指、无名指和小指轻握球拍,手指和手腕自然放松。击球时,球拍在手指和手腕的作用力下,用正拍面搓击来球的底部,使球滚过网。挥拍力量和拍面的角度大小以

来球时离网的远近而定。

②反手搓球。当对方回击网前球时,上网步法要快,左脚蹬地,右脚向网前跨弓箭步,侧身背对网,重心在右脚。握拍手臂前伸同时,手腕前屈,握拍手背部高于拍面,反拍迎球。击球时,主要靠前臂的前伸外旋和手腕由内收至展腕的合力,搓球的侧后底部使球侧旋翻滚过网。

(3)勾对角线球。

①正手勾球。移动至右网前,球拍随上臂向右前方斜平举,同时前臂稍有外旋,手腕稍后伸,右手握拍将拍柄稍向外捻动,使拇指指腹贴在拍柄的内侧宽面,食指的第二指节贴在拍柄的外侧宽面上,掌心空出。击球时,靠前臂稍有内旋,并往左拉收,手腕由微伸至内收抖腕,手腕要控制好拍面角度,击球托的右侧下部,使球沿着网的对角飞行至对方网前角落,击球后还原成准备姿势(图 T-1-5-9)。

图 T-1-5-9

②反手勾球。移动至左网前,反手握拍,上臂前伸拍子平举。击球时,拍面正对来球,肘部突然下沉,上臂稍外旋,手腕后伸闪腕,拇指与中指向右转动拍柄,其他手指突然握紧拍柄,拨击球托的左侧下部,使球飞越过网至对角处,击球后,球拍往右侧前回收至准备姿势。

(4)推球。

①正手推球。移动到位,球拍向右侧平举。推球前,前臂稍外旋,手腕后伸同时球拍也稍往后摆,拍面对准来球。这时小指与无名指稍松开,使拍柄离开手掌,这样能充分发挥手指的力量。推球时,拍面尽力后仰,手腕由后伸直并且闪腕,食指向前压下,小指、无名指突然握紧拍柄,球拍快速地由右经前向左挥动。推球后,在回动过程中回收球拍于胸前。

②反手推球。移动至网前左侧,反手握拍,臂侧上举。推球前,臂向左胸前收引,手腕稍外展,球拍松握,拇指顶住拍柄的内侧宽面,推球时,当前臂往前伸的同时外旋,手腕由稍外展到伸直抖腕,中指、无名指、小指突然紧握球拍,拇指顶压,向前挥动将球推出,触球托的后部。击球后,身体还原至准备姿势。

(5)扑球。

①正手扑球。左脚先蹬地随后右脚发力蹬跃,使身体向球网右侧腾空跃起,球拍正对来

球。同时前臂前伸稍外旋,腕关节后伸,放松握拍。击球时,前臂带动手腕和手指快速抖动发力。如球离网带上沿较近,可采用手腕从右向左将球压下的"滑动"式扑球方法,避免球拍触网犯规。击球后,要控制身体重心,球拍随惯性回收至准备姿势(图 T-1-5-10)。

1　　　　　　　　　　　　2

3　　　　　　　4　　　　　　　5

图 T-1-5-10

②反手扑球。右脚跨至左前蹬跳上网,身体稍右侧前倾,反手握拍上举至左前上方。击球时,手臂伸直并外旋,拇指顶压拍柄上端,假如来球靠近网带上沿,可将手腕外展由左向右拉切击球,以防触网。击球后,落地缓冲,回收球拍于体前。

二、羽毛球运动基本战术

(一)单打战术

(1)发球战术。根据对手的站位、反击能力,采用多变准确的发球来造成对方接球困难,从而限制对方的攻势,直接或间接为本方创造进攻的机会。

(2)攻后场战术。针对对方后场还击能力差(尤其是左后场区),或急于上网的对手,可重复压后场底线,突击杀、吊或反复后场直线,突出对角线。

(3)吊前击后战术。针对网前技术相对较差或上网步法慢的对手,先以吊、放、搓网前球吸引对方到网前,然后用推、杀或平高球突击对方的后场。

(4)打对角线战术。不论是进攻还是防守,均以打对角线为主,造成对方重心不稳,被动失误。

(5)打四方球技术。以快速、准确的击球点,调动对方远离中心位置,疲于前后左右来回奔跑,伺机攻击对方空当的战术。

（二）双打战术

（1）攻人战术。集中力量攻击对方弱者，达到"二打一"，避其所长，攻其所短。

（2）攻中路战术。对方分边站位时，将球尽可能地攻到两人之间的空隙区，造成对方抢球或漏球等错误。如对方前后站位，可将球击向前后两人之间的边线空当。

（3）拉开两底角，伺机反击战术。这是一种通过拉、抽、挑对方后场两底角，诱使对方在移动中进攻，伺机反击，从而后发制人的一种打法。

（4）后杀前封战术。一旦取得主动采取进攻时，站在后边的队员要强杀直线，站前边队员要立即移动到对方回直线的位置，重点准备封网扑杀。

第三节　羽毛球运动规则

一、发球

（一）发球开始

一旦发球员和接发球员做好准备，任何一方都不得延误发球。发球员的球拍头第一次向前挥动，即为发球开始，任何迟滞都是延误发球。

（二）站位

发球员和接发球员，应站在斜对角的发球区内，脚不得触及发球区和接发球区的界线。

发球员和接发球员的两脚都必须有一部分与场地的地面接触，不得移动。双打比赛发球时，发球员和接发球员的同伴应在各自的场区内。其站位不限，但不得阻挡对方发球员或接发球员的视线。

（三）击球

发球员的球拍击中球的瞬间，整个球应低于发球员的腰部。腰指的是发球员最低肋骨下缘的水平切线。发球员的球拍击中球的瞬间，球拍杆应指向下方。

（四）重发球

以下情况要重发球：

（1）发球员在接发球员未做好准备时发球。

（2）在发球过程中，发球员和接发球员都被判违例。

（3）发球被回击后，球停在网顶；球过网后挂在网上；比赛进行中，球托与球的其他部分完全分离；裁判员认为比赛被干扰或教练干扰了对方运动员的比赛；司线员未能看清，裁判员也不能做出裁决时；遇到不可预见的意外情况。

二、发球区和接发球区

（一）单打发球区和接发球区

发球员的分数为 0 或双数时，双方运动员均应在各自的右发球区发球或接发球。发球员的分数为单数时，双方运动员均应在各自的左发球区发球或接发球。

（二）双打发球区和接发球区

一局比赛开始和获得发球权的一方得分为 0 或双数时，都应从右发球区发球。当发球员一方得分数为单数时从左发球区发球。双打配对中的另一名运动员将采用相反的方法。发球员和接发球员都必须站在斜对角发球区内发球和接发球。只能由接发球员接发出的球，如果接发球员的同伴触及球或接球即为违例，发球方得一分。发球必须从两个发球区交替发出。接发球方站在各自发球区不变，直到他们发球得一分后才交换发球区。

三、得分

（一）单打得分

(1)接发球员违例或因球触及接发球员场区内的地面而成死球，发球员就得一分。随后，发球员再从另一发球区发球。

(2)发球员违例或因球触及发球员场区内的地面而成死球，接发球员就得一分，同时发球员失去发球权，而接发球员成了发球员。

（二）双打得分

(1)接发球方违例或因球触及接发球方场区内的地面而成死球，发球方得一分，原发球员交换场区继续发球。

(2)发球方违例或球触及发球方场区内的地面而成死球，接发球方得一分，发球方失去发球权，而接发球方成为发球方。

四、计分方法

（一）单打计分

每场比赛采取三局两胜制。率先得到 21 分的一方赢得当局比赛。如果双方比分打成 20 平，获胜一方需超过对手 2 分才算取胜。如果双方比分打成 29 平，则率先得到第 30 分的一方取胜。

（二）双打计分

21分制，比赛开始前，双方通过投掷硬币方式确定由哪一方来选择是先发球或后发球。任何一方只要将球打"死"在对方的有效位置，或者因为对方出现违例或失误，均可得分。平分后的加分赛：每局双方打到20分平后，一方领先2分即算该局获胜；若双方打成29分平后，一方领先1分，即算该局取胜。

五、违规发球

（1）根据规则的规定，如果发球不合法，应判"违例"。

（2）发球员发球时未能击中球，应判"违例"。

（3）一旦双方运动员站好位置，发球员挥拍时，发球员的球拍头第一次向前挥动即发球开始。

（4）发球员应在接发球员准备好后才能发球，如果接发球员已试图接发球则应被认为已做好准备。

（5）发球开始后，发球员的球拍击中球或者未能击中球均为发球结束。

（6）双打比赛，发球员或接发球员的同伴站位均不限，但不得阻挡对方发球员或接发球员的视线。

六、间歇与暂停

（1）当一方先得11分的时候，每局间歇不能超过60秒；比赛的第一局与第二局之间，及第二局与第三局之间允许不超过120秒的间歇。

（2）遇有不是运动员所能控制的情况，裁判员可根据需要暂停比赛；如遇特殊情况，裁判长可以要求裁判员暂停比赛；如果比赛暂停，已得分数有效，续赛时由该分数算起。

第二篇 田径类运动

第一章 跑

第一节 短跑

一、起跑

起跑包括起跑前的准备姿势和起跑动作,要求反应快,起动有力,使身体由静止状态获得最大向前冲力(初速度)。因此起跑技术对全程速度和成绩影响很大。

短跑的起跑按田径规则必须采用蹲踞式起跑,它包括"各就位""预备""鸣枪(跑)"三个过程。

(一)各就位

当运动员听到"各就位"的口令后,要轻松有信心地走到起跑线前,把有力的脚放在前面,身体下蹲,两手在起跑线前撑地,两脚前后分开约一脚半的距离,左右距离大约为 10 厘米,后膝跪地,两臂伸直,两手相距与肩同宽或稍宽于肩。四指并拢与拇指成"八"字形张开,虎口向前、头微低、颈放松,肩约与起跑线平齐,背微弓,两眼看前下方 40~50 厘米处,注意听"预备"的口令。如图 T-2-1-1 所示。

图 T-2-1-1

（二）预备

当听到"预备"的口令后，两脚用力后蹬，后膝抬起，臀部提起稍高于肩，背微隆起，重心前移，两肩稍过起跑线。这时体重就要落在两臂和前腿上。前后腿、大小腿的夹角分别约为90°和120°，注意力高度集中听"枪声"。

（三）鸣枪（或跑）

当听到枪声后，两手迅速推离地面，屈肘前后有力摆动，同时两腿快而有力地蹬地，然后后腿以膝部领先迅速向前上方摆动。前腿充分蹬直，使髋、膝、踝关节成一直线，上体保持较大前倾。后腿前摆至最大程度后，大腿积极下压，用前脚掌在身体重心投影后下方落地。刚开始跑时注意步幅不宜过大，上体要逐渐抬起。

二、途中跑

它是整个快速跑中的主要阶段，要求跑的放松，腿部动作幅度大，步子频率快，前脚掌积极而富有弹性地落地，用踝、膝积极缓冲过渡到后蹬。后蹬时摆动腿应迅速有力地向前上方摆出，积极带动髋关节前送迅速伸展膝、踝关节，最后用脚趾蹬离地面。后蹬角约为50°。两臂的摆动有助于维持身体平衡、加快步频和加大步幅作用。摆臂时两手半握拳，肘关节自然弯曲成90°，以肩为轴快速跑有力地前后摆动。跑动中面对前方，目视终点，颈部放松，躯干保持正直或稍前倾。

总之，在途中跑中要求动作轻松有力，协调自然，步幅要大，频率要快，重心平稳，跑成直线。呼吸要做到短而快，不可憋气。

三、终点冲刺

终点冲刺是全程的最后阶段，一般为15～20米。技术和途中跑基本相同，但要加强两腿蹬地力量和两臂的摆动，上体可适当前倾，到离终点最后一步时，上体要迅速前倾，用胸或肩撞终点线。

第二节　中长跑

一、起跑

中长跑一般采用"半蹲式"起跑或"站立式"起跑。

（一）"半蹲式"起跑

运动员到起跑线后，有力的脚在前站在起跑线后沿，另一脚向后站立，两脚前后距离约一

个脚掌。前腿的异侧臂支撑地面,支撑地面的手将拇指与其他四指分开呈"人"字形撑在起跑线后沿,另一臂放在体侧。这时的体重主要落在支撑臂与前腿上。这种姿势比较稳定,不容易造成由于重心不稳而导致犯规。听到发令员枪响后,两腿迅速并行蹬伸,后面的腿积极屈膝前摆,两臂则配合两腿的蹬摆动作进行屈臂前后摆动,整个身体向前俯冲,完成准备动作,为起跑后加速跑获得预先初速(图 T-2-1-2)。

图 T-2-1-2

(二)"站立式"起跑

两脚前后开立,有力的脚在前,脚尖紧靠起跑线后沿,前脚跟和后脚尖之间的距离约为一个脚掌长,两脚左右间距约为半个脚掌长(15～20 厘米)。体重大部分落在前脚掌上,后脚用脚尖支撑站立。两腿弯曲,上体前倾,头部稍抬,眼看前面 7～8 米处,身体保持稳定姿势,集中注意力听枪声。这时两臂的姿势有两种:一种是前腿的异侧臂在前,同侧臂在体侧;另一种是两臂在体前自然下垂。听到鸣枪或"跑"的口令时,两脚用力蹬地,后腿蹬地后迅速前摆,前腿充分蹬直,两臂配合两腿动作做快而有力地摆动,使身体迅速向前冲出(图 T-2-1-3)。

图 T-2-1-3

二、加速跑

在加速跑的过程中,上体前倾稍大,摆腿、摆臂和后蹬的动作都应迅速而积极。加速跑的距离主要根据项目、个人特点与比赛情况而定。一般 800 米要跑到下弯道才结束;1 500 米跑到直道末才结束,然后进入匀速而有节奏的途中跑。

三、途中跑

途中跑是中长跑的主要部分,因此,掌握途中跑的技术是极其重要的。途中跑技术要点如下。

（一）上体姿势

上体自然挺直，适度前倾 5°左右，跑的距离愈长，上体前倾角度愈小，胸要微微向前挺出，腹部微微后收，头部自然与上体成一直线，颈部肌肉放松，眼平视。尽量避免上体左右转动或扭动，后蹬时髋前送，以提高后蹬效果。

（二）摆臂

臂的摆动应和上体及腿部动作协调一致。正确摆臂能维持身体平衡，并有助于腿的后蹬。中长跑时，两臂稍离开躯干，肘关节自然弯曲，半握拳，两肩下沉，肩带放松，以肩为轴前后自然摆动，前摆稍向内，后摆稍向外，摆幅要适当，前不露肘、后不露手。摆臂动作幅度应随跑速大小而变化，感到疲劳时，可改为低臂摆动，以减小疲劳程度。

（三）腿部动作

当身体重心移过支撑点以后，支撑腿就进入了后蹬阶段。当摆动腿通过身体垂直部位继续向前摆动时，支撑腿的各关节要迅速伸直。后蹬时各关节要充分伸直，首先以伸展髋关节开始，在摆动腿积极前摆的配合下向前送髋，腰稍向前挺，此时膝关节、踝关节也积极蹬直，这样能够适当地减少后蹬角度，获得与人体运动方向一致的更大水平分力，推动人体更快地向前移动。在后蹬结束时，后蹬腿完全伸直，上体、臀部与后蹬腿几乎成一直线，摆动腿使小腿与蹬地腿成平衡状态。

后蹬腿蹬离地面后，人体进入腾空状态。其任务是最大限度地放松蹬地腿的肌肉，并积极有力地将大腿向前上方摆出。当后蹬腿的大腿向前上方摆动时，膝关节的有关肌肉群放松，小腿顺惯性与大腿自然折叠。当摆动腿的大腿摆至与地面垂直时，骨盆向摆动腿一侧下降，摆动腿的膝关节低于支撑腿的膝关节。这样摆动腿一侧的膝关节比较放松，使肌肉用力与放松交替控制得好。

当大腿膝盖摆到最高位置后开始下压时，膝关节也随之自然伸直，用前脚掌做"扒地式"的着地。当脚与地面接触之后，膝关节和踝关节弯曲，脚跟适度下沉，脚着地点更靠近重心投影点，落在重心投影点前一脚左右的地方。跑时可用脚掌外侧着地过渡到全脚掌，也可用全脚掌着地，着地动作要柔和而有弹性，两脚应沿着直线落地。

四、弯道跑

中长跑一半以上的距离是在弯道上进行的，为了克服沿弯道跑进时产生的离心力，在跑进时，身体需适当向左倾斜，跑速越快向左倾斜的程度越大。摆臂时，右臂向前摆的幅度稍大，前摆是稍向内，左臂后摆幅度稍大。摆动腿前摆时，右膝前摆应稍向内扣，左膝前摆稍向外展。脚着地时，右腿用前脚掌内侧着地，左腿用前掌外侧着地。弯道跑时，应靠近跑道的内沿，以免多跑距离。超越对手最好不要在弯道上进行。

五、终点跑

终点跑是在到达终点前的一段加速跑。动作要求基本上和短跑相同。这时运动员已处于疲劳状态,此时运动员依靠顽强意志冲向终点。跑的动作应该是摆臂加快而用力,加强腿的后蹬与前摆。终点跑距离的长短,应根据个人余力、场上情况和战术要求而定。一般情况下,800米跑可在最后 200~250 米开始加速并逐渐过渡到冲刺跑。1 500 米可在最后 300~400 米逐步加速。

参加中长跑锻炼时,在技术上有一个特别要求,就是要掌握好跑时的呼吸节奏,运用好正确的呼吸方法。正确的呼吸方法应该是口与鼻共同进行的,通常是采用微张口与鼻同时吸气,用口来呼气。在寒冷的季节里,吸气时为了避免冷空气直接从口腔进入体内,可采用卷起舌尖抵住上腭的口腔吸气方法来缓解冷空气吸入。呼吸的节奏应和跑步的节奏相配合。通常在慢速跑时,可采用三步一呼、三步一吸的方式,跑速加快时,可用两步一呼、两步一吸的方式。

第三节　接力跑

一、4×100 米接力跑

4×100 米接力跑技术是由短跑技术和传、接棒技术构成的。

(一)起跑技术

持棒起跑技术。第一棒运动员以右手持棒采用蹲踞式起跑,起跑技术基本同短跑,但接力棒不得触及起跑线及起跑线前的地面。持棒的方法一般用中指、无名指及小指握住棒的末端,用拇指和食指分开撑地(图 T-2-1-4)。

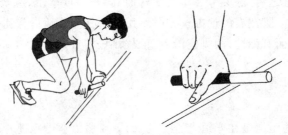

图 T-2-1-4

接棒人起跑技术。第二、三、四棒运动员多采用半蹲踞式或站立式起跑。第二、四棒运动员站在跑道的外侧起跑,第三棒运动员站在跑道内侧起跑。接棒运动员起跑姿势的选择依据,主要取决于能否快速起跑以及迅速进入加速跑,并能清楚地看到同队传棒运动员及设定的起动标志(图 T-2-1-5)。

图 T-2-1-5

(二)传、接棒技术

传、接棒的方法有下压式和上挑式两种。

下压式:听到接棒信号后,接棒人手臂自然后伸,手臂与躯干成 50～60 度角,掌心向上,拇指与其他四指自然分开,虎口向后,拇指向内,持棒人将棒的前端由上向下"压"送到接棒人的手中。接棒人握棒后,持棒人即刻松手。下压式传接棒的优点是每一棒次的接棒,都能握住棒的一端,便于持棒快跑。缺点是接棒人在手臂后伸时相对紧张、不自然放松(图 T-2-1-6①)。

上挑式:接棒人听到接棒信号后,手臂自然向后伸出,手臂与躯干成 40～45 度角,掌心向后,拇指与其他四指自然张开,虎口向下,传棒人将棒由下向前上方"挑"送到接棒队员手中。接棒人握棒后,持棒人即刻松手。此方法的优点是接棒人向后伸臂动作比较自然放松,容易掌握。缺点是接棒队员接棒后,手已握在棒的中部,不利于下一棒的传接,易造成掉棒及影响跑速(图 T-2-1-6②)。

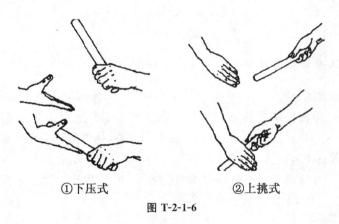

①下压式　　　　　②上挑式

图 T-2-1-6

(三)传、接棒的时机和位置

在 20 米接力区和 10 米预跑区的 30 米内,传接双方都能发挥出接近本人最高速度时,为传接棒的最佳时机。一般将这一时机设计在离接力区末端 3～5 米处出现,其依据是此时传棒队员仍处于高速跑中,而接棒队员亦能加速到一定的水平。接棒人站在预跑线内或接力区后端,当传棒人跑到起动标志线时,开始迅速起动,当传棒人跑进离接力区前端 3～5 米,距离接

棒队员约 1.5 米处时,立即发出"接"的信号,这时接棒人迅速后伸手臂,共同完成传接棒(图 T-2-1-7)。

图 T-2-1-7

(四)接棒队员起动标志线的确定

起动标志线是第二、三、四棒接棒队员看到传棒队员踏上此线而开始起动的标志,它是依据传棒队员的跑速、传接棒队员技术的熟练程度以及最佳传棒的时机等因素确定的。简便的计算方法是:比如接棒队员在接力区后端 10 米预跑线处起动,跑至距接力区前沿 3 米处接棒,两人之间的距离为 1.5 米,则标志线的距离为:传棒队员最后 30 米的平均速度×接棒队员起跑 27 米所需的时间-(27 米-1.5 米);假设传棒队员最后 30 米的平均速度为 9 米/秒,接棒队员起跑 27 米所需的时间为 3.5 秒,则接棒队员起动标志线的距离为:9 米/秒×3.5 秒-(27 米-1.5 米)=31.5 米-25.5 米=6 米;以上计算结果,还要通过多次实践反复调整才能最后确定。

(五)接力跑队员的棒次安排

从运动员能力角度分析,在 4×100 米接力跑中,第一棒队员约跑 110 米,第二、第三棒运动员各约跑 130 米,第四棒队员约跑 120 米。因此,第二、第三、第四棒应使用较长距离短跑成绩较好的运动员。接力跑是由四人协同配合完成的比赛,因而安排各棒人员,必须依每个人的特点确定。一般第一棒运动员起跑要好,并善于跑弯道;第二棒应是专项耐力好,传接棒技术熟练的运动员;第三棒运动员除具备第二棒的优势外,还要善于跑弯道;将短跑成绩最好、冲刺能力最强的队员安排在第四棒。

二、4×400 米接力跑

4×400 米接力跑的传接棒技术相对较为简单。但由于传棒队员在跑近接力区时跑速已明显下降,故而接棒人应高度重视接棒技术。当传棒队员跑近时,接棒人要在慢加速跑中目视传棒队员,顺其跑速主动接棒,而后迅速跑出。

第一棒队员采用蹲踞式起跑,起跑技术同 4×100 米接力跑的起跑;第二棒队员采用站立式起跑,上体左转,目视传棒队员,要预计好传棒队员最后一段跑的速度。若传棒人最后一段仍然保持较高的跑速,接棒人可早些起动;若传棒人的跑速较缓慢,接棒人应晚些起动并主动地迎接棒。4×400米接力跑全部的传接棒过程,一般在20米接力区的前半段或接力区的中间区域内完成。其传棒人将棒传出后,应从侧面退出跑道,以免影响其他接力队队员的跑进。4×400米接力跑,大多采用右手传递接力棒,即第一棒队员以右手将棒传给第二棒队员的左手,第二棒队员跑出后将接力棒换到右手,以后各棒次接力棒的传递都以此法传接。

(一)4×400米接力以左手接棒后换到右手的传接棒方法的优点

(1)接棒队员上体左转,在弯道上完成交接棒,有利于接棒人始终沿着跑道的内侧跑进。

(2)接棒人上体左转,面向无人的内道,其右肩可以防护其他接力队员的冲撞,使交接棒过程更加安全及准确。

(3)接棒队员左手接棒,而后换到右手,其在弯道上跑进时会感到自然、轻松、有力。

此外,4×400米接力跑交接棒的另一种形式,是以传棒人的左手持棒,传给接棒人的右手。换手的方法是接力队员持棒跑至最后一个直道将棒换到左手上,然后将接力棒再传递给以后棒次的接棒人。而第四棒队员不需换手,一直跑至终点。

(二)4×400米接力跑队员棒次安排技巧

(1)第一棒需安排具有良好技术、有利于第二棒队员抢到领先跑的主动位置的、能在第一个400米跑中成为领先者、专项能力较强的运动员。

(2)第四棒应是全队实力最强的运动员,应具有良好的战术意识和速度控制能力以及较好的心理素质,这将对接力队最终获胜至关重要。

(3)若4×400米接力队四人实力不均衡,一般可安排实力列第二位的队员跑第一棒,实力次弱的队员跑第二棒,实力最弱的队员跑第三棒,实力最强的队员跑第四棒。

第四节 跨栏跑

跨栏跑的运动成绩取决于运动员的平跑速度、过栏技术及跑跨结合的能力。全程跑技术可以分为起跑至第一栏技术、跨栏步技术、栏间跑技术以及终点跑技术四部分。

一、男子110米跨栏跑

110米跨栏跑的栏架高度为106.7厘米,跨越此高度的栏架,对运动员身体素质及其技术的要求较高。110米栏运动员一般用51~52步跑完全程,起跑至第一栏用7~8步,栏间3步,下最后一栏至终点用6~7步。高水平运动员可用49~50步跑完全程。这就需要起跑至第一栏用7步,冲刺跑用5~6步。合理的过栏技术应为:身体重心接近栏顶,重心轨迹趋于平直,动作快而连贯,过栏时间短,应是跨过或者跑过栏架,而非跳栏。

（一）起跑至第一栏技术

快而准确的起跑至第一栏的技术，在全程跑技术中占有重要地位。起跑至第一栏的加速跑任务是在有限的距离内发挥出较高的跑速，为积极过第一栏做好充分准备，为全程跑形成良好的节奏奠定基础。

110 米跨栏跑时，采用蹲踞式起跑，安装起跑器的方法，以及从"各就位"至鸣枪这段程序的动作和要求，与短跑基本相同，第一步落地点距起跑线 60～75 厘米。但因从起跑到第一栏的距离和跑的步数是固定的，而且要跨越栏架，所以又有以下区别。

其一，起跑和起跑后各步躯干角度大于短跑。起跑后第一步躯干与地面的夹角，短跑约为 14 度，跨栏跑约为 33 度。前三步躯干角度变化，短跑约从 14 度至 34 度，增大了 20 度，跨栏跑约从 33 度至 46 度，增大了 13 度。因跨栏跑第一步躯干角度偏大，所以在以后各步躯干角度增大幅度没有短跑明显。但各步躯干角度仍大于短跑，这是符合起跑过第一栏技术要求的。

其二，起跑后各步后蹬角度大于短跑。起跑后第一步后蹬角度，短跑约为 42 度，跨栏跑约为 47 度。前四步后蹬角度变化，短跑约从 42 至 45 度，增大了 3 度，跨栏跑约从 47 至 55 度，增大了 8 度，增大幅度大于短跑。

其三，身体重心位置高于短跑。为了在第一栏起跨时身体重心处在较高的位置，以利于过栏，所以起跑后第一步身体重心就处在较高的位置。

起跑后上体保持一定前倾，跑到约第六步时，上体已逐渐抬起接近短跑途中跑姿势，准备跨越第一栏。

大多数运动员从起跑至第一栏前用八步跑完，因此起跑时应把起跨腿放在前面。而身材高大、速度快的运动员，亦可采用七步跑完这段距离，这时应把摆动腿放在前面。

（二）跨栏步技术

跨栏步是指从起跨腿踏上起跨点起到腾空过栏后摆动腿下栏着地时止的动作过程。跨栏步包括起跨攻栏、腾空过栏和下栏着地三个阶段（图 T-2-1-8）。合理的跨栏步技术要符合以下几点要求。

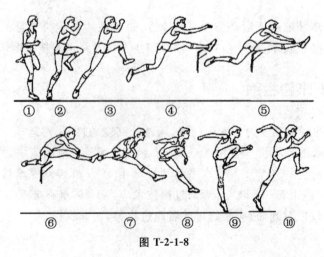

①　②　③　④　⑤

⑥　⑦　⑧　⑨　⑩

图 T-2-1-8

其一,起跨前尽量保持已达到的水平速度,过栏后,水平速度下降不大,使过栏与栏间跑动作连贯。

其二,起跨时获得较大的水平速度,将垂直速度减低到最小程度,身体重心腾起角不超过15度。

其三,起跨与下栏保持较高的身体支撑姿势,减小过栏及栏间跑的身体重心波动差。

其四,过栏各阶段的动作力求积极协调、连贯、平衡,既有一定的动作幅度又能发挥较高的动作速度。

1.起跨攻栏(图 T-2-1-8①~③)

起跨攻栏是指起跨脚踏上起跨点到后蹬结束离地时止的准备过栏动作,包括两腿、两臂及躯干相互之间一系列的协调连贯动作。因此,起跨的动作质量直接决定过栏速度和动作效果,并影响到下栏后的继续跑进。

正确的起跨攻栏技术应符合以下要求:

(1)起跨"落、蹬"快(即起跨脚着地和转入后蹬要快)。起跨前保持较高的身体重心位置,起跨前要迅速而自然地缩短起跨前最后一步的长度(一般比倒数第二步短15~25厘米)。这一短步,由于放脚迅速,缩短了着地点与身体重心投影点间的距离,缩短了缓冲时间,减少了因着地而产生的制动力,使起跨腿能迅速地经垂直部位转入后蹬,并使身体重心沿着距地面较高的"平直轨迹"迅速前移。

(2)适宜的起跨点(图 T-2-1-9)。起跨点是指起跨腿起跨时的着地位置,起跨点距栏架2~2.2米,初学者可略短些。适宜的起跨点则会形成合理的起跨角度,摆动腿便于向前攻摆,避免跳栏,并能及时做下栏着地动作,有利于保持及加快过栏速度。起跨点过近或过远均会造成过栏困难及降低过栏速度。

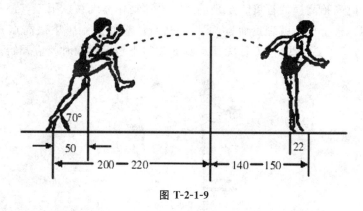

图 T-2-1-9

(3)合理的起跨角度。起跨角度是指起跨蹬离地面瞬间,身体重心与支撑点的连线与地面之间的夹角,适宜的起跨角度约为70度(图 T-2-1-9)。起跨时,因摆动腿配合支撑腿快速向前上方高摆高抬,起跨腿由着地经垂直支撑到后蹬结束,身体重心应有较大距离(约50厘米)的前移,使重心趋近栏架。世界优秀选手身体重心腾起角为12度以下,身体重心升高不超过20厘米。

（4）摆动腿充分高摆高抬，加大两腿夹角。摆动腿充分高摆高抬，可带动同侧髋积极前送，加大蹬地力量，加快蹬伸速度，提升支撑阶段身体重心高度，从而为迅速下栏着地以及下栏后栏间跑的快速衔接创造条件。而较大的分腿角使两腿屈伸肌群在收缩前获得较大程度的预先拉长。这对腾空过栏时两腿做快速有力的剪绞动作，十分有利。

（5）有效的协同动作。两臂配合下肢动作，前后有力摆动，以维持身体平衡，抵消了不必要的旋转。当摆动腿向前迅速攻摆时，异侧臂应积极主动前摆，同侧臂屈肘后摆，尤其是异侧臂前伸对协调摆动腿强有力的攻摆起到至关重要的作用。上体的前倾随后蹬用力及重心前移而逐渐加大，肩轴基本上与栏板保持平行。由于两腿、两臂及躯干动作的积极配合，起跨结束时，便形成了一个迅猛的"攻栏姿势"。这一系列高质量协同动作的完成，都为顺利过栏创造了有利条件。

2.腾空过栏（图 T-2-1-8③～⑧）

从起跨腿脚尖离地腾空开始，至摆动腿过栏脚掌触地为止的动作称为腾空过栏。身体腾空后，摆动腿继续屈膝高抬，当膝超过栏架高度时，折叠的小腿积极向前摆出，至脚掌接近栏板时，摆动腿几乎摆直。与此同时，上体迅速加大前倾，摆动腿异侧手臂前伸，另一手臂屈肘后摆。当摆动腿腘窝部位通过栏板时，上体达到最大前倾角度 45～55 度（图 T-2-1-8⑤）。

起跨结束，在摆动腿继续向前上方攻摆的同时，起跨腿的大腿不要急于收起和提拉，而是小腿随惯性经与地面平行逐渐与大腿折叠。这样，两腿在栏前形成一个大幅度的劈叉动作，两腿夹角可达 120 度以上。这是两腿做快速剪绞过栏的预先条件。

3.下栏着地（图 T-2-1-8④～⑩和图 T-2-1-10）

下栏是从摆动腿的脚掌移过栏板，大腿下压开始的。摆动腿下栏着地积极与否，在很大程度上取决于起跨时高抬高摆的程度。合理的下栏着地动作体现在以下三点：

一是摆动腿积极下压。就理论而言，下栏是从身体重心达到腾空最高点开始的。但事实上，下栏的动作意识还要早些，一般认为摆动腿的脚掌刚趋近栏板时就应开始下压摆动腿。

图 T-2-1-10

二是起跨腿迅速提拉。摆动腿积极下压，起跨腿加速向前提拉，以髋为轴完成两腿剪绞动作，摆动腿脚掌移过栏扳的同时，起跨腿屈膝外展，小腿收紧抬平脚尖钩起足跟靠近臀部，以膝领先经腋下加速前拉。当脚掌过栏后，膝关节继续收紧向身体中线高抬，脚掌沿最短路线向前摆出，身体呈高抬腿跑的姿势（图 T-2-1-10）。

三是有效的协调动作。过栏时，两腿剪绞换步动作是在两臂及躯干协调配合下完成的。下栏时,上体保持适度前倾,摆动腿异侧臂积极向后划摆,摆过体侧后屈肘收回,同时,另一臂则向前摆出,以利于下栏后的平衡和继续跑进。伸直下压的摆动腿在接近地面前脚掌做积极扒地动作,前脚掌在身体重心投影点前 10~20 厘米处着地,着地点距栏架为1.40~1.60 米。脚落地后,踝关节略有缓冲,但脚跟不着地,踝关节保持伸直,使身体重心保持在较高的位置,下栏着地后的支撑时间要尽量短,这有利于减小速度损失,尽快转入栏间跑(图 T-2-1-10)。

(三)栏间跑技术

栏间跑技术是指从过栏后摆动腿的脚着地点至起跨腿的脚踏上起跨点这段距离中所呈现的技术动作特征。栏间跑的主要任务是尽可能地加快栏间跑节奏,提高跑速,为顺利跨越下一栏架创建条件。

栏间跑运动员要跑 3 步,步长不均等,跑的节奏亦不同于短跑。栏间距离为 9.14 米,除去跨栏步的距离还余下 5.30~5.50 米。其三步步长分别为:第一步为 1.50~1.60 米,第二步为2.10~2.20 米,第三步为 1.90~2.00 米,其比例为小、大、中。

栏间第一步的水平速度因过栏有所降低,蹬地起步时膝关节始终伸直,故而步长短于后面两步;但为争取第一步必要的步长,应充分发挥踝关节和脚掌力量,借助于起跨腿积极向前上方提拉及摆臂的力量,带动髋关节迅速前移以增大第一步步长。

栏间第二步的动作结构与短跑途中跑基本相同,由于后蹬有力,摆腿迅速,所以步长最大。第二步更要强调高抬大腿用前脚掌有弹性地蹬地,上体不宜前倾过大。

栏间第三步因准备起跨形成一个快速短步,动作结构与跨第一栏前的最后一步相同。摆动腿大腿前抬不是太高,放脚积极落在接近身体重心投影点前较近处。第三步略有缩短,但却是栏间跑速度最快的一步。

由于栏间距离和跑的步数是固定的,每步步长相对稳定,所以提高栏间跑的速度主要是通过加快步频及改进跑的节奏来实现的,而并非靠增大步长来完成。栏间跑要尽量减小身体重心的起伏,保持高重心,注意跑的直线性,避免左右偏斜,跑得轻快而富有弹性。

(四)全程跑及终点跑

全程跑的任务是合理地将跨栏步技术与快速的栏间跑技术紧密地结合起来,保持正确的节奏及最快的速度跨越全部栏架,到达终点。

在全程跨栏跑中,起跑后首先要过好第一栏且在第二、三栏发挥出最高速度。起跑至第一栏的技术十分重要,只有跨好第一栏才能在第二、三栏发挥出速度。第四到第六栏达到最高速度,第七、九栏因运动员体力的下降,此时应注意在技术上控制动作不变形,保持速度。当跨过第十栏后,将跨栏节奏调整为短跑节奏,注意用力蹬地及摆臂,加大上体前倾,全力跑向终点。

全程共跨越十个栏架,过栏时跑速肯定有所变化,因此,全程跑的速度曲线必然成波浪式的起伏。实践证明,跨栏技术愈好曲线起伏波动愈小,愈接近短跑的速度曲线。

跨越最后两三个栏架时,应将注意力集中在保持节奏和准备冲刺上,跨过第十栏架时,下栏点较近,摆腿不高,强调用力蹬地和摆臂,终点撞线动作与短跑相同。

二、女子 100 米跨栏跑

女子 100 米跨栏跑技术与男子 110 米跨栏跑技术并无实质性区别。起跑至第一栏的距离为 13 米,这一段距离要跑 7~8 步。起跑后躯干前倾较大,直至 10 米处运动员身体姿势已接近途中跑姿势,为起跨攻栏做好充分准备。

起跨点距栏架约为 2 米,因 100 米栏的栏架高度为 84 厘米,较男子低,故而起跨腿的蹬地角比 110 米栏较小,为 62~65 度。完成攻栏动作瞬间,上体前倾角约为 22 度。摆动腿前摆亦较低,起跨腿向前提拉过栏动作幅度与膝关节外展程度均小于 110 米栏。从起跨结束至摆动腿着地过程中,上体前倾角变化较小。过栏时身体重心腾起的高度较低,以较快速度越过栏架。起跨提拉过栏时,膝关节稍高于踝关节,没有 110 米栏那样大幅度地向上高抬动作(图 T-2-1-11)。过栏后下栏着地点距栏架为 1.00~1.20 米。100 米栏间距为 8.50 米,用三步跑完,其栏间三步步长分配分别为:1.60 米、1.95 米、1.82 米。跨过最后一个栏架后,运动员要加快两臂摆动,躯干加大前倾,加快步频,全力冲向终点,准确及时做好撞线动作。

图 T-2-1-11

三、男、女 400 米跨栏跑

男、女 400 米栏的栏架安放位置相同,但栏高有差别,男子栏高为 91.4 厘米,女子栏高为 76.2 厘米。过栏技术不如 110 米栏要求高,但因起跑至第一栏距离、栏间距离及全程跑的距离较长,故而对其步长、节奏、速度、速度耐力、距离感及意志品质等都有较高的要求。

400 米跨栏跑技术特点(图 T-2-1-12):

起跑至第一栏的距离为 45 米,男子跑 21~22 步,女子跑 23~24 步,起跑器的安装方法与短跑弯道起跑器安装相同。运动员起跑后要逐渐加大步长,在第十步以后接近自己的最大步长。起跨前的最后一步应缩短 10~15 厘米,形成栏前短步,男子起跨点为 2.10~2.15 米,女子为 1.90~2.00 米。为使步点准确,应反复练习以提高对步长、步数的目测能力及节奏感。

400 米跨栏跑的水平速度低于直道栏项目的速度,完成起跨动作时起跨脚落地点离身体重心投影点较近,应充分利用自然跑的惯性,减小制动力,同时摆动腿的攻栏动作亦较缓和。身体通过栏架时,上体前倾角较小。起跨腿屈膝向前提拉时大腿外展角也较小,当膝关节处于栏板上方时,踝关节比膝关节稍高,摆动腿着地点趋近身体重心投影点。整个跨栏步动作轻松自然,幅度大,更接近平跑动作。

　　400米弯道过栏时,用右脚起跨较有利。起跨时,用右脚前脚掌的内侧蹬地,左腿摆动稍向左偏,脚尖外展,右臂前伸时向左前方,右肩高于左肩,身体向左倾斜。下栏时,左腿用前脚掌外侧着地,且要落在本跑道左侧分道线附近,起跨腿的提拉也应向左前方用力。

图 T-2-1-12

　　400米跨栏跑的栏间距为35米,男子运动员栏间跑为13～15步,女子为15～17步。400米栏后程因疲劳引起速度下降、步长减小,致使栏间跑步数增多。因此要求运动员应学会两条腿都会起跨的技术及目测调整步点的方法。当跨过最后一栏距终点40米时,应保持正确跑的技术,加大两臂摆动的幅度,加速向终点冲刺。400米跨栏跑的全程距离较长,要注意跨栏动作的经济性、跨栏步与栏间跑的紧密衔接、合理分配体力等问题。一般400米跨栏跑成绩比400米平跑慢2～3秒。

第二章　跳

第一节　跳高

一、助跑

背越式跳高的助跑路线分前后两段，前段跑直线，后段跑弧线（最后三、四步）。用远离横杆的腿起跳。起跳点的位置一般离近侧跳高架的立柱 1 米、离横杆垂直向下投影点 50～80 厘米处。助跑的距离一般为 6～8 步或 10～12 步。起跑点和起跳点的连线与横杆夹角约为 70°，弧线半径 5 米左右。

助跑前段应快速跑，跑法和普通加速跑相似。后段由于是跑弧线，所以身体向圆心倾斜，随着跑速愈快倾斜度愈大，前脚掌沿弧线落地。它的特点是身体重心高、步频快，小腿伸得不远，落地更为积极。这样便于保持较大的水平速度，有利于做快速跑有力的起跳动作，增加起跳的效果。由于是弧线助跑，起跳时身体侧对横杆，因而转体较为容易。

全程助跑要求较松、自然、快速跑、准确。跑的过程中注意高抬膝关节。最后一步一般比倒数第二步短 10～20 厘米。

助跑弧线丈量方法要先确定起跳点。由起跳点向近侧跳高架方向平行横杆向前自然走五步，再向右转 90°角向前自然走六步做一标志，再向前走七步画起跑点。由标志点向起跳点画一弧线（半径约为 5 米），即成最后四步的助跑弧线。

二、起跳

起跳的目的是把助跑时所获得的水平速度转变为垂直速度，使身体腾空。

起跳要求和助跑的最后几步衔接紧凑。起跳的动作可细分为起跳、脚着地缓冲和蹬伸三个阶段。助跑到倒数第二步结束，摆动腿支撑地面后，在摆动腿迅速有力的后蹬推动身体快速跑前移的作用下，起跑腿迅速以髋关节带动大腿积极向前迈步，起跳脚顺弧线的切线方向踏上起跳点，以脚跟外侧领先着地并迅速滚动到全脚掌。同时两臂要配合摆动腿迅速向前上方摆起，重心快跟，上体积极前移，使起跳腿缓冲。此时身体由倾斜转为垂直，身体重心轨迹与足迹重叠，以便为最后用力的蹬伸腾起创造有利条件。当身体重心移至起跳点上方时，起跳腿迅速而有力地蹬伸，完成起跳动作。

起跳时,起跳腿的髋、膝、踝关节必须充分伸直,这是直立腾起的关键,同时身体应尽量与地面保持垂直。使身体较为水平姿势的动作不是靠双肩倒向横杆所形成的,而是因骨盆比肩更迅速地上升的结果。

三、过杆和落地

由于起跳时摆动腿屈膝向异侧肩前上方的积极摆动,使身体腾空后逐步转为背对横杆的姿势,这时不要急于做过杆动作,而要努力保持身体的上升趋势。当肩和背高于横杆时,两肩迅速后倒,充分展髋、小腿放松,膝部自然弯曲,身体成反弓形,背部与横杆成交叉状态,反弓仰卧在横杆上方,髋部的伸展动作要延续到臀部过横杆。当膝盖后部靠近横杆时,两小腿积极地向上举。含胸收腹,自然下落以肩背领先落垫。

第二节　跳远

一、助跑

助跑的目的是获得最大的水平速度。跳远的助跑步幅要稍小些,频率要较快,身体重心较高,节奏性要强。助跑时应沿直线逐渐加速,跑到起跳板时应达到最高速度,为踏跳做充分准备。

男子助跑距离一般为 35～45 米,女子助跑距离一般为 30～35 米。

二、起跳

运动员在快速跑助跑的情况下,通过有力的助跑来获得必要的垂直速度,并尽量在保持水平速度的前提下,使身体腾起。在跳远中水平速度大于垂直速度,腾起角小于 45°,起跳是跳远技术的关键。

助跑的最后一步,当摆动腿支撑时,起跳腿快速跑折叠前摆,上体正直或稍后仰。在起跳脚着地的刹那,由于助跑水平速度的惯性和身体重力的作用,产生很大的压力,迫使起跳腿的髋、膝、踝关节产生很快的弯曲缓冲,全脚掌迅速滚动,身体前移。两臂积极向上摆动至肩齐平时突然停止。摆动腿的大腿积极向前上方摆至水平位置,小腿自然下垂,完成起跳动作。

三、腾空

起跳腾空后,身体要保持平衡稳定,并做好落地的准备。上体正直,摆动腿屈膝前摆,大腿高抬并保持水平姿势,起跳腿自然放松地留在后面,成腾空步姿势。腾空姿势有蹲踞式、挺身式和走步式三种。

（一）蹲踞式

腾空步以后，迅速将踏跳腿提至前方与摆动腿并拢，双腿屈膝向胸前靠近，同时上体稍向前倾。快要落地时两腿向前伸出，同时两臂向后摆。当脚跟触及沙面时，两膝很低的弯曲，两臂从后向前摆动，身体重心前移，保证落地后的稳定，如图 T-2-2-1 所示。

图 T-2-2-1

（二）挺身式

腾空步后，摆动腿自然下落，小腿向前、向下、向后弧形摆动，使髋关节伸展，两臂向下、向后上方摆振。这时留在身体后面的起跳腿与向后摆的摆动腿靠拢，臀部前移，胸、腰稍向前挺，形成挺身展体的姿势。落地前两臂由后上方向前、向下、向后摆动，收腹举腿。上体前倾准备落地如图 T-2-2-2 所示。

图 T-2-2-2

（三）走步式

走步式跳远就是在腾空阶段完成走步的动作，与上述两种空中姿势相比，难度较大。当起跳动作完成后,身体呈现"腾空步",处在身体前方的摆动腿应以髋为轴,用大腿带动小腿向下、向后方摆动,同时处在身体后方的起跳腿则以髋关节为轴,大腿向上抬摆,并且屈膝带动小腿前伸,完成两条腿在空中的交换动作。两臂也要配合两腿的换步进行绕环,起到维持身体平衡的作用(图 T-2-2-3)。

图 T-2-2-3

四、落地

(1)前倒落地。当脚跟落地后,前脚掌下压,屈膝并向前跪,使身体移过支撑点后继续向前移动,身体向前扑下。

(2)侧倒落地。当脚跟落地时,一腿紧张支撑,另一腿放松,身体向放松腿的一侧倒下。

第三节 三级跳远

三级跳远是运动员由助跑开始,沿直线连续进行三次水平跳跃的田径运动项目。依据国际田联竞赛规则规定,三级跳远的第一跳为单足跳,第二跳为跨步跳,第三跳为跳跃,即第一、二跳为同一条腿跳跃,第三跳采用另一条腿进行跳跃。也就是说必须按"左—左—右—双脚落入沙坑"或者"右—右—左—双脚落入沙坑"的顺序进行跳跃,才算完成三级跳远的完整动作。否则便视为失败。

三级跳远的技术要求为:快速的助跑和良好的助跑节奏,加速上板,起跳快速有力;支撑阶段富有弹性的缓冲及身体重心的快速前移;腾空阶段自然平衡的两腿交换及落地前积极的扒地动作,最后落地时双腿高抬前伸动作技术。三级跳远项目对运动员的身体素质及技术水平要求较高,因此,也是提高运动员身体素质、跳跃能力和跳跃技术的重要练习手段。

三级跳远技术包括助跑技术、第一跳(单足跳)技术、第二跳(跨步跳)技术及第三跳(跳跃)技术。

一、助跑技术

三级跳远的助跑距离一般为 35～40 米,助跑步数为 18～20 步。中职学生不具备运动员的身体条件及技术水平,故而,在教学中助跑距离应短些,一般全程助跑步数为 12～14 步。

三级跳远的助跑技术与跳远助跑技术基本类似。但因三级跳远的第一跳不像在跳远中那样强调腾起的高度，起跳蹬伸用力程度及腾起角较跳远小些，所以，助跑的最后阶段，步长及步频没有明显的变化，起跳前也不做特别的准备。整个助跑身体重心较高，加速平稳，轻松、自然而富有弹性，最后几步助跑步长更加均衡，身体的前倾程度比跳远稍大些，最后一步起跳脚放脚踏板的落点较靠近身体重心的投影点。

二、第一跳技术（单足跳）

单足跳的起跳是从助跑最后一步摆动腿蹬伸离地，起跳腿快速积极地踏上起跳板开始的。整个过程包括起跳腿脚着地、身体重心移过垂直支撑点及蹬离起跳板。该阶段的技术要求运动员应以快速的助跑、合理的起跳动作以及有效的衔接作保证，在获得必要远度的前提下，尽量减小水平速度的损失。为实现这一目标，其技术要做到：助跑至最后一步时，摆动腿应积极有力地蹬地，起跳腿以积极主动、自然的动作踏向起跳板，落地前大腿抬得比短跑时略低些，踏板应快速积极，但着地要柔和。脚着地时，要有明显的"扒"地动作。这时上体应保持正直或微前倾，起跳脚的着地点距身体重心投影点较近，着地角约为 69 度。

起跳腿着地后，膝关节略弯曲缓冲，踝关节背屈加大，上体及骨盆快速前移，与此同时摆动腿积极前摆，大小腿折叠，脚跟靠近臀部，两臂协同配合，整个身体像一个压紧的弹簧，处于蹬伸前的最有利姿势（图 T-2-2-4①）。

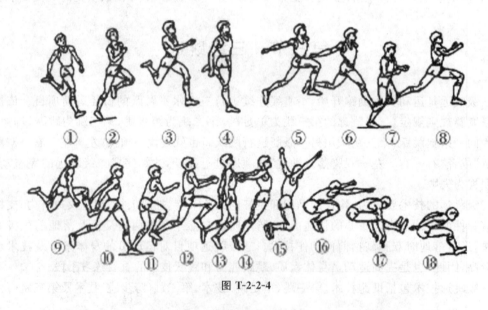

图 T-2-2-4

随着身体的快速前移，起跳腿应及时做爆发式用力蹬伸动作，与此同时摆动腿及两臂迅速向前上方做大幅度的摆动，两臂配合下肢动作做一前一后的大幅度摆动，带动上体向前上方提拉。起跳结束瞬间，上体要正直，起跳腿的髋、膝、踝三个关节伸直，摆动腿大腿与地面平行，小腿放松下垂，抬头、挺胸、两臂摆起。此时，蹬地角为 60～65 度，身体重心腾起角为 16～18 度。起跳结束后进入腾空阶段。在保持一段腾空步后（腾空距离三分之一处），摆动腿自然向下、向后摆动,与此同时髋部上提,起跳腿以大腿带动小腿折叠前摆高抬,带动髋部向前完成换步动作,形成空中跨步姿势,这时两臂配合经体前摆向身体的侧后方(图 T-2-2-4①～⑤)。由于运动员采用的跳跃方式有别,两臂摆动动作也不尽相同,多数运动员为了不影响跑的速度,多采用前后摆臂的形式。也有的运动员采用双臂平行摆动的技术。

三、第二跳技术(跨步跳)

三级跳远的第二跳,仍用第一跳的起跳腿起跳。当完成第一跳换步动作后,此时起跳腿继续高抬,摆动腿充分后摆,以加大两大腿间的夹角。随着身体的下落,前摆的起跳腿开始积极下压,小腿迅速前伸做有力的扒地动作,几乎是伸直腿以全脚掌加速着地。上体保持正直,两臂及摆动腿协同配合起跳腿的动作积极向前摆起。这时支撑腿并未完全放松,相关肌群应保持适度的紧张,使身体重心保持在较高的位置。起跳脚着地后,应及时屈膝、屈踝进行缓冲,并使身体重心快速前移至支撑点的上方。随着摆动腿及两臂的积极有力的摆动,身体充分向上伸展,起跳腿做快速有力的蹬伸动作,使髋、膝、踝三关节充分伸直,这时上体保持正直或微前倾,两臂同时向前摆至最高位置。起跳离地后,在空中形成跨步姿势,两大腿保持较大的夹角,并使身体平稳地向前腾越。当身体重心运行至抛物线的后半段时,两臂张开经体侧向后摆出。第二跳的腾空高度相对其他两跳较低,腾起角在 14 度左右,进入腾空阶段后,要尽量保持较长时间的跨步姿势,维持好身体平衡,并为第三跳的起跳做好充分准备(图 T-2-2-4⑥～⑨)。

四、第三跳技术(跳跃)

经过第一、二跳之后,水平速度已有明显降低,第三跳应充分利用剩余的水平速度,尽力向上起跳,以增大腾起初速度,获得理想的腾空高度及远度。第三跳是采用第二跳的摆动腿做起跳腿,着地时应以大腿积极下压,小腿前伸做有力的向下、向后快速地扒地动作,以保证第三跳的起跳能快速完成。因摆动腿的下压着地及快速的扒地动作,使其着地瞬间被迫适度地屈膝、屈踝和积极缓冲,但支撑缓冲时弯曲不宜过大,这样才有利于身体快速前移。随着摆动腿及两臂的快速大幅度地向前上方摆出,起跳腿充分蹬直,及时完成第三跳的起跳动作。起跳结束瞬间,起跳腿髋、膝、踝三关节充分伸直,且与上体呈一条直线。蹬离地面后便进入第三次腾空步姿势。空中动作与跳远时类似,一般多采用"挺身式"或"蹲踞式"姿势。落地技术也与跳远基本一样,在触及沙面瞬间立即屈膝缓冲,髋部快速前移,使身体迅速移过落点,坐在落点处或倒向落点一侧(图 T-2-2-4⑩～⑱)。

五、三级跳远技术类型及三跳比例关系

在运动实践中三跳远度的比例关系是多种多样的。三跳远度比例关系不同,而技术类型有别:

"高跳型":这一类型特点是第一跳既高又远,且三跳都较高,水平速度损失较大,致使第三跳较近。其三跳的比例大约为 38%、29%、33%。采用此类跳法要求有较强的下肢力量及弹

跳力。

"平跳型"：这一类型特点是第一跳低而平，向前性好，第一跳远度相对较近，但水平速度损失较小，能保持较高的水平速度完成第二、三跳，使第二、三跳远度增加，尤其是第三跳的远度往往会超过第一跳远度，成为三跳中最远的一跳。三跳的比例约为 35％、30％、35％。采用此类跳法要求助跑速度要快及起跳能力要强。

"速度型"：速度型三级跳远技术是在平跳型基础上演进而来的，它继承了平跳型技术的优点，更加强调发挥及保持水平速度。与平跳型相比，最突出的特点是第三跳的距离明显增大。速度型技术助跑快、三跳节奏快。强调在力量练习及跳跃练习中的快速用力。同时两腿的跳跃能力发展均衡，尤其是弱腿的快速起跳能力。速度型运动员不仅第三跳表现突出，且空中动作多采用挺身式或走步式。这表明运动员在第三跳中的弱腿起跳能力很强。

在运动实践中，必须依据个人的具体情况来确定采用哪种技术类型。由于初学者身体素质、技术水平及训练水平均较差，通常不宜采用高跳型跳法，应采用平跳型或速度型。

六、摆臂技术

三级跳远的摆臂方式分前后摆臂和两臂平行摆动两种，一般第一跳多采用前后摆臂的方法，因它是紧接快速助跑后顺势进行的，此时水平速度快，起跳时间短，若采用两臂平行摆动，较易改变最后两步的助跑节奏及降低助跑速度。而在第二、三跳时采用两臂平行摆动则更适宜，这种摆臂方法可有效地利用腾起高度在着地起跳前预先将两臂摆至体侧后方，在着地起跳时双臂可积极有力地向前上方摆起，这不仅不会影响水平速度，而且对快速放脚、快速起跳及维持身体平衡都会有所裨益。

七、三跳的衔接技术

三跳的衔接技术优劣直接影响完整技术的发挥及竞技水平的提高，若三跳衔接紧密连贯则能经济、实效地完成起跳技术，减小水平速度损失，保持良好的身体平衡，充分利用各跳的腾空高度获取更远的水平距离。

第一跳主要是助跑与起跳的衔接，其特点与跳远相同，但着地点相对较近，上体略前倾，摆动腿更趋向于前摆，起跳腿蹬伸用力方向略偏于后下方，腾起高度不宜太高，尽可能减小水平速度的损失。

第二、三跳的衔接技术，是将前一跳的结束动作作为后一跳的开始动作，即将前二跳的准备着地动作，视为后一跳的起跳准备动作，初学阶段易将着地与起跳分割开来，造成着地动作缓慢，着地后膝部弯曲过大，缓冲与起跳脱节而跳不起来。尤其是第一跳着地与第二跳起跳出现脱节现象较为普遍，致使第二跳跨步跳变成跑一大步的错误。因此采用"扒地式"着地进行多级单脚跳、跨步跳或者单脚跳接跨步跳练习，是防止三跳之间脱节的有效手段。

第三章 投

第一节 推铅球

一、握法和持球

握球的方法(以右手为例,下同),五指自然分开弯曲,手腕背屈(图 T-2-3-1);把球放在食指、中指和无名指的指根处,拇指和小指自然地扶在球的两侧。握好球后,把球放在锁骨窝处,贴近颈部,手腕外转,掌心向外,手臂肌肉放松,握球要稳,如图 T-2-3-2 所示。

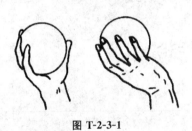

图 T-2-3-1

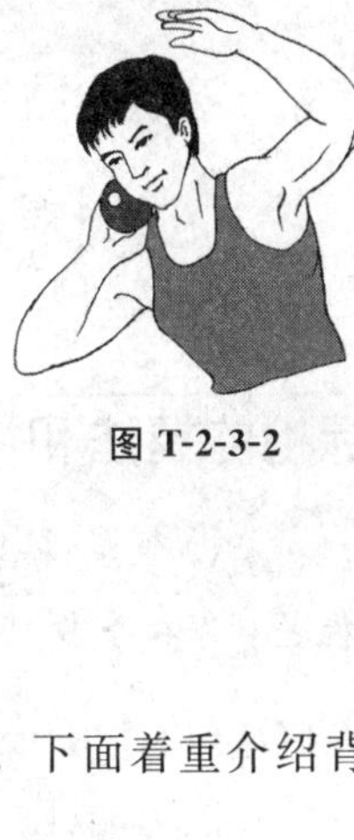

图 T-2-3-2

二、预备姿势

推铅球的技术有侧向滑步投、背向滑步投和旋转投三种方式。下面着重介绍背向滑步投的预备姿势。

高姿势:持球背对投掷方向,右脚尖贴近圆圈,脚跟正对投掷方向,重心在右脚上。左脚在后,并以脚尖或前脚掌着地,距右脚 20～30 厘米。上体正直放松,左臂自然上举或前伸,两眼看前下方 3～5 米处。这种姿势较为自然放松,能协调地进行滑步动作,有利于提高速度。

低姿势:背对投掷方向,两脚前后开立 50～60 厘米,右脚跟正对投掷方向,左脚以脚尖或前脚掌着地,左臂自然下垂或前伸,两腿自然弯曲,上体前俯,重心落在右腿上。两眼看前下方 2～3 米处。这种姿势容易维持平衡。

三、滑步

滑步的目的是使人体和铅球获得一定的预先过渡,并为最后用力创造良好的条件。掌握好滑步技术可提高成绩 1.5～2.5 米。下面着重介绍背向滑步技术。

可做 1～2 次预摆。当摆动腿向后上方摆出,上体自然前俯,左臂自然地伸于胸前。然后左腿回收,同时弯曲右腿,当左腿回收到接近右腿时,身体重心略向后移,紧接着左腿向投掷方向拉出,右腿用力蹬伸,当脚跟离地面后,迅速拉收小腿,右脚向内转扣,并用前脚掌着地,落在圆圈中心附近与投掷方向约成 130°角。这时左脚要积极下落,以前脚掌内侧迅速地落在直径线左侧靠近抵制板处。两脚落地的时间越短越好,以利于动作连贯,并能迅速地过渡到最后用力。

四、最后用力和投掷后维持身体平衡

投掷方法的不同导致最后用力维持身体平衡的方法不同,下面就背向滑步技术最后用力后的身体平衡做一介绍。

最后用力是当左脚积极着地的一刹那开始的。在滑步拉收右腿的过程中,右膝和右脚就向投掷方向转动,右脚着地后还要不停地蹬转,并推动右髋向投掷方向转动。上体也逐渐向上抬起。在右髋的不断前送中很快地向左转体,挺胸抬头,左臂摆至身体左侧制动,两脚积极蹬伸,同时右臂将铅球积极推出,在铅球快离手时,手腕和手指迅速向外拨球。投球的角度一般为 38°～42°。当球离手后,立即将右腿换到前面,屈膝降低重心,以便于维持身体平衡。

第二节　掷标枪

一、标枪的握法和持枪

(一)握枪(以右手投掷为例)

现代式握法:现在国内外运动员大都采用的握法是将标枪斜握在掌心,拇指与中指握住标枪绳把末端第一圈上端(图 T-2-3-3),食指自然地贴在标枪上,无名指与小指也自然握住绳把。

普通式握法:用拇指和食指握住标枪绳把末端的第一圈,其余三个手指握住绳把(图 T-2-3-4)。

图 T-2-3-3

图 T-2-3-4

（二）持枪

正确的持枪技术应是有利于持枪助跑发挥速度,有利于引枪并控制标枪的位置和角度并保持肩部放松和持枪臂的放松。持枪有多种方式,如肩上持枪法、腰间持枪法等。

肩上持枪:把标枪举在肩上,弯曲的投掷臂和手腕控制标枪,标枪的尖部略高于尾部,整个标枪稍高于头部,这种持枪方式,手腕比较放松,也便于引枪(图 T-2-3-5)。

图 T-2-3-5

腰间持枪:握枪后将标枪置于腰侧,助跑时枪尖在后,枪尾在前,持枪助跑仍像平跑时那样前后摆臂,进入投掷步时再引枪,将枪尖对准投掷方向。这种方式引枪时,需翻手腕将枪尖对准前方,因此难度较大。优点是助跑时肩、臂动作自然放松,便于发挥速度。

二、助跑

掷标枪的助跑的作用如同推铅球的滑步、掷铁饼的旋转一样,是给器械获得预先速度,并控制好标枪的位置,为引枪和超越器械创造良好的条件。

助跑由两个部分组成。第一段是预跑,也就是持枪跑,第二段是标枪特殊的助跑——投掷步。

（一）预跑阶段

掷标枪的助跑一般要 25～35 米。从第一标志到第二标志 15～20 米距离作为预跑阶段,通常跑 8～14 步(图 T-2-3-6)。

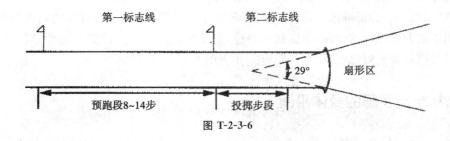

图 T-2-3-6

预跑段时,投掷臂持枪,上体稍前倾,用前脚掌着地,高抬大腿,蹬伸动作有力,动作轻快而富有弹性,并且助跑的节奏性要强,持枪臂和另一臂要与两腿动作协调配合,两眼平视,头部自

然抬起。

预跑段的助跑应是逐渐加速的,助跑的步长也要稳定,助跑阶段也要能控制,以便于完成投掷步和最后用力为前提。据有关资料介绍,掷标枪助跑时的速度,相当于本人最高跑速的60%～85%,就是适宜助跑速度。但这也得根据个人的技术熟练程度而定。尤其对初学者来说,预跑段的助跑速度更要控制,随着技术熟练程度的提高,可逐步提高助跑的速度。

(二)投掷步阶段

由于掷标枪的投掷步,不同于普通跑步,在投掷步中还包含一个特殊的交叉步,为此,有人把掷标枪的投掷步叫作交叉步阶段。

投掷步是从第二标志开始,到投掷弧这一段距离内的助跑。实际上是从预跑加速,过渡到最后用力直至标枪出手这一系列的动作阶段。投掷步的任务是通过特殊的助跑技术,使下肢动作加快,在快速跑向前运动中完成引枪,并且通过投掷步形成身体超越器械,为最后用力和出手创造良好条件。

投掷步有两种形式,一种是跳跃式的投掷步,另一种是跑步式的投掷步。投掷步通常跑4～6步,男子需9～15米,女子需8～13米。

跳跃式投掷步:这种形式腾空时间较长,两腿蹬伸的力量大,有利于引枪动作和超越器械的完成,动作也比较轻快自如。但这种跳跃式的投掷步,要防止跳得过高,造成重心起伏过大,影响动作的直线性和连贯性。

跑步式的投掷步:近似平常跑步,特别是向前速度较快,身体向前平直,但不利于形成身体的超越器械。

三、最后用力

投掷步的第三步右脚落地后,髋部顺向前惯性继续运动,身体继续向前运动,在身体重心越过了右脚支撑点上方时(左脚还未着地),右腿积极蹬伴用力。左脚着地时,左腿做出有力的制动动作,可加快上体向前的运动速度。右腿的继续蹬地,推动右髋加速向投掷方向运动,使髋轴超过肩轴,并带动肩轴向投掷方向转动。在肩轴向投掷方向转动的同时,投掷臂快速跑向上翻转,使上体转为面对投掷方向,形成"满弓"姿势。此时投掷臂处于身后,与肩同高,与躯干几乎成直角,标枪处在肩上后方,掌心向上,枪尖向前。

形成"满弓"后,胸部继续向前,将投掷臂最大限度地留在身后,右肩部的肌肉最大限度地伸展。由于向前的惯性的作用,左腿被迫屈膝,但随即做迅速有力的充分蹬伸,同时以胸部和右肩带动投掷臂向前做爆发性"鞭打"动作,并使用力的方向通过标枪纵轴(图 T-2-3-7)。

四、标枪出手后的身体平衡

标枪出手后,保持身体平衡是全过程的结束动作。为了防止人体越过投掷弧而造成犯规,标枪出手后,右腿应及时向前跨出一大步,降低身体重心,以保持平衡。为了保证最后用力时运动员可以大胆向前做动作而又不犯规,最后一步左脚落地点至投掷弧的距离应在

1.5～2 米之间。

图 T-2-3-7

第三篇

体操类运动

第一章　体操运动

第一节　体操运动常识

　　体操运动是通过徒手、持轻器械或在器械上正确完成各种类型的不同难度动作的练习,并要求有一定的艺术性,借以实现体育目的和体育任务的一种手段。

　　体操在我国具有悠久的历史。早在 2 000 年前古代医学名著《内经》中曾有"导引养身术"的记载;东汉末期,名医华佗创编"五禽戏";唐宋时期在民间广泛流传的"八段锦"以及反映古代歌舞、戏剧、杂技和流传于民间的技巧运动;东汉时期出现的"杠子功"等,都属于我国早期的健身医疗体操和器械体操。

　　19 世纪 60 年代,近代体操经由军事学堂和教会系统从国外传入中国。新中国成立后,在党和政府的正确领导与关怀下,体操运动和其他运动项目一样,得到了迅速发展。中国从 1958 年开始参加世界体操锦标赛,男、女团体成绩很快达到了世界先进水平,并在 1983 年战胜了苏联队,首次登上了世界冠军的宝座。在世界体操比赛中,中国队发挥非常出色,在国际上的影响力与日俱增,为世界体操运动的发展做出了贡献。2008 年北京奥运会,主场作战的中国体操队发挥出色,共夺得九枚金牌,其中中国男子体操队夺得全部八枚金牌中的七枚,而中国女子体操队首夺奥运女团金牌,实现了新的突破。2010 年世界体操锦标赛,中国队获得 4 金 4 银 1 铜,位居奖牌榜第一。2011 年世界体操世锦赛中,中国队收获 4 金 5 银 3 铜,再次位居奖牌榜首位。2012 年体操世界杯在山东淄博举行,中国体操队再创佳绩,夺得全部十枚金牌中的六枚,再一次展示了强大的实力。2012 年的伦敦奥运会,中国体操队获得 4 金 3 银 1 铜。2016 年的里约奥运会上,中国体操队发挥不佳,仅获得 2 枚铜牌。中国体操队正处于困难时期,需要不断努力才能重展神威。

第二节　单杠

经常进行单杠练习,可以培养勇敢、顽强的意志品质,增强上肢、肩带、躯干肌肉的力量,提高身体的协调性以及前庭分析器官的平衡能力。

一、蹬地翻上成支撑

动作要领:直臂正手握低杠站立,屈臂上步于杠前垂面,后腿由后经下向前摆动。同时前腿蹬地向后上方跳。同时屈臂用力引体、倒肩、腹部靠杠,当身体转斜到 45°时,双腿伸直并拢,当身体翻转后水平时,制动双腿,抬上体,翻撑杠,两臂伸直成腹撑(图 T-3-1-1)。

图 T-3-1-1

保护与帮助:保护者站在杠前侧方,当练习者蹬地后,一手托其臀部,另一手托其肩部帮其翻转。

练习方法:①跳上支撑前倒慢翻下;②单腿蹬高处做翻上。

二、后向大回环

动作要领:由手倒立开始,身体下落时要直臂顶肩,脚向后远伸,身体尽量伸直,使身体重心远离握点,前摆接近下垂直部位时要"沉肩",体稍后屈,摆过垂直部位 30°～40°时,迅速向前上方兜腿,稍屈髋,当身体接近杠上垂直部位时,向上伸腿展髋,同时顶肩翻腕成手倒立(图 T-3-1-2)。

保护与帮助:保护者站在杠侧高台上,一手从杠下翻握其手腕,另一手托其肩使其倒立。

练习方法:①悬垂大摆,体会沉肩;②在海绵包前做手倒立、顶肩后翻成俯卧;③在保护与帮助下练习。

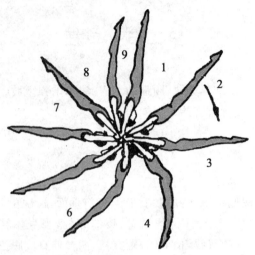

图 T-3-1-2

三、单腿骑撑后倒挂膝上

动作要领:右腿骑撑开始,两臂伸直撑杠,向后摆左腿,推双手,身体重心后移,右腿屈膝挂杠,上体后倒。身体重心远离杠面,当身体转到杠垂面时,左腿加速向前上摆。当转到斜上45°时压穿右腿,翻腕立腰,握紧双手制动,双腿前后大分腿成骑撑(图 T-3-1-3)。

1　　2　　3　　4　　5　　6　　7

图 T-3-1-3

保护与帮助:保护者在杠前站立,一手从杠下扶其肩,另一手扶其后腿部,后摆后腿,当后摆到极点后一手扶肩,一手挽扶挂膝膝关节,帮其固定转轴,托肩手帮其翻转。

练习方法:①保护者站其身侧抱后腿,在练习者后移重心时拉腿到离杠极远处;②挂膝摆动;③在保护帮助下练习。

四、悬垂摆动屈伸上

动作要领:悬垂前摆开始,收腹成直角沉肩,过杠下垂面后收腹屈体,双腿靠杠面到前摆极限,回摆同时直臂压杠穿腿、跟肩成支撑腿继续后摆(图 T-3-1-4)。

图 T-3-1-4

保护与帮助：保护者站在杠前侧面，一手杠下扶其肩，帮助加大放浪，另一手在其臀过模具垂面扶腿帮其收腿屈体。在回摆时一手托其背，另一手托其腿，帮其后上成支撑。

练习方法：①低杠正握，屈体充分拉肩，后跳收腹，脚踏垫子放浪；②用跑放浪上跳做屈伸上。

五、支撑后倒屈伸上

动作要领：由支撑开始，两臂伸直撑杠，上体后倒，当身体失去支撑时，收腹、屈髋，两腿沿杠面落到脚靠近杠前成屈体悬垂前摆，身体前摆时肩和臂充分远送，后摆到支撑，技术与悬垂摆动屈伸上相同（图 T-3-1-5）。

图 T-3-1-5

保护与帮助：与悬垂摆动屈伸上相同。

练习方法：①支撑后倒放浪；②推杠跳起做短振屈伸上。

六、支撑后摆下

动作要领：由支撑开始，两腿先向前预摆。肩部稍前倾，接着双腿向后上方摆腿，两臂伸直支撑。当后摆到极点要下落时，稍含胸制动，双腿顶肩推手，挺身落下（图 T-3-1-6）。

保护与帮助：保护者站在杠后侧方，一手托其腹部，另一手托其腿部帮助后摆，然后扶身体落地。

练习方法：①低杠支撑后摆下，手不离杠；②支撑后摆；③在保护下完成。

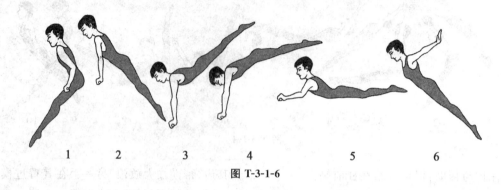

图 T-3-1-6

七、骑撑前回环

动作要领：由右腿骑撑双手反握开始，两臂伸直撑杠，身体重心前移前提臀，右腿上举向前迈出。以左腿大腿前部压杠为轴，上体前倒靠近右大腿，当转到270°时，右腿压杠，展髋，左腿继续后摆，两臂伸直压杠，翻腕立腰分腿成骑撑（图 T-3-1-7）。

图 T-3-1-7

保护与帮助：保护者站在杠后，一手杠下扶手腕，另一手扶大腿后部使其固定转轴，在转过270°后托后背帮其成骑撑。

练习方法：①帮助者站在练习者前抱其右腿做迈步提臀前倒上体；②在杠前设立标志物练习前回环。

八、支撑后回环

动作要领：支撑开始，双腿向前预摆，肩部稍前倾，接着双腿后摆，双臂伸直撑杠，然后身体下落腹部贴杠面后，上体迅速后倒，双腿前摆，以腹部为轴，稍屈髋，两臂压杠回环，当转过杠的垂面后，制动双腿，抬上体挺胸，展髋，翻腕立腰成支撑（图 T-3-1-8）。

保护与帮助：保护者站在杠前，一手杠上扶肩，另一手杠下扶大腿，帮助后摆前移肩，当回摆贴腹后进行转动，扶其臀固定转轴。

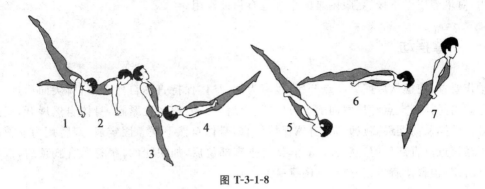

图 T-3-1-8

练习方法：①支撑后摆贴腹；②保护帮助下支撑后倒腹回环；③在保护帮助下完成。

九、腹撑前腿摆越成骑撑

动作要领：腹支撑开始，重心左移，左手直臂支撑，同时向上摆右腿，推右手离杠，右腿摆到最高点向杠前放右腿成骑撑，回原重心右手再握（图 T-3-1-9）。

图 T-3-1-9

保护与帮助：保护者站于杠后，一手托肩帮其移动重心，另一手扶腿帮其侧上摆并前放。

练习方法：①原地模仿练习；②在保护帮助下完成动作。

第三节　双杠

　　双杠动作主要是以摆动、摆越、展伸、弧形、回环、空翻和静止用力动作为主。现代许多优秀运动员把一些技巧、鞍马等其他项目的动作移植到双杠上，使双杠的一套动作难度更大，动作种类内容更加丰富，连接更加新颖。我国许多优秀运动员在此项目上获得过世界冠军。

　　双杠动作移动范围大、变化复杂，可以支撑做，也可以是悬垂做。既可以支撑，也可以侧撑；既可在两杠上做动作，也可以在单杠上做动作。规则要求一套双杠动作编排要以摆动、转体、空翻为主，动作结构组合要多样，连接要紧凑连贯，不可出现不必要的静止和无价值的动作或连接。

　　通过双杠练习可促进人体的上肢、腹背肌肉和肩带的力量及柔韧性的发展，提高身体的控

制能力,对培养坚忍不拔、克服困难的精神也有积极作用。

一、支撑摆动

动作要领:前摆从后摆最高点开始,以肩为轴,身体保持直体自然下摆,脚尖向后远伸,肩稍前移。当身体到支点时顶肩向前上方兜腿、顶肩、梗头,按惯性紧腰,身体自然展开,肩角充分拉开。后摆从前摆最高点开始,身体保持伸直,身体自然下摆。固定肩,双臂用力支撑。当身体下摆接近垂直部位前,髋关节稍屈,摆过垂直部位后,加快腿的“鞭打”,含胸顶肩,以肩为轴自然后摆,顶臂使肩角充分拉开(图 T-3-1-10)。

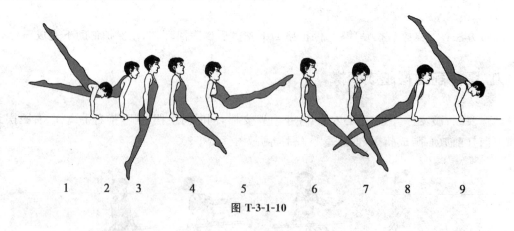

图 T-3-1-10

保护与帮助:保护者站在练习者侧面,一手扶其肩部,另一手托腹(后摆)或托臀(前摆)。
练习方法:①学习正确的支撑,并在双杠支撑移动;②小幅度支撑摆动。

二、分腿坐前滚翻成分腿坐

动作要领:分腿骑坐,两手靠近大腿内侧握杠,上体前倒,顺势提臀、屈体,同时双肘内收顶住两肋使臀前上移至双手支点后,迅速开臂成双肩和手共同组成支撑面。并腿前滚,双手迅速向前换握杠,臀部接近杠面时,两腿分开并下压,两臂压杠跟肩成分腿坐(图 T-3-1-11)。

图 T-3-1-11

保护与帮助:保护者站在练习者侧面,一手托其腿,另一手杠下托肩,帮助提臀、屈体、前滚,换手时托其背,防止掉下。

练习方法：①低箱（马）放在杠端，在杠面上放一块垫子，在杠端做前滚翻落于垫上；②在帮助下完成动作。

三、分腿坐慢起肩倒立

动作要领：分腿骑坐，双手在大腿内侧靠近大腿处握杠，夹肘置于两肋部，低头，前移重心，提臀，当重心移过支点后，双臂开肘以双肩、双手组成支撑面，双腿从两侧并拢，抬头立腰倒立（图 T-3-1-12）。

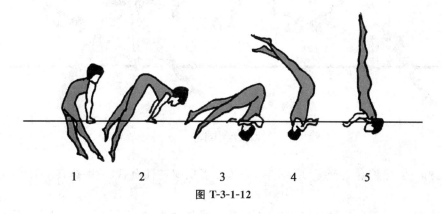

1　　2　　3　　4　　5

图 T-3-1-12

保护与帮助：保护者站在练习者侧面，一手扶其背部，另一手扶腹部或扶髋部。

练习方法：①头手倒立；②杠端从箱（马）上做双杠肩倒立；③在保护帮助下完成。

四、分腿骑坐前进

动作要领：由支撑前摆开始，当前摆两腿过杠面时，立即向前上两侧分腿，分腿落于两杠面成骑坐，推手重心前上移，用两大腿内侧压杠挺身上立。过支点后上体前倒，双手向远处撑杠，同时两腿伸直，用大腿压杠反弹，后摆并腿，支撑自然前摆（图 T-3-1-13）。

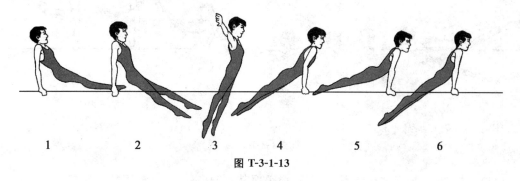

1　　　2　　　3　　　4　　　5　　　6

图 T-3-1-13

保护与帮助：保护者站于杠侧，一手扶练习者的肩部（杠上），另一手杠下托其腹部。

练习方法：①练习支撑摆动前摆分腿坐；②在帮助下双手压杠反弹并腿支撑摆动。

五、支撑前摆向左直角下

动作要领:支撑前摆开始,当身体过杠面推右手向左推并移重心向左,当腿摆到极点制动,双手握左侧单杠,左手侧平举,右手单臂支撑,挺身跳下(图 T-3-1-14)。

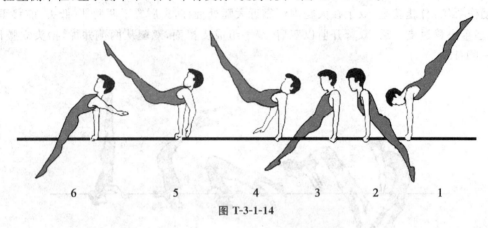

图 T-3-1-14

保护与帮助:保护者立于练习者左侧,当练习者摆腿过杠面后,一手拉其左肩外移,另一手托其臀部。

练习方法:①右腿体前蹬单杠,推右手向外移身体跳下;②双手握左杠,双腿蹬两杠跳下;③在保护与帮助下完成。

六、挂臂前摆上

动作要领:由摆臂开始,前摆到杠垂面稍沉肩加速兜腿,身体摆到杠面突然制动,压臂跟肩支撑,身体继续上摆,肩充分顶开(图 T-3-1-15)。

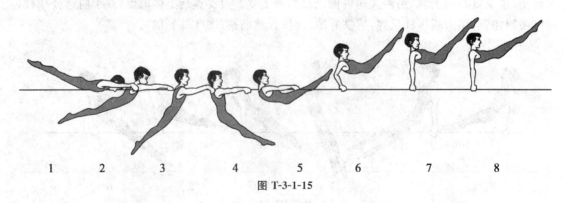

图 T-3-1-15

保护与帮助:保护者站在练习者侧面,一手握其上臂,另一手在杠下托送髋部。

练习方法:①体会前摆制动;②分腿仰卧于双杠,练习压臂跟肩;③在保护与帮助下完成后摆动作。

第二章　健美操

第一节　健美操常识

健美操的起源可以追溯到 2 000 多年前的古希腊时期。当时的人认为在宇宙万物中,只有人体美才是最匀称、最和谐、最庄重、最有生气和最完美的,他们喜欢采用各种田径项目,以及柔软体操和健美舞蹈进行锻炼,达到自身的形体健美。

现代健美操从 20 世纪 60 年代初开始萌芽,20 世纪 70 年代在美国迅速兴起,并形成热潮。自 1985 年开始,美国正式举办了一年一度的健美操锦标赛,同时确定了健美操的比赛项目和规则。健美操不仅在欧美国家迅速发展,而且在苏联和其他东欧国家也相当普及。苏联早已把健美操列入大、中、小学的体育教学大纲。在亚洲地区,日本、菲律宾、新加坡等国家和地区也建有许多健美操活动中心及健身俱乐部。

健美操在我国也有着悠久的历史。早在 2 000 多年前,我国古代导引图上,就彩绘着 44 个不同性别、不同年龄、栩栩如生、做着不同姿势的人物,有站、蹲、坐等基本姿势,臂屈伸、方步、转体、跳跃等各种动作,几乎和当今的健美操动作相仿。现代健美操于 20 世纪 70 年代传入我国。1986 年 4 月,广州举办了首届"全国女子健美操邀请赛"。1992 年,中国健美操协会在北京成立,从此我国健美操运动朝着国际化、科学化、规范化的方向发展。

健美操是一项追求人体健与美的运动项目,经常进行健美操锻炼,可以提高关节的灵活性,使肌肉的力量增强,使韧带、肌腱等结缔组织富有弹性;可以提高人的动作记忆和再现能力,提高神经系统的灵活性和均衡性,从而发展人的协调能力;可以使心肌纤维增粗、心肌收缩力增强、心输出量增大,提高供血能力,有助于向脑细胞供氧、供能,提高大脑的思维能力;可以提高呼吸深度,增加每次呼吸时的气体交换量,提高呼吸系统机能水平;可以刺激肠胃蠕动,可增强消化机能,有助于营养物质的吸收和利用,从而提高对疾病的抵抗能力。

第二节　健美操技能

一、健美操基本动作技术

(一)基本手型(图 T-3-2-1)

(1)合掌。五指并拢伸直。

（2）西班牙舞手势。五指用力，小指、无名指、中指自掌指关节处依次弯曲，拇指稍内扣。

（3）分掌。五指用力分开，手腕保持一定的紧张程度。

（4）芭蕾手势。五指微屈、后三指并拢，稍内收，拇指内扣。

（5）拳。五指弯曲紧握，大拇指压在食指弯曲部位。

（6）一指式。握拳，食指伸直或拇指伸直。

（7）推掌。手掌用力上翘，五指自然弯曲。

（8）响指。拇指与中指摩擦与食指打响，无名指、小指弯曲至握。

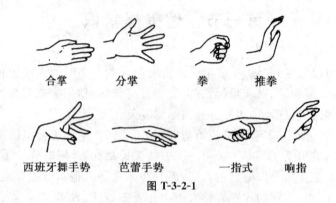

| 合掌 | 分掌 | 拳 | 推拳 |

| 西班牙舞手势 | 芭蕾手势 | 一指式 | 响指 |

图 T-3-2-1

（二）头、颈部动作

1. 屈（图 T-3-2-2）

动作描述：头部向前、后、左、右 4 个方向分别做颈部关节弯曲的运动。

注意要点：身体正直，做动作时应缓慢，充分伸展颈部肌肉。

动作变化：前屈、后屈、左屈、右屈。

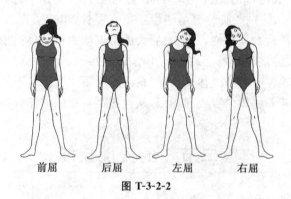

| 前屈 | 后屈 | 左屈 | 右屈 |

图 T-3-2-2

2. 转（图 T-3-2-3）

动作描述：头保持正直，然后头颈部沿身体垂直轴向左、右转动 90°。

注意要点：下颌平稳地左右转动。

动作变化：左转、右转。

3. 环绕（图 T-3-2-4）

动作描述：头保持正直,然后头颈部沿身体垂直轴向左或右转动 360°。
注意要点：转动时头部要匀速缓慢,不要过快。动作要到位,向后转时头要后仰。
动作变化：左或右环绕,两动作一致,方向相反。

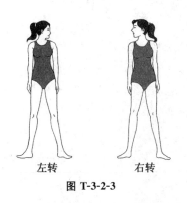

左转　　　　右转　　　　　　　　　　左环绕
　　图 T-3-2-3　　　　　　　　　　　图 T-3-2-4

（三）肩部动作

1. 提肩（图 T-3-2-5）

动作描述：脚开立,身体保持正直,然后肩部沿身体垂直轴向上提起。
注意要点：尽可能向上提起,提肩时,身体不能摆动。
动作变化：单提肩、双提肩。

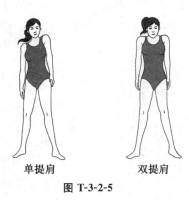

单提肩　　　　双提肩
　　图 T-3-2-5

2. 沉肩（图 T-3-2-6）

动作描述：脚开立,身体保持正直,然后肩部沿身体垂直轴向下沉落。
注意要点：尽可能向下沉落,沉肩时,身体不能摆动,头尽量往上伸展。
动作变化：双肩下沉。

3.绕肩（图 T-3-2-7）

动作描述：脚开立，身体保持正直，然后肩部沿身体前、后、上、下四个方向进行绕动。

注意要点：绕肩时，身体不要摆动，动作尽量大，要舒展开。

动作变化：单肩环绕、双肩环绕。

沉肩

图 T-3-2-6

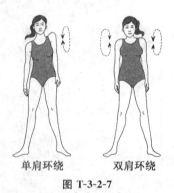

单肩环绕   双肩环绕

图 T-3-2-7

（四）上肢动作

1.举（图 T-3-2-8）

动作描述：以肩关节为中心，手臂进行活动。

注意要点：动作到位，有力度。

动作变化：前举、后举、侧举、侧上举、侧下举、上举。

前举   后举   侧举   侧上举   侧下举   上举

图 T-3-2-8

2.屈（图 T-3-2-9）

动作描述：肘关节由弯曲到伸直或由伸直到弯曲的动作。

注意要点：关节做有弹性的屈伸。

动作变化：胸前平屈、肩侧屈、肩侧上屈、肩侧下屈、胸前上屈、头后屈。

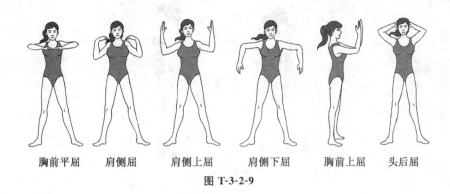

| 胸前平屈 | 肩侧屈 | 肩侧上屈 | 肩侧下屈 | 胸前上屈 | 头后屈 |

图 T-3-2-9

3.绕、环绕(图 T-3-2-10)

动作描述:两臂或单臂以肩为轴做弧线运动。

注意要点:路线清晰,起始和结束动作位置明确。

动作变化:两臂或单臂向内、外、前、后绕或环绕。

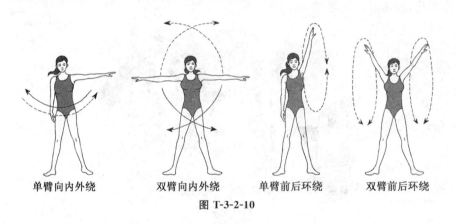

| 单臂向内外绕 | 双臂向内外绕 | 单臂前后环绕 | 双臂前后环绕 |

图 T-3-2-10

(五)躯干动作

1.胸部动作

(1)移胸。

动作描述:髋部位置固定,腰腹随胸部左右移动。

注意要点:移胸时,腰腹带动胸部移动;动作要尽量大。

动作变化:左右移胸。

(2)含胸、挺胸(图 T-3-2-11)。

动作描述:含胸时低头收腹,收肩,形成背弓,呼气;挺胸时,抬头挺胸,展肩,吸气。

注意要点:含胸时身体放松,但不松懈;挺胸时,身体紧张但不僵硬。

动作变化:手臂胸前平屈含胸、手臂侧平举展胸。

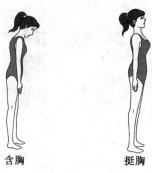

含胸　　　　挺胸

图 T-3-2-11

2.腰部动作

(1)屈(图 T-3-2-12)。

动作描述:腰部向前或向侧做拉伸运动。

注意要点:充分伸展,运动速度不宜过快。

动作变化:前屈、后屈、侧屈。

前屈　　　后屈　　　左侧屈　　　右侧屈

图 T-3-2-12

(2)转(图 T-3-2-13)。

动作描述:腰部带动身体沿垂直轴左右转动。

注意要点:身体保持紧张,腰部灵活转动。

动作变化:迈步移动重心与转腰运动结合。

(3)绕和环绕(图 T-3-2-14)。

动作描述:腰部做弧线或圆周运动。

注意要点:路线清晰、动作圆滑。

动作变化:与手臂动作相结合进行腰部绕和环绕。

3.髋部动作

(1)顶髋(图 T-3-2-15)。

动作描述:两腿开立,一腿伸直支撑、另一腿屈膝内扣,上体保持正直,用力将髋顶出。

注意要点:动作用力且有节奏感。

动作变化：双手叉腰顶髋，左顶、右顶、后顶、前顶。

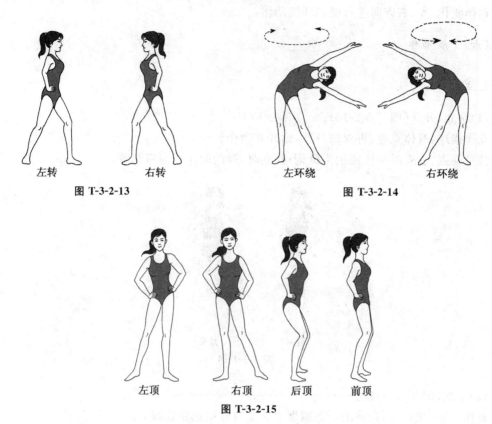

左转　　　　　右转
图 T-3-2-13

左环绕　　　　右环绕
图 T-3-2-14

左顶　　　右顶　　　后顶　　　前顶
图 T-3-2-15

（2）提髋（图 T-3-2-16）。

动作描述：髋向上提。

注意要点：髋与腿部协调向上。

动作变化：左提、右提。

（3）绕和环绕（图 T-3-2-17）。

动作描述：髋做弧线或圆周运动。

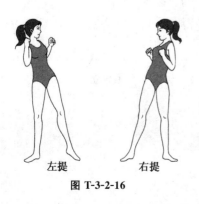

左提　　　　　右提
图 T-3-2-16

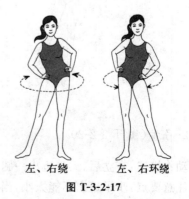

左、右绕　　　左、右环绕
图 T-3-2-17

注意要点:运动轨迹要圆滑。

动作变化:左、右方向进行绕和环绕动作。

(六)下肢动作

1.立

(1)直立、开立(图 T-3-2-18)。

动作描述:身体直立,再双腿打开,做开立动作。

注意要点:直立时身体要抬头挺胸;开立时,脚的间距约与肩相等。

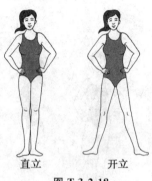

直立　　　　　开立

图 T-3-2-18

(2)点立(图 T-3-2-19)。

动作描述:先直立,再伸出一条腿做点立或双腿提起做提踵立。

注意要点:动作要舒展。

动作变化:侧点立、前点立、后点立、提踵立。

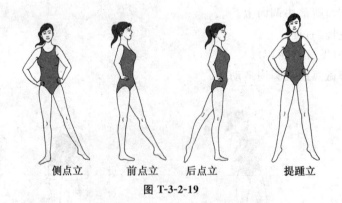

侧点立　　　前点立　　　后点立　　　　提踵立

图 T-3-2-19

2.弓步(图 T-3-2-20)

动作描述:直立后,大步迈出一腿,做屈动作。

注意要点:步子迈出不能太小,当然也不能太大。

动作变化:前弓步、侧弓步、后弓步。

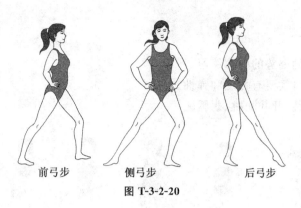

前弓步　　　　　　侧弓步　　　　　　后弓步

图 T-3-2-20

3.踢(图 T-3-2-21)

动作描述:双腿交换做踢腿动作。
注意要点:动作干净利落。
动作变化:前踢、侧踢、后踢。

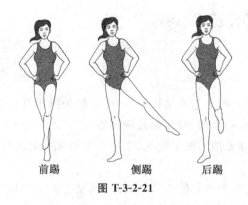

前踢　　　　　　侧踢　　　　　　后踢

图 T-3-2-21

4.弹(图 T-3-2-22)

动作描述:双腿进行弹动动作。
注意要点:双腿弹动要有弹性。
动作变化:正弹腿、侧弹腿。

正弹腿　　　　　　侧弹腿

图 T-3-2-22

5.跳(图 T-3-2-23)

动作描述:做各种姿势的腿部练习。

注意要点:跳的时候要有力度和弹性。

动作变化:并腿跳、开并腿跳、踢腿跳。

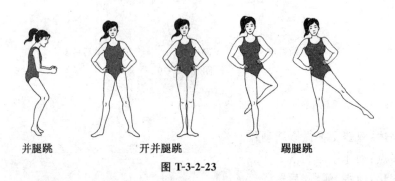

并腿跳　　　　　开并腿跳　　　　　踢腿跳

图 T-3-2-23

二、健美操组合动作技术

(一)髋部动作组合

髋部动作组合是由健美操的基本动作之一,配以健美操手臂的特色动作组合而成,主要是躯干和上肢运动,它包括左右顶髋、臂屈伸及挥摆等。

动作特点:短小(共3×8拍),便于记忆,学习后可有充分时间反复练习。可通过变换方向重复练习。

音乐选择:旋律清晰、节奏感强的迪斯科音乐,速度为24拍/10秒。

动作要领:原地顶髋是健美操髋部动作中最基本的一种。开立后左(右)腿屈膝内扣,同时向右(左)顶髋,上体保持正直。

动作要求:髋部动作幅度大,节奏感强;上肢动作到位,有力度,与髋部动作配合协调。

预备阶段:

预备姿势:开立,两手叉腰。

1~4拍保持预备姿势。

5拍左腿屈膝内扣,同时向右顶髋。

6拍右腿屈膝内扣,同时向左顶髋。

7、8拍和5、6拍相同(图 T-3-2-24)。

第一个8拍:

1拍左腿屈膝内扣,同时向右顶髋,两臂胸前平屈。

2拍右腿屈膝内扣,同时向左顶髋,两臂下伸。

3、4拍同1、2拍(图 T-3-2-25)。

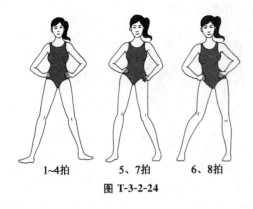

1~4拍　　5、7拍　　6、8拍

图 T-3-2-24

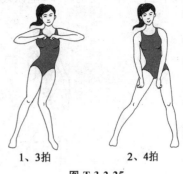

1、3拍　　2、4拍

图 T-3-2-25

5拍腿和髋同 1 拍,同时两臂经侧至头上交叉 1 次后成上举,抬头。

6拍腿和髋同 2 拍,同时两臂头上交叉 1 次后成上举。

7拍腿和髋同 1 拍,同时两臂肩侧屈,头向右转。

8拍腿和髋同 2 拍,同时两臂还原至体侧,头还原(图 T-3-2-26)。

5拍　　　6拍　　　7拍　　　8拍

图 T-3-2-26

第二个 8 拍:

1拍腿和髋同第一个 8 拍的 1 拍,同时左臂胸前屈。

2拍腿和髋同第一个 8 拍的 2 拍,同时右臂胸前屈。

3拍腿和髋同 1 拍,同时左臂前伸。

4拍腿和髋同 2 拍,同时右臂前伸(图 T-3-2-27)。

5、6拍自左脚起踏步走 2 步,同时两手胸前击掌 2 次。

7拍双脚起跳成开立,同时两手叉腰。

8拍不动(图 T-3-2-28)。

(二)跳步动作组合

丰富多彩、富有弹性的跳跃动作是健美操的特色之一。这套跳跃动作组合共 6 个 8 拍,是

由健美操的几种主要的跳步,配以规范有力的上肢动作组合而成。

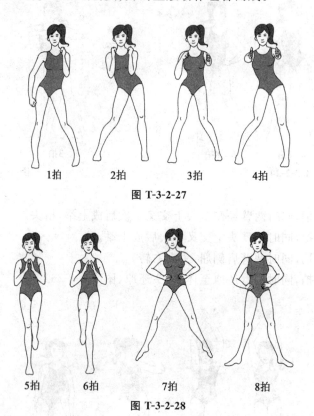

1拍　　2拍　　　3拍　　　4拍

图 T-3-2-27

5拍　　6拍　　　7拍　　　8拍

图 T-3-2-28

音乐选择:节奏感强的音乐,速度为 26 拍/10 秒。

动作要求:跳跃轻快,富有弹性;上肢动作到位,有力度;整套动作连贯,节奏准确,富有表现力。

预备姿势:开立,两手叉腰。

第一个 8 拍:

1、2 拍不动。

3、4 拍两脚弹动 2 次(图 T-3-2-29)。

5、6 拍跳成并立,同时两脚弹动 2 次。

7 拍跳成开立。

8 拍跳成并立,同时两臂落至体侧(图 T-3-2-30)。

第二个 8 拍:

1 拍右腿后踢跑,同时两臂胸前屈。

2 拍左腿后踢跑,同时两手胸前击掌。

3 拍右腿后踢跑,同时两臂肩侧上屈。

4 拍并腿,手同 2 拍(图 T-3-2-31)。

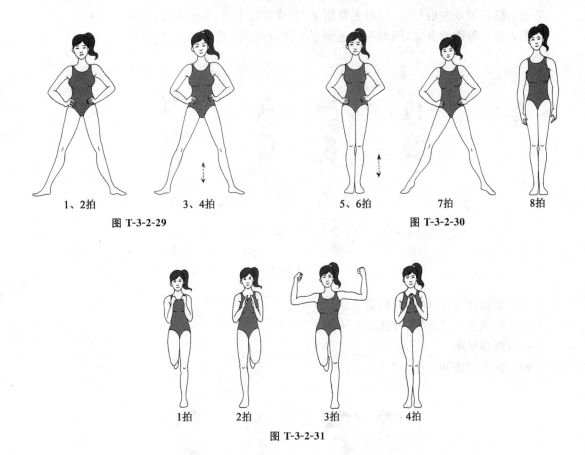

1、2拍　　　　3、4拍　　　　　　　5、6拍　　　　7拍　　　　　8拍

图 T-3-2-29　　　　　　　　　　　　　图 T-3-2-30

1拍　　　2拍　　　3拍　　　4拍

图 T-3-2-31

5 拍双脚向右蹬跳成右侧弓步,同时左臂侧举,右臂胸前平屈,头稍左转。

6 拍还原成并立,同时两手胸前击掌。

7、8 拍同 5、6 拍,方向相反,但 8 拍两臂还原至体侧(图 T-3-2-32)。

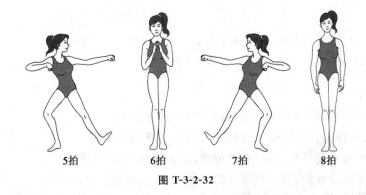

5拍　　　6拍　　　7拍　　　8拍

图 T-3-2-32

第三个 8 拍:

1 拍左脚向侧一步,同时左臂上举,右臂前举,目视前方。

2 拍提右膝同时向右转体 90°,右臂胸前上屈,左臂胸前平屈。

3拍右腿后伸成左前弓步,同时左臂侧举,右臂肩侧上屈,头向左转。

4拍右腿还原跳成并立,同时两臂还原至体侧,头还原(图 T-3-2-33)。

1拍　　　2拍　　　3拍　　　4拍

图 T-3-2-33

5拍左腿提膝跳,同时两臂胸前平屈。

6拍还原成并立,同时两臂还原至体侧。

7拍右腿高踢跳。

8拍右腿落下成并立(图 T-3-2-34)。

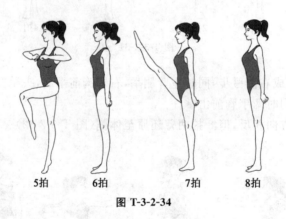

5拍　　　6拍　　　7拍　　　8拍

图 T-3-2-34

第四个8拍:

1拍右脚向侧一步,同时右臂上举,左臂前举,目视前方。

2拍提左膝同时向右转体90°,左臂胸前上屈,右臂胸前平屈。

3拍左腿后伸成右前弓步,同时右臂侧举,左臂肩侧上屈,头向右转。

4拍左腿还原跳成并立,同时两臂还原至体侧,头还原(图 T-3-2-35)。

5拍右腿提膝跳,同时两臂胸前平屈。

6拍还原成并立,同时两臂还原至体侧。

7拍左腿高踢跳。

8拍左腿落下成并立(图 T-3-2-36)。

1拍 2拍 3拍 4拍

图 T-3-2-35

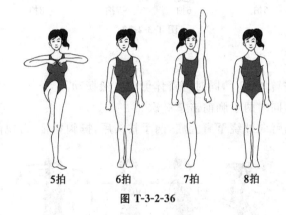

5拍 6拍 7拍 8拍

图 T-3-2-36

第五个 8 拍：

1 拍跳成开立，同时左臂侧举，头向左转。

2 拍跳成并立，同时左臂肩侧上屈，头还原。

3 拍跳成开立，同时右臂侧举，头向右转。

4 拍跳成并立，同时右臂肩侧上屈，头还原（图 T-3-2-37）。

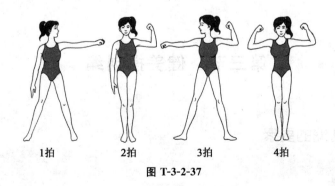

1拍 2拍 3拍 4拍

图 T-3-2-37

5 拍跳成开立，同时两臂胸前屈。

6 拍跳成并立，同时两臂胸前平屈。

7 拍跳成开立,同时两臂上举。

8 拍跳成并立,同时两臂还原至体侧(图 T-3-2-38)。

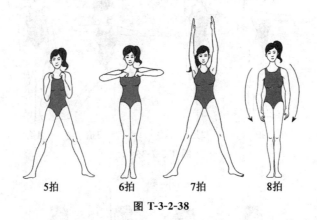

5拍　　　　6拍　　　　7拍　　　　8拍

图 T-3-2-38

第六个 8 拍:

1~4 拍跑跳步向左转体 360°,同时两臂体侧屈自然摆动。

5、6 拍原地踏步走,同时两手胸前击掌 2 次。

7、8 拍跳成开立,两臂向外绕至肩上屈,两手扶头后,挺胸立腰,目视前方(图 T-3-2-39)。

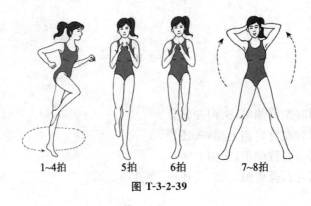

1~4拍　　　5拍　　　6拍　　　7~8拍

图 T-3-2-39

第三节　健美操创编

一、健美操创编的要素

(一)动作要素

任何一套健美操都是由健美操的单个动作所组成的,单个动作又是由人体的各关节、部位(头部、肩、胸部、腰部、髋部、上肢、下肢、手形、立、卧、撑等)和不同性质的练习构成。单个动作是构成单节操、组合动作或成套动作的基础,是编排成套动作最主要的要素。

徒手体操动作是健美操最基本的内容,它由头颈、上肢、胸部、腰部、下肢等部位的屈、伸、转、绕、举、摆、振等基本动作构成。只有正确地掌握徒手体操动作,才有可能协调、准确地完成健美操动作。身体波浪动作是艺术体操的典型练习。此外,摆动、绕环和躯干的屈伸、平衡、转体、跳步、舞步及近似技巧动作等也是健美操的内容。

(二)舞蹈要素

健美操中的舞蹈动作吸收了迪斯科舞、爵士舞、现代舞、霹雳舞、民族舞等舞蹈的动作要素。这些舞蹈中的上下肢、躯干、头颈和足部动作,特别是髋部动作,给健美操增添了活力。但健美操中的舞蹈动作是按照体操的特点和健美操的本身要求,运用这些舞蹈的外形姿态进行再创编,把体操和舞蹈融为一体,为锻炼身体的各部位而设计的。

(三)音乐要素

在创编一套健美操动作时,离不开音乐这个要素。编排必须符合该套操所选择音乐的节奏和情绪,因为音乐对健美操来说,绝不仅仅是一种音响效果。音乐表达了一定的思想情绪和意境,它能引起人们思想上的共鸣。在创编操时,音乐有助于确定该套操的风格,可以激发创编者的思维、想象,可以产生灵感。音乐是一套操的灵魂,如果抽掉这个灵魂,练习者做操时就显得毫无生机和激情,同时也就失去了健美操的价值。

(四)空间要素

1.方向路线

一套健美操成套动作中的单个动作必须用不同的方向路线将它们贯穿起来。方向路线是不可缺少的重要空间要素,如果在创编时对方向路线考虑不周,方向单一,路线单调,那么即使单个动作再难、再美,也不能使成套动作给人以美的感觉。

健美操动作方向的变化有上、下、左、右、前、后六个主要方向,以及前上、前下、左前、右前、后上、后下、左后、右后、左上、左下、右上、右下等 12 个中间方向。

2.队形变化及移动

队形变化及移动是六人操或集体操(健身健美操)创编中不可缺少的空间要素。六人操或集体操共同完成某一个动作必须通过某一个队形体现出来,这些队形和队形变化及移动构成了六人操或集体操独特的编排特点。

常用的队形有直线形、弧线形、三角形、菱形、"V"字形、丁字形、箭头形等。队形移动有同方向移动、反方向移动、交叉移动、顺时针和逆时针移动及向心和离心移动等。

(五)时间要素

一套健美操动作总是要求在一定的时间内完成所编的动作内容,即是受一定时间制约的。在编排健身健美操动作或教学动作和表演性动作时,其时间的选择比较灵活,可长可短,取决于内容多少、难易程度、选择音乐的长短及任务需要等。而在创编竞技性健美操成套动作时则受时间的限制，一套动作规定时间为 1 分 45 秒，有加减 5 秒的宽容时间（即时间控制在 1 分 40 秒～1 分 50 秒之内）。

二、健美操成套动作的创编方法与步骤

（一）确定目的任务

即明确创编什么样的操，具体的目的、任务和要求是什么。

（二）明确对象，拟订编操方案

明确对象的性别、年龄、身体状况、技术水平、场地器材条件等，解决为谁创编操的问题。创编方案应包括操的名称、目的、任务、要求、特点、形式和全套操的时间、音乐节奏、动作的难易程度、顺序、运动负荷的大小、对身体各部位的特殊要求等。

（三）确定操的风格、设计动作

所谓风格就是说要有特色、有鲜明的个性特点。如迪斯科健美操，全套操是以迪斯科的基本动作为基调编成的健美操。又如形体健美操是采用一些手臂和躯干及下肢基本动作的组合而编成的健美操，该操以体现动作柔美、挺拔、柔中带刚而又富有女性曲线美的特色为主。确定了整套操的风格后，注意所选择的每一节动作风格要统一、协调题。

（四）确定选配音乐

在创编过程中，不管是先选乐曲，还是后选乐曲，都要求音乐的节奏、旋律和风格与动作协调统一。目前一般是先选音乐，然后按音乐节奏和要求去编排动作。

音乐选配一般有三种方法：第一种先选乐曲，按照音乐的节奏、特点、风格以及音乐的段落来设计动作。第二种是先编好动作，再请专家谱写乐曲。作曲家可以根据成套动作的节奏、风格、高低起伏来配制乐曲，从而达到较理想的效果。第三种是先编好动作，后选乐曲，根据已编好的成套动作选择相适应的乐曲相配。先编好动作，再找乐曲配合不可避免地会出现动作与音乐旋律不符的状况。因此，后选乐曲一般需要剪接，剪接时应尽量地保持乐曲的完整性，切忌不分段地任意切割。最后对编好动作进行修改，尽量使动作与乐曲和谐一致。

（五）确定成套动作的组织编排顺序和运动负荷

成套动作的组织编排顺序应由易到难。一般开始时安排一节热身动作或伸展运动，紧接着为头部、上肢、肩部、胸部、腰腹背部、髋部、下肢、全身、跳跃等运动，最后是整理运动。要注意统一各节动作的基本姿势和连接方法。成套动作的运动负荷安排要遵循由小到大，逐步上升，再逐渐减小的规律。要测定全套操的运动量，绘制运动负荷曲线图，进行运动量分析，对不合理的运动负荷部分做必要的调整。

（六）记写成套动作

(1)写出每节动作的名称、节数及动作的重复次数。如:第一节热身运动(2 个 8 拍)。

(2)绘制动作简图。简图应包括动作的开始姿势、每拍动作的主要姿势、动作路线和结束姿势。

(3)记写动作说明。简明扼要,术语正确。先写明预备姿势,其次写明每拍动作的做法和结束姿势。先下肢后上肢,先左边,后右边,并明确指出动作的方向、路线和做法等。

(4)记写做操应注意的事项。

（七）实验和修改

实验要有实验方案,明确实验的目的、要求和做法。实验时可以选择具有代表性的对象来进行,收集各方面的意见,进行修改。实验时可以设计一个调查表,把各种情况记录下来,进行统计分析。

（八）定稿和推广

推广之后,应注意收集做操效果,为下一次编操积累必要的资料。

第三章 啦啦操

第一节 啦啦操常识

一、啦啦操的概念

啦啦操,是指在音乐伴奏下,由运动员集体参与完成复杂、高难度的基本手位与舞蹈动作、该项目特有难度、过渡配合等动作内容,充分展示团队高超的运动技巧,体现青春活力、积极向上的团队精神,并努力追求最高团队荣誉感的一项体育运动。

二、啦啦操的分类

我国啦啦操有着很多分类,分类的方式也是多种多样的。

(一)根据活动的目的划分

根据活动的目的可将啦啦操划分为竞技性啦啦操和表演性啦啦操。

(二)根据实施的场所划分

根据实施的场所可将啦啦操划分为场地啦啦操和看台啦啦操。

(三)根据表演的形式划分

根据表演形式可以将啦啦操划分为徒手啦啦操、轻器械啦啦操。

(四)根据动作性质划分

根据动作性质可以将啦啦操划分为技巧啦啦操和舞蹈啦啦操。

(五)根据发展形式划分

根据发展形式可以将啦啦操划分为公益性啦啦操和非公益性啦啦操。

(六)根据竞赛种类划分

根据竞赛种类划分可以将啦啦操划分为全国锦标赛、系列赛、冠军赛、大奖赛、全国体育大

会啦啦操比赛等。

就目前来说,我国主要的啦啦操分类方式采用的是以目的进行分类。

第二节　啦啦操技能

一、技巧啦啦操套路

(一)第一个 8 拍

1～4 拍:前:右腿单膝跪地,双手在体前交叉。底座:臀部触地,两腿伸直支撑住斜躺队员,双手扶地。尖子:直体后仰,内侧手臂握拳扶腰,外侧手臂上举,双手握拳,拳心向外。后:分腿开立,双手体前交叉。

5～6 拍:底座:屈膝。尖子:借助底座,用力蹬成直立。

7 拍:底座:两腿蹬直。

8 拍:前、后:两臂侧上举成高"V",点头。

(二)第二个 8 拍

1 拍:尖子:还原直立。底座:双脚屈膝触地。

2 拍:前:直立,两臂在胸前交叉,拳心向侧。后:右脚向前跨出一步,两臂胸前交叉,拳心向侧。尖子:身体向外转 180°,外侧腿前跨出一步成弓步,右手握住底座的右手。底座:屈腿交叉,右手握住尖子的右手,左手扶地。

3 拍:前:左脚后撤一步。后:左脚前迈一步。

4 拍:后、前:向前后并步成直立。尖子:把底座拉起。底座:双脚前后开立,上体直立,重心向前。

5～6 拍:前、后:外侧腿向后撤一步,重心向前,两臂于胸前击掌。底座、尖子:两臂于胸前击掌。

7 拍:三组队员屈臂,击掌。

8 拍:还原直立,同时面向 1 点。

(三)第三个 8 拍

1～2 拍:从左脚开始,进行 2 次踏步,两臂胸前击掌 1 次。

3～4 拍:下肢动作与 1～2 拍相同,两臂侧上举成高"V"。

5～6 拍:与 1～2 拍完全相同。

7 拍:左脚踏步,两臂前平举,立拳,拳心相对,竖起拇指。

8 拍:并腿跳,成直立。

（四）第四个 8 拍

1～2 拍：直立。

3～4 拍：底座：内侧腿向侧边跨出一步成弓步，两膝、脚尖相对，前后靠紧。尖子、后点：两手在胸前击掌。

5 拍：尖子：左脚踩在底座的大腿根部，两手扶于底座内侧肩部。底座（左）：右手扶住尖子的膝盖。后点：双手扶住尖子的腰部。

6 拍：尖子：直立，双脚踩在底座大腿根部。底座：内侧手抱紧尖子的膝盖。后点：将尖子向上托起。

7 拍：尖子：双手握拳，在胸前平屈。底座：外侧手臂侧上举，拳心向下。

8 拍：尖子：双臂侧上举，成高"V"。

二、舞蹈啦啦操套路

（一）花球啦啦操

手持花球完成的啦啦操，就是所谓的花球舞蹈啦啦操。对于花球舞蹈啦啦操的成套动作来说，应手持花球，并且与啦啦操基本手位、个性舞蹈、难度动作、舞蹈技巧等动作元素有机结合起来，将干净、精准的舞蹈特征以及良好的花球技术运用体现出来，并且将整齐一致、队形不断变换等集体动作的视觉效果展现出来。

花球啦啦操共有三个小组合，每一组合分为正反两个方向，每个方向四个 8 拍动作。

1. 组合一

（1）第一个 8 拍。

1 拍：从右脚开始，向前走，同时双臂斜下摆。

2 拍：左脚在前，同时胸前击掌。

3 拍：同 1 拍。

4 拍：并脚，胸前击掌。

5 拍：右脚向右一步，同时双手直臂向右斜上方摆。

6 拍：双手向上摆。

7 拍：双手向左斜上方摆。

8 拍：收右脚，还原。

（2）第二个 8 拍。

1 拍：双臂向右摆，右臂伸直，左臂屈。

2 拍：双臂向左摆，左臂伸直，右臂屈。

3 拍：同 1 拍。

4 拍：还原。

5 拍：吸左腿，同时左手叉腰，头向右摆，身体略向右倾斜。

6拍:还原。

7拍:左脚向左一步,同时右臂向左斜前方摆。

8拍:收左脚还原。

(3)第三个8拍、第四个8拍。

第三个8拍、第四个8拍同第一个8拍、第二个8拍,唯方向相反。

2. 组合二

(1)第一个8拍。

1~2拍:右脚向右一步,左手叉腰,同时右臂向左斜上举。

3~4拍:左手叉腰,右手肩前屈。

5~7拍:右手直臂经身体左侧至前向右摆,头部随手臂同时摆动。

8拍:收右脚还原。

(2)第二个8拍。

1~2拍:身体经左向后转,左脚后退一步成左脚在前的弓步,双臂胸前屈。

3~4拍:身体经右转回来,双臂斜上举。

5~6拍:收左腿,屈膝蹲,双手扶膝,低头含胸。

7~8拍:还原。

(3)第三个8拍、第四个8拍。

第三个8拍、第四个8拍同第一个8拍、第二个8拍,唯方向相反。

3. 组合三

(1)第一个8拍。

1拍:左脚向左一步,手臂打开成斜线位并做依次大绕环。

2拍:右脚后退一步于左脚后边,双臂绕至侧平举。

3拍:左脚向左一步成开立,双臂绕至上下举。

4拍:右脚并左脚,双臂胸前屈。

5~6拍:左脚向左一步成弓步,同时双臂左侧冲拳成左K位。

7~8拍:收右脚还原。

(2)第二个8拍。

1拍:右脚向右一步,双臂右胸前绕,面向右看。

2拍:双臂左胸前绕,面向左看。

3拍:两腿开立,双手叉腰。

4拍:两腿收回,双手叉腰。

5~6拍:右脚向后退一步成左腿在前的弓步,双臂向上冲拳。

7~8拍:右脚还原。

(3)第三个8拍、第四个8拍。

第三个8拍、第四个8拍同第一个8拍、第二个8拍,唯方向相反。

（二）街舞舞蹈啦啦操

街舞舞蹈啦啦操是将街舞元素纳入舞蹈啦啦操中所形成的一种形式,其强调街头舞蹈风格和形式,注重动作的风格特征以及身体各部位的律动与控制,对动作的节奏、一致性与音乐和谐一致有着较高的要求,一些具有一定强度的动作也是可以附加其中的。

街舞舞蹈啦啦操共有两个小组合,每一组合分为正反两个方向,每个方向四个 8 拍动作。

1. 组合一

（1）第一个 8 拍。

1~2 拍:从右脚开始,向前走三步,低头含胸身体做向前的波浪,双臂垂于体侧。

3 拍:重心落在右腿,左脚经前、旁、后划一圈,右手高于右肩向上划一圈。

4 拍:同 3 拍重复做一次。

5 拍:左脚向右脚后面点一步,同时右脚离开地面;哒拍右脚落地。

6 拍:左脚向左前方一步成左脚在前的弓步,两臂自然弯曲于体侧。

7 拍:右脚向右一步成右脚在前的弓步。

8 拍:胸部做一个前旁后的律动,同时抬起左腿。

（2）第二个 8 拍。

1 拍:左脚向右脚后面点一步,同时右脚离开地面;哒拍右脚落地。

2 拍:左脚向左前方一步成大弓步,两臂自然弯曲于体侧。

3 拍:右脚向左脚前面一步,同时两手交叉立圆绕环一周。

4 拍:左脚向左一步成开立,两手交叉下压于体前。

5 拍:两手握拳两臂体前交叉。

6 拍:左腿抬起,前臂下垂于体侧,上臂和前臂成 90°。

7 拍:右腿支撑从左边跳转朝后,同时手臂以肘关节为轴向上摆。

8 拍:同 7 拍。

（3）第三个 8 拍。

1 拍:左脚落地的同时双脚以脚掌为轴,向右顶胯,两前臂向右摆。

2 拍:双脚以脚掌为轴,向左顶胯,两前臂向左摆。

3 拍:以左脚为轴,右脚掌点地顶胯,两手立掌同时在体前由右向左绕环。

4 拍:同 3 拍继续左转。

5 拍:屈右腿,左手下摆;哒拍屈左腿,右手下压。

6 拍:同 5 拍。

7 拍:左腿抬起,双手上举。

8 拍:左脚落于左前方,双手抱头。

（4）第四个 8 拍。

1 拍:重心在右腿,屈左腿,双手抱于胸前。

2 拍:重心在左腿,屈右腿,双手扶肩。

3～4拍:右脚开始向右前方恰恰步,同时双手从上往下摆。

5～8拍:同3～4拍,可以分组做。

2.组合二

(1)第一个8拍。

1～4拍:双腿开立,一拍一换重心,双手臂经体侧向上摆经过头顶,再还原至体侧。

5拍:左脚向左一步成半蹲,双手扶膝,上体前倾。

6拍:两腿伸直。

7～8拍:同5～6拍,分组做。

(2)第二个8拍。

1拍:左脚向左一步,双臂向右摆。

2拍:右脚并左脚。

3拍:胸部做绕环,双手扶胸腹。

4拍:双腿微屈,含胸。

5拍:右脚向前一步,左脚向右摆,同时右手托左肘,左臂从上向下摆。

6拍:左脚并右脚。

7拍:双臂体侧弯曲,上体前屈。

8拍:双脚同时跳起,成开立,双臂抱肩。

(3)第三个8拍。

1拍:右脚向前侧一步,手臂向侧外摆。

2拍:收右脚,手臂还原于体侧。

3拍:右脚向前一步,两臂侧平举。

4拍:左脚向前一步成开立,双手掌根靠拢,左手指尖朝上,右手指尖朝下。

5拍:左臂上举,右臂下举。

6拍:两臂胸前平屈握拳,右臂在上,左臂在下。

7拍:吸左腿,前臂外展,拳心朝上。

8拍:吸右腿,左臂前摆内收,右臂自然后摆,两手握拳。

(4)第四个8拍。

1～2拍:手臂依次大绕环至右斜上举。

3拍:右膝跪地,左手扶左膝,右手扶地。

4拍:左腿向左侧伸直,双手扶地。

5拍:收左腿,双手扶地。

6拍:左脚上前一步,左手扶左膝,右手扶地。双脚开始向右恰恰步,同时双臂向上绕环。

7拍:站立同时右脚向右一步或开立,五指张开,右手斜上举,左手摆于脸侧。

8拍:左手斜上举,右手摆于脸侧。

第三节　啦啦操比赛规则

一、宗旨

首先,为啦啦操竞赛提供客观统一的竞赛规则;其次,为啦啦操竞赛裁判员公正、准确地评分提供客观依据;最后,为参赛者赛前训练和比赛提供依据。

二、评分规则

(一)目的

为啦啦操竞赛评分的客观性提供保障。

(二)裁判员

在全国啦啦操比赛中担任裁判员的首要条件是:持本周期啦啦操项目有效裁判员证书;在国际、国内比赛中成功地担任过裁判员工作;必须被列入中国啦啦操裁判员名单。

(三)高级裁判组

控制整个评判工作是高级裁判组的工作职责,具体工作是以具体规则为依据调控裁判员与裁判长的评分,从而为得分正确性提供保障,此外要精确记录各裁判员打分的偏差。倘若各裁判员打分产生偏差,则高级裁判组有权利予以警告或者更换裁判。倘若有裁判员违反打分规则或者不遵守工作纪律,则高级裁判组应予以处罚。

三、难度动作特殊规定

(一)难度动作的分类

技巧啦啦操难度分为翻腾类、抛接类、托举类、金字塔类;舞蹈啦啦操难度分为转体类、跳步类、平衡与柔韧类。

(二)难度动作分级、分值及数量规定

难度动作分为 10 个等级,其中 1 级最低、10 级最高,具体见表 T-3-3-1。

需要说明的是,参赛队一定要以运动员实际能力为依据,合理选择最适宜的难度组别以及数量。要想为运动员安全提供保障,最终选定的难度级别和数量一定要达到本级别难度动作的规定要求。

表 T-3-3-1　难度动作分级、分值及数量规定

级别	1级	2级	3级	4级	5级	6级	7级	8级	9级	10级
分值	0.2	0.4	0.6	0.8	1.0	1.5	2.0	2.5	3.0	3.5
难度选择规定范围	1级	1～2级	1～3级	2～4级	3～5级	4～6级	5～7级	5～8级	5～9级	5～10级
技巧难度数量	8	10	12	15	15	20				
舞蹈难度数量	4	6	8	10	10	10				
备注										

四、竞赛项目

（一）技巧啦啦操

集体技巧啦啦操自选套路、五人配合技巧自选套路、双人配合技巧自选套路。

（二）舞蹈啦啦操

花球舞蹈啦啦操自选套路、街舞舞蹈啦啦操自选套路、爵士舞蹈啦啦操自选套路、自由舞蹈啦啦操自选套路。

五、竞赛场地

（一）赛台

舞蹈啦啦操比赛可使用赛台，赛台高 80～100 厘米，后面有背景遮挡，赛台不得小于 16 米×16 米；并标明有效比赛区域 14 米×14 米（图 T-3-3-1）。技巧啦啦操比赛禁止使用赛台。

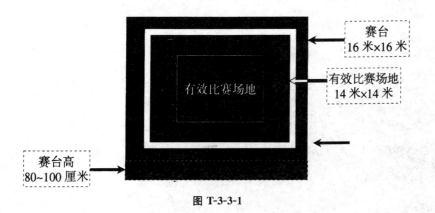

图 T-3-3-1

（二）比赛场地

比赛场地选用专业比赛板，也可用体操板或地毯代替。

（三）裁判座位区

裁判员坐在赛台正前方，高级裁判组坐在两组裁判员的后排（图T-3-3-2）。

裁判席

技巧啦啦操裁判组								
艺术1	完成5	艺术2	完成6	难度9	难度10	艺术3	完成7	艺术4	完成8

舞蹈啦啦操裁判组								
艺术1	完成5	艺术2	完成6	难度9	难度10	艺术3	完成7	艺术4	完成8

记录组				高级裁判组			仲裁		
记录员	记录长	记录员	计时员	副总裁判长	总裁判长	副总裁判长	仲裁摄像	委员	主席	委员

图 T-3-3-2

第四章 街舞

第一节 街舞常识

街舞原是一种民间舞蹈,现已演变成融舞蹈、音乐、时装于一体的时尚、现代休闲和运动项目。由于这种舞蹈出现在街头,不拘泥场地和表现形式,又具有极强的参与性、表演性和竞赛性,所以从广泛性与普及性角度看,也是名副其实的街舞。

街舞(Street dance 或 Street dancing)诞生于 20 世纪 60 年代末,是美国黑人城市贫民的舞蹈,到了 70 年代它被归纳为嘻哈文化(Hip Hop Culture)的一部分,与涂鸦(Graffiti 或Writing)、打碟(DJing)、说唱(MCing)这些同时代产生的黑人地下文化并称为嘻哈四大元素。这些街头舞者主要是生活在纽约布鲁克林区的美国黑人和墨西哥人。由于贫穷和社会歧视,生活在这一地区的许多黑人青少年不能接受正常的教育而流浪于街头,又由于黑人在音乐和舞蹈方面的天赋,他们找到一种合法的途径来表达和宣泄内心的压抑情绪,这种表达情感、发泄压抑的活动逐渐演绎成了一种街边文化。他们常常在街边聚会、娱乐、跳舞,有时还要比舞助兴,形成了各种流派和不同风格的街舞。街舞文化精神实质最突出的表现形式就是"自由",每个人都可以自由、放松地按照自己喜欢的方式移动身体,因而深受现代年轻人的喜爱,于是迅速流传普及开来。

街舞以其自身固有的价值和魅力风靡于世界,于 20 世纪 90 年代中期传入我国。街舞作为一种健身方式,在 1996 年由孟宪军老师率先制作了一张只有 18 个 8 拍动作的光盘。1998年,中央电视台体育频道"健美 5 分钟"介绍了街舞,为街舞在我国的宣传与普及起到了积极推动和引导作用。而后在各种新闻媒体及不同层面赛事的大力宣传下,街舞在我国得到广泛的普及与发展。目前,中国学生健美操艺术体操协会已出台街舞的规定动作套路及竞赛评分规则,国家体育总局体操管理中心也出台了街舞竞赛评分规则。

随着群体健身活动的兴起,街舞作为健身运动的一个项目,已进入各高校、中学、各个城市的街头广场和各大城市的健身中心。由于街舞动作的难度不大,强度适中,又有很好的健身价值,很快就成了国内非常时尚的一种健身运动方式,备受健身爱好者的青睐。

健身街舞能有效地发达人体肌肉,健美体形。其能使运动器官,特别是肌肉产生适应性变化,肌肉明显发达,显著增大,使体型变得健美匀称。同时可以促进骨骼的新陈代谢,促使骨骼的机械性能提高,对关节韧带的生长发育也有良好的促进作用。健身街舞还能延缓衰老,防止肌肉和力量退化。另外,健身街舞能改善和提高内脏器官的机能水平。其可增大心脏的容积,增强血管的弹性,增强心脏的收缩力和血管的舒张能力,从而使心脏的每搏输出量增加。这样,在安静时会产生"心搏徐缓"现象,而承担大强度负荷的能力却大大提高。健身街舞还能提高中枢神经系统的机能;能消耗更多热量,防止肥胖,改善脂肪代谢;能改善身体对碳水化合物的代谢机能,预防和帮助治疗糖尿病;能防止骨质疏松,减少运动器官的损伤和疼痛;能调节人的心理状态,陶冶情操等。

第二节 街舞基本动作

一、基本技术

街舞技术主要表现在膝关节的弹动、踝关节的缓冲以及髋关节的屈伸三个方面。膝关节是在微屈或弹动的状态下完成的,一般不需要伸得很直。在最基本的点地和提膝动作中,踝关节的缓冲与髋的屈伸动作往往是与之协调配合进行的,这使得动作律动感很强且松弛自然,对关节也起了保护作用。

另外,街舞技术还主要表现在肌肉的用力方式和用力顺序上,即肌肉的松弛和紧张收缩必须协调控制。街舞在重心的移动技术方面主要表现在动作方向的变化上,通过前、后、左、右的移动,使身体的运动路线发生变化。

二、基本动作

(一)风车

首先左手撑在肚脐的左侧,双脚张开成"大"字型,然后左脚抬高。往斜下方用力扫。与此同时左手放开,让左手沿着手臂至背部的顺序让身体着地(身体的着地点在背的上方二分之一处,如果着地点太低,风车是不可能转得起来的,也会因此而摔伤,所以在身体下去时腰也要适时地抬起),当身体下去完全没问题时在这时候必须要用双手把身体撑起成原来的起步方式(可是脚尽量以不碰地为原则),然后再按照同样的步骤进行操作,这样就可以练成风车了。练风车要注意的地方是腰要抬高;起步时脚要用力扫;起步手放开的时机要对;转风车时切记脚一定要张得很开,不能闭合。

(二)托马斯

双脚张开成"大"字形,然后左手伸直撑地。左脚用力往右脚脚跟的方向扫,右脚朝头的方向用力踢高,在这同时左脚也必须往头的方向用力踢高,使两只手撑着地面,双脚腾空,腰往前挺直,然后左脚继续保持在空中,右脚往斜后方拉回原来右脚起步的方向,左手远离地面仅剩右手撑住整个身体。练托马斯的重点是臂力,脚扫动的力量和腰力要够大;脚也要有画圆的感觉;要抓住换手的时间。

（三）无限头转

固定腰部后，要准备好使身体以垂直的角度转动。一定要保持好身体的重心；以不失重心为目标；转完一圈后用双手重新找回重心。不断地增加回转圈数的同时注意速度；随着回转速度的加快，注意重心的同时放开双手。以腰部和腿把握重心；把腰弓起来，把力用在脖子上，试试把腿慢慢往下拉。用手把住腿，把握重心。

（四）90°双手转

为了回转身体，在准备时就转动身体；为了把身体倒立，所以使右手靠近左脚，而后让左脚向上；左手随着适当的时候调整位置，把右腿向后上方提起后作出树一样的动作；把分叉的腿回收，用左肩支撑身体后，使身体和腿部转动。

（五）手掌分腿平衡

手掌分腿平衡被认为是一个很需要韧性的动作。其动作要点是大腿放在背后，膝盖放在肩膀或靠近耳朵的位置，小腿在前面，用手或是脚或是两者使身体平衡。

（六）单臂分腿转

该动作要求身体整个做完整的旋转，旋转动作的完成依靠手臂转换完成，一手做圆形的动作而不运用身体的力量，另一只手再做同样的动作。

（七）"L"形造型

这种造型要求双脚合拢，身体成"L"形，不用手。

（八）UFO造型

UFO造型是和单臂分腿转相似的旋转动作，不同的是身体是直立蹲下，双手伸直，膝盖在手外面，脚不着地。

第三节 街舞动作组合

一、组合动作一

（一）第一个8拍（图 T-3-4-1）

（1）步伐：1、2拍右脚尖点地两次，3拍右脚向前迈一步，4拍左脚跟上成两脚并立，5拍右脚侧点地，重心改变，6拍收回右脚，左脚侧点地，7拍同5拍，8拍右脚收回成并立。

（2）手臂：1、2拍右手向侧响指两次，3拍双臂微屈上举，4拍双臂放下后抬起，5、6、7拍微屈至身体两侧，8拍双臂斜上举。

（3）手形：1、2拍响指，3~7拍放松半握拳，8拍出双手食指 point。

（4）面向：1~4拍1点，5、7拍8点，6拍2点，8拍1点。

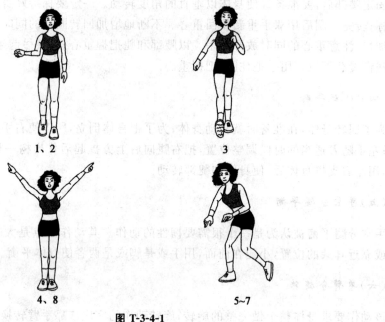

1、2　　　　　　　3

4、8　　　　　　　5~7

图 T-3-4-1

（二）第二个 8 拍（图 T-3-4-2）

（1）步伐：1拍两脚开立半蹲，右肩侧顶，2拍同1拍反方向，3拍肩带胸顺时针绕环，4拍左脚抬起，5拍左脚脚跟点地，6拍收左脚出右脚跟点地，7拍转身180°，8拍抬双肘。

1、2　　　　　　　3~5

6　　　　　　　7~8

图 T-3-4-2

（2）手臂：1～7拍自然垂下身体两侧，8拍抬起至腰间。

（3）手形：1～7拍自然放松，8拍握拳。

（4）面向：1～3拍1点，4～6拍3点，7、8拍7点。

（三）第三个8拍（图 T-3-4-3）

（1）步伐：1、2拍脚不动，转体，3拍右脚向前迈一步，4拍左脚跟上成并步，5拍左脚向后迈一步，6拍转身180°，7拍右脚向后迈一步，8拍转身180°。

（2）手臂：1、2拍两次侧抬肘部，3拍左手微伸出，4～8拍自然摆动。

（3）手形：半握或自然放松。

（4）面向：1～5拍1点，6、7拍5点，8拍1点。

图 T-3-4-3

（四）第四个8拍（图 T-3-4-4）

（1）步伐：1拍右脚跟前点，2拍左脚跟前点，3拍右脚前半步，4拍双脚跟向前转动后收回，5拍右脚向后一步，6拍左脚向后一步，7拍跳跃换脚，8拍左脚向前成并脚。

（2）手臂：1～3拍自然放松，4拍向前抬肘并收回，5、6拍自然放松，7拍从后向前抡右臂，8拍自然放松。

（3）手形：自然放松。

（4）面向：1点。

图 T-3-4-4

二、组合动作二

(一)第一个 8 拍(图 T-3-4-5)

(1)步伐：1～4 拍侧并步一次，5 拍右脚前踢并落在正前方，6 拍脚跟向前转动并收回，7、8 拍同 5、6 拍。

(2)手臂：1 拍左手胸前，右手侧上指，2 拍反方向指一次并还原，3 拍轻拍左膝然后向右指，4～8 拍自然能摆动。

(3)手形：1～3 拍出食指，4～8 拍自然放松。

(4)面向：1 点。

(二)第二个 8 拍(图 T-3-4-6)

(1)步伐：1 拍右脚向后迈一步，2 拍左脚向后迈一步并收回右脚，3 拍开立半蹲，4 拍并脚站立，5 拍踢左脚，6 拍踢右脚，7 拍并脚或交叉站立，8 拍开立半蹲。

(2)手臂：1 拍放松，2 拍微屈向上并手心向上，3 拍两侧抬肘，4 拍举右臂，5 拍伸右臂，6 拍自然下放，7 拍右臂上举，8 拍右手摸地。

(3)手形：1～8 拍自然放松。

(4)面向：1、2 拍 1 点，3 拍 3 点，4～8 拍 1 点。

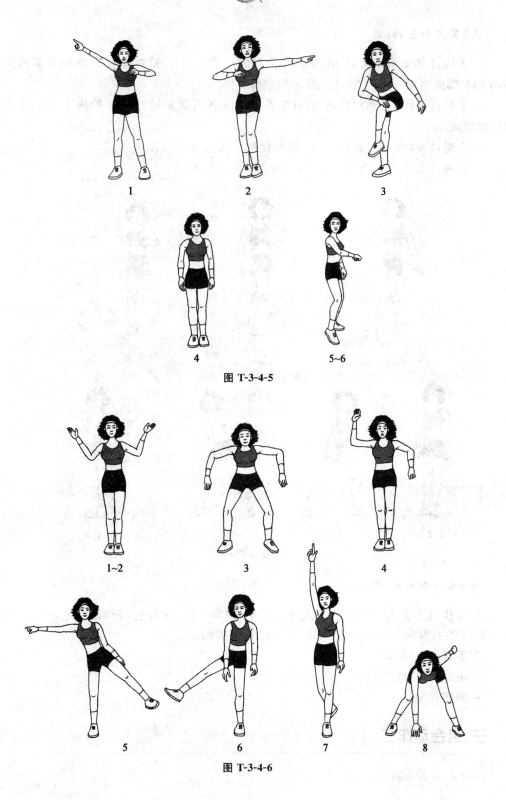

1   2   3

4   5~6

图 T-3-4-5

1~2   3   4

5   6   7   8

图 T-3-4-6

（三）第三个 8 拍（图 T-3-4-7）

（1）步伐：1 拍双脚交叉，2 拍转身，3 拍右脚后撤一步，4 拍左脚收回，5 拍右脚向侧迈一步，6 拍左脚向侧迈一步，7 拍同 5 拍，8 拍左脚收回。

（2）手臂：1～4 拍自然放松，5 拍向左侧上举，6 拍右臂相反方向，7 拍两手向左指，8 拍向右指再回到 7。

（3）手形：1～4 拍自然放松，5～8 拍出食指。

（4）面向：1 拍 2 点，2 拍 8 点，3 拍 2 点，4～8 拍 1 点。

图 T-3-4-7

（四）第四个 8 拍（图 T-3-4-8）

（1）步伐：1、2 拍右、左脚依次向后迈一步，3 拍同 1 拍。4 拍左脚脚跟点地，5 拍左脚向前迈一步，6 拍右脚向左脚前交叉。7 拍转身，8 拍收脚站立。

（2）手臂：自然摆动。

（3）手形：自然放松。

（4）面向：1 点。

三、组合动作三

（一）第一个 8 拍（图 T-3-4-9）

（1）步伐：1 拍右脚右侧点，2 拍左脚反方向同 1 拍，3 拍同 1 拍，4 拍右膝跪地左脚向左伸出,5拍、6拍重心向左上侧移动,7拍、8拍右、左脚依次向左迈一步脚跟点地。

1、3　　　　　　　2　　　　　　　4

5~6　　　　　　　7　　　　　　　8

图 T-3-4-8

1、3　　　　　　　2　　　　　　　3

4　　　　　　　5~6　　　　　　　7　　　　　　　8

图 T-3-4-9

(2)手臂:4拍左手扶头,右手撑地。

(3)手形:自然放松。

(4)面向:1～3拍1点,4拍8点,5～8拍7点。

(二)第二个8拍(图 T-3-4-10)

(1)步伐:1拍左脚向右一步,2拍右脚向后,同时重心向右平移,3、4拍原地交叉跳3次,5拍双脚并立,6拍开立半蹲,7拍拍手,8拍双脚并立。

(2)手臂:1拍自然摆动,2拍挥右臂向左指,3～6拍自然摆动,7拍拍手两次,8拍双臂斜上举。

(3)手形:1～7拍自然放松,8拍出食指。

(4)面向:1～4拍7点,5～8拍1点。

图 T-3-4-10

(三)第三个8拍(图 T-3-4-11)

(1)步伐:1～2拍右脚左踹后落地,3～4拍左脚右后交叉,还原。5～6拍左脚向左迈一步,右脚左踢,7～8拍右脚落地并左脚。

(2)手臂:1～4拍上下摆动,5～6拍双手经后至前交叉,7～8拍击掌。

(3)手形:半握拳。

(4)面向:1点。

图 T-3-4-11

(四)第四个 8 拍(图 T-3-4-12)

(1)步伐:1~2 拍左右脚依次迈步,3~4 拍左脚原地踏步,右脚并左脚。5~6 拍右脚前、

图 T-3-4-12

后迈步,7～8拍右脚点地,屈小腿。

(2)手臂:1～6拍前后自然摆动,7～8拍双手侧平举后至右手扶脑后,左手扶右脚跟。

(3)手形:1～6拍半握拳,7～8拍放松打开。

(4)面向:1拍7点,2拍5点,3～8拍1点。

第四篇　武术与民族民间传统体育类运动

第一章　传统武术

第一节　传统武术常识

武术，又称"国术""功夫"或"武艺"。它是以徒手或器械进行攻防或完成单项套路、动作为内容，以表现体质、意志及格斗技能的体育运动。武术的套路是以踢、打、摔、拿、击、刺等攻防动作组成，注重手、眼、身法、步，精、气、力、功的协调配合。武术内容丰富，徒手有长拳、南拳、太极拳、形意拳、八卦掌等；器械有刀、枪、剑、棍及双器械和软器械等。此外，还有各种徒手对练、器械对练、散手、推手、集体表演等形式。

中华武术源远流长，始于原始社会狩猎劳动和部落之争。从原始社会至封建社会，石木兵器变为"五兵""五刃""十八般兵器"和各种兵器；简单的射、砍、刺、击发展为规范的刺、劈、崩、点、撩、挂、扎、斩、扫、缠、穿、架、踢、打、摔、跌等。明代武术专著出现后，各拳种、流派泾渭分明，理论、技术自成体系。我国于 1927 年 6 月在南京建立了"中央国术馆"，1928 年和 1933 年两次举行武术国考，1936 年组队赴柏林参加第 10 届奥林匹克运动会武术表演。中华人民共和国成立后，武术成为我国体育事业的组成部分。1955 年国家体委设立武术研究室，并将武术列为体育院、系专业课，1956 年成立中国武术协会。1957 年国家体委将武术列为体育竞赛项目。1978 年武术被列入大学生体育课教学计划。20 世纪 80 年代以后，我国通过专家出访、国际武术邀请赛、世界武术锦标赛等，同 40 多个国家和地区进行友好往来。在北京举行的第 11 届亚运会中，武术被列为国际体育比赛项目，并成立了国际武术联合会。2008 年北京奥运会武术被列为表演项目，中华武术文化得到了不断的丰富。

武术运动既有搏击运动，又有套路运动。武术动作的潇洒优美、套路的结构严谨、扣人心弦的高难动作和完美造型，把健、力、美融为一体，具有完美的艺术性。同时武术运动又有广泛的适应性，它可供不同年龄、性别和不同体质的人进行锻炼，并且不受运动场地、器材、地域和季节的限制。经常练习武术，能全面锻炼身体与提高内脏器官的机能水平，增加肌肉弹性、韧带柔韧性和关节的灵活性，还能改善中枢神经系统的调节机能。通过练习复杂多变、难易不同的动作，能提高大脑皮层支配各器官的活动能力，使人能思路敏捷、反应加快、动作协调。

第二节　武术基本功

一、手型基本技术

(一)基本手型

拳:四指并拢卷握,拇指紧扣食指和中指的第二指节,拳面要平,拳握紧(图 T-4-1-1)。

掌:四指并拢伸直,拇指弯曲紧扣于虎口处(图 T-4-1-2)。

勾:五指第一指节捏拢在一起,屈腕(图 T-4-1-3)。

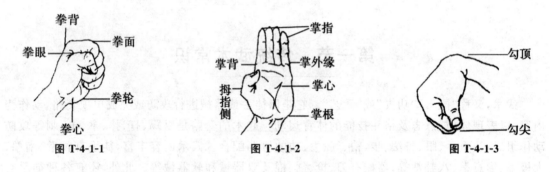

图 T-4-1-1　　　　　　　　图 T-4-1-2　　　　　　　　图 T-4-1-3

(二)冲拳

两脚左右开立,与肩同宽,两拳抱于腰间,肘尖向后,拳心向上。挺胸、收腹、立腰,右拳从腰间向前猛力冲出,转腰、顺肩,在肘关节过腰后右前臂内旋。力达拳面,臂要伸直,高与肩平。同时左肘向后牵拉,练习时左右可交替进行(图 T-4-1-4)。

(三)架拳

两脚左右开立,与肩同宽,两拳抱于腰间,肘尖向后,拳心向上。右拳向下,向右,向上经头前向右上方划弧并在右前上方架起,拳眼前下,眼看上方。练习时左右交替进行(图 T-4-1-5)。

图 T-4-1-4　　　　　　　　　　　　　　图 T-4-1-5

（四）推掌

两脚左右开立，与肩同宽，两拳抱于腰间，肘尖向后，拳心向上。右拳变掌，前臂内旋，并以掌根为力点，向前猛力推出。推击时要转腰、顺肩，臂要伸直，高与肩平。同时左肘向后牵拉。练习时，左右可以交替进行（图 T-4-1-6）。

（五）亮掌

两脚左右开立，与肩同宽，两拳抱于腰间，肘尖向后，拳心向上。右拳变掌，经体侧向右、向上划弧，至头部右前上方时，抖腕亮掌，臂成弧形。掌心向前，虎口朝下，眼随右手动作转动，亮掌时，注视左方。练习时，左右手交替进行（图 T-4-1-7）。

图 T-4-1-6

图 T-4-1-7

二、步型基本技术

（一）弓步

并步直立抱拳。左脚向前一大步（为本人脚长的 4～5 倍），脚尖微内扣，左腿屈膝半蹲（大腿接近水平），膝与脚尖垂直。右腿挺膝伸直，脚尖内扣（斜向前方），两脚全脚着地。上体正对前方，眼向前平视，两手抱拳于腰间。弓右腿为右弓步；弓左腿为左弓步（图 T-4-1-8）。

（二）马步

并步直立抱拳。两脚平行开立（约本人脚长的 3 倍），脚尖正对前方，屈膝半蹲，膝部不超过脚尖，大腿接近水平，全脚着地，身体重心落于两腿之间，两手抱拳于腰间（图 T-4-1-9）。

（三）虚步

并步直立叉腰。两脚前后开立，右脚外展 45°，屈膝半蹲，左脚脚跟离地，脚面绷平，脚尖稍内扣，虚点地面，膝微屈，重心落于后腿上。两手叉腰。眼向前平视。左脚在前为左虚步；右脚在前为右虚步（图 T-4-1-10）。

图 T-4-1-8

图 T-4-1-9

图 T-4-1-10

(四)仆步

并步直立抱拳。两脚左右开立,右腿屈膝全蹲,大腿和小腿靠紧,臀部接近小腿,右脚全脚着地,脚尖和膝关节外展,左腿挺直平仆,脚尖里扣,全脚着地。两手抱拳于腰间。眼向左方平视。仆左腿为左仆步;仆右腿为右仆步(图 T-4-1-11)。

(五)歇步

并步直立抱拳。两脚交叉靠拢全蹲,左脚全脚着地,脚尖外展,右脚前脚掌着地,膝部贴近左腿外侧,臀部坐于右腿接近脚跟处。两手抱拳于腰间。眼向左前方平视。左脚在前为左歇步;右脚在前为右歇步(图 T-4-1-12)。

图 T-4-1-11

图 T-4-1-12

第三节　武术套路简介

传统武术经典套路有很多,这里以长拳为例进行介绍。

一、长拳动作名称

预备动作:1.预备势;2.虚步亮掌;3.并步对拳。

第一段:1.弓步冲拳;2.弹腿冲拳;3.马步冲拳;4.弓步冲拳;5.弹腿冲拳;6.大跃步前穿;7.弓步击掌;8.马步架掌。

第二段:1.虚步栽拳;2.提膝穿掌;3.仆步穿掌;4.虚步挑掌;5.马步击掌;6.叉步双摆掌;7.弓步击掌;8.转身踢腿马步盘肘。

第三段:1.歇步抡砸拳;2.仆步亮掌;3.弓步劈拳;4.换跳步弓步冲拳;5.马步冲拳;6.弓步下冲拳;7.叉步亮掌侧踹腿;8.虚步挑拳。

第四段:1.弓步顶肘;2.转身左拍脚;3.右拍脚;4.腾空飞脚;5.歇步下冲拳;6.仆步抡劈拳;7.提膝挑掌;8.提膝挑掌弓步冲拳。

结束动作:1.虚步亮掌;2.并步对拳;3.还原。

二、长拳动作说明

(一)预备动作

1.预备势(图 T-4-1-13)

两脚开立,两臂垂于体侧,五指并拢贴靠腿外侧,平视前方。

2.虚步亮掌(图 T-4-1-14)

(1)右脚向左后方撤步成左弓步,右掌向右、向上、向前划弧,掌心朝上;左臂屈肘,左掌提至腰侧,掌心朝上。目视右掌。

(2)右腿微屈,重心后移,左掌经胸前以右臂上向前穿出伸直;右臂屈肘,右掌收至腰侧,掌心朝上。目视左掌。

(3)重心继续后移,左脚稍向右移,脚尖点地,成左虚步。左臂内旋向左、向后划弧成勾手,勾尖朝上;右手继续向后、向右、向前上划弧,屈肘抖腕,在头右前上方成亮掌(即横掌),掌心朝前,掌指向左,目视左方。

3.并步对拳(图 T-4-1-15)

(1)右腿蹬直,左腿提膝(脚尖内扣),上肢姿势不变。

（2）左脚向前落步，重心前移。左臂屈肘，左勾手变掌经左肋前伸；右臂外旋向前下落于左掌右侧，两掌同高，掌心均朝上，目视两掌。

（3）右脚向前上一步，两臂下垂后摆。

（4）左脚向右脚并步，两臂向外向上经胸前屈肘下按，两掌变拳，拳心朝上，停于小腹前。目视左方。

图 T-4-1-13

① ② ③

图 T-4-1-14

① ② ③ ④

图 T-4-1-15

（二）第一段

1.弓步冲拳（图 T-4-1-16）

（1）左脚向左上一步，脚尖向斜前方；右腿微屈成半马步。左臂向上、向左格打，拳眼朝后，拳与肩同高，右拳收至腰侧，拳心朝上。目视左拳。

（2）右腿蹬直成左弓步。左拳收至腰侧，拳心朝上；右拳向前冲出，高与肩平，拳眼朝上。目视右拳。

2.弹腿冲拳（图 T-4-1-17）

重心前移至左腿，右腿屈膝提起，脚面绷直，猛力向前弹出伸直，高与腰平。右拳收至腰侧，左拳向前冲出。目视前方。

图 T-4-1-16

图 T-4-1-17

3.马步冲拳(图 T-4-1-18)

右脚向前落步,脚尖内扣,上体左转90°。左拳收至腰侧,两腿下蹲成马步;右拳向前冲出。目视右拳。

图 T-4-1-18

4.弓步冲拳(图 T-4-1-19)

(1)上体右转90°,右脚尖外撇向斜前方,成半马步。右臂屈肘向右格打,拳眼朝后。目视右拳。

(2)左腿蹬直成右弓步。右拳收至腰侧;左拳向前冲出。目视左拳。

5.弹腿冲拳(图 T-4-1-20)

重心前移至右腿,左腿屈膝提起,脚面绷直,猛力向前弹出伸直,高与腰平。左拳收至腰侧,右拳向前冲出。目视前方。

6.大跃步前穿(图 T-4-1-21)

(1)左腿屈膝。右拳变掌内旋,以手背向下挂至左膝外侧,上体前倾。目视右手。

(2)左脚向前落步,两腿微屈。右掌继续向后挂,左拳变掌,向后向下伸直。目视右掌。

(3)右腿屈膝向前提起,左腿猛力蹬地向前跃出。两掌向前向上划弧摆起。目视左掌。

(4)右腿落地全蹲,左腿随即落地向前铲出成仆步。右掌变拳抱于腰间,左掌由上向右、向下划弧成立掌,停于右胸前。目视左脚。

图 T-4-1-19 　　　　　　　　　　　　图 T-4-1-20

图 T-4-1-21

7. 弓步击掌（图 T-4-1-22）

右腿猛力蹬直成左弓步。左掌经左脚面向后划弧至身后成勾手，左臂伸直，勾尖朝上；右拳由腰间变掌向前推出，掌指朝上，掌外侧向前。目视右掌。

8. 马步架掌（图 T-4-1-23）

（1）重心移至两腿之间，左脚脚尖内扣成马步，上体右转。右臂向左侧平摆，稍屈肘；同时左勾手变掌由后经左腰侧右臂内向前上穿出，掌心均朝上。目视左手。

（2）右掌立于左胸前；左臂向左上屈肘抖腕立掌于头部左上方，掌心朝前。目向右转视。

图 T-4-1-22 　　　　　　　　　　　　图 T-4-1-23

（三）第二段

1. 虚步栽拳（图 T-4-1-24）

（1）右脚蹬地，屈膝提起，左腿伸直，以前脚掌为轴向右后转体180°。右掌由左胸前向下经右腿外侧向后划弧成勾手；左臂随体转动并外旋，使掌心朝右。目视右手。

（2）右腿向右落步，重心移至右腿上，下蹲成左虚步。左掌变拳下落于左膝上，拳眼向里，拳心向后；右勾手变拳，屈肘向上架于头的右上方，拳心朝前。目视左方。

2. 提膝穿掌（图 T-4-1-25）

（1）右腿稍伸直。右拳变掌收至腰侧，掌心朝上；左拳变掌由下向左、向上划弧盖压于头上方，掌心朝前。

（2）右腿蹬直，左腿屈膝提起，脚尖内扣。右掌从腰侧经左臂内向右前上方穿出，掌心朝上；左掌收至右胸前成立掌。目视右掌。

① 　　　　 ② 　　　　　　　　　 ① 　　　　 ②
图 T-4-1-24 　　　　　　　　　　　　 图 T-4-1-25

3. 仆步穿掌（图 T-4-1-26）

右腿全蹲，左腿向左后方铲出成左仆步。右臂不动，左掌由右胸前向下经左腿内侧，向左脚面穿出。目随左掌转视。

4. 虚步挑掌（图 T-4-1-27）

（1）右腿蹬直，重心前移至左腿，成左弓步。右掌稍下降，左掌随重心前移向前挑起。

（2）右脚向左前上步，左腿半蹲，成右虚步。身体随上步左转180°。同时左掌由前向上，向后划弧成立掌，右掌由后向下、向前上挑起成立掌，指尖与眼平。目视右掌。

5. 马步击掌（图 T-4-1-28）

（1）右脚踏实，脚尖外撇，重心稍升高并右移，左掌变拳收至腰间；右掌俯掌向外捋手。

（2）左脚向前上一步，以右脚为轴向右后转体180°，两腿下蹲成马步。左拳变掌从右臂上成立掌向左侧击出,右掌变拳收至腰间。目视左掌。

6.叉步双摆掌(图 T-4-1-29)

(1)重心稍右移,同时两掌向下向右摆,掌指均朝上。目视右掌。

(2)右脚向左腿后插步,前脚掌着地。两臂继续由右向上、向左摆,停于身体左侧,均成立掌,右掌停于左肘窝处。目随双掌转视。

图 T-4-1-26   图 T-4-1-27

图 T-4-1-28   图 T-4-1-29

7.弓步击掌(图 T-4-1-30)

(1)两腿不动。左掌收至腰侧,掌心朝上;右掌向上、向右划弧,掌心朝下。

(2)左腿后撤一步,成右弓步。右掌向下、向后伸直摆动,成勾手,勾尖朝上;左掌成立掌向前推出。目视左掌。

8.转身踢腿马步盘肘(图 T-4-1-31)

(1)两脚以前脚掌为轴向左后转体180°。同时,左臂向上、向前划半立圆,右臂向下、向后划半圆。

(2)上动不停,两脚不动,右后向上、向前划半立圆,左臂由前向下、向后划半立圆。

(3)上动不停,右臂向下成反臂勾手,勾尖朝上;左臂向上亮掌,掌心朝前上方。右腿伸直,脚尖勾起,向额前踢。

（4）右脚向前落步,脚尖内扣。右手不动,左臂屈肘下落于胸前,左掌心朝下。目视左掌。

（5）上体左转 90°,两腿下蹲成马步。同时左掌向前、向左平捋变拳收至腰间,右勾手变拳,右臂伸直,由体后向右、向前平摆,至体前屈肘,肘尖向前,高与肩平,拳心朝下。目视肘尖。

图 T-4-1-30

图 T-4-1-31

（四）第三段

1. 歇步抡砸拳（图 T-4-1-32）

（1）重心稍升高,右脚尖外撇。右臂由胸前向上、向右抡直;左拳向下、向左,使臂抡直。目视右拳。

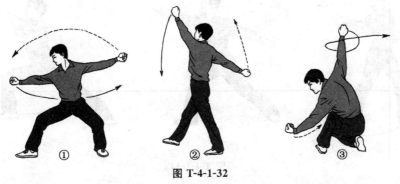

图 T-4-1-32

（2）上动不停，两脚以前脚掌为轴，向右后转体180°。右臂向下、向后抡摆，左臂向上、向前随身体转动。

（3）紧接上动，两腿全蹲成歇步。左臂随身体下蹲向下平砸，拳心朝上，臂部微屈；右臂伸直向上举起。目视左拳。

2.仆步亮掌（图 T-4-1-33）

（1）左脚由右腿后抽出上前一步，左腿蹬直，右腿半蹲，成右弓步。上体微向右转。左拳收至腰间，右拳变掌向下经胸前向右横击掌。目视右掌。

（2）右脚蹬地屈膝提起，上体右转。左拳变掌从右掌上向前穿出，掌心朝上；右掌平收至左肘下。

（3）右脚向右落步，屈膝全蹲，左腿伸直，成仆步。左掌向下、向后划弧成勾手，勾尖朝上；右掌向右、向上划弧微屈，抖腕成亮掌，掌心朝前。头随右手转动，至亮掌时，目视左方。

图 T-4-1-33

3.弓步劈拳（图 T-4-1-34）

（1）右腿蹬地立起，左腿收回并向左前方上步。右掌变拳收至腰间，左勾手变掌由下向前上经胸前向左做搂手。

（2）右腿经左腿前方向左绕上一步，左腿蹬直成右弓步。左手向左平搂后再向前挥，虎口朝前。

图 T-4-1-34

（3）在左手平搂的同时，右拳向后平摆，然后再向前、向上做抢劈拳，拳高与耳平，拳心朝上，左掌外旋接扶右前臂。目视右拳。

4. 换跳步弓步冲拳（图 T-4-1-35）

（1）重心后移，右脚稍向后移动。右拳变掌，臂内旋以掌背向下划弧挂至右膝内侧；左掌背贴靠右肘外侧，掌指朝前。目视右掌。

（2）右腿自然上抬，上体稍向左扭转。右掌挂至体左侧，左掌伸向右腋下。目随右掌转视。

（3）右脚以全脚掌用力向下震踩。与此同时，左脚急速离地抬起。右手由左向上、向前搂盖而后变拳收至腰间；左掌伸直向下、向上、向前屈肘下按，掌心朝下。上体右转，目视左掌。

（4）左脚向前落步，右腿蹬直成左弓步。右拳向前冲出，拳高与肩平；左掌藏于右腋下，掌背贴靠腋窝。目视右拳。

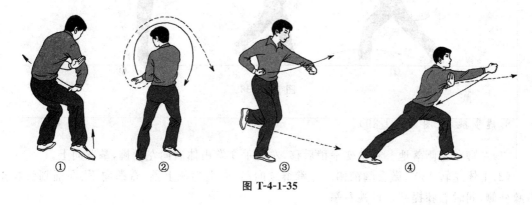

图 T-4-1-35

5. 马步冲拳（图 T-4-1-36）

上体右转 $90°$，重心移至两腿中间，成马步。右拳收至腰间，左掌变拳向左冲出，拳眼朝上。目视左拳。

6. 弓步下冲拳（图 T-4-1-37）

右腿蹬直，左腿弯曲，上体稍向左转，成左弓步。左拳变掌向下经体前向上架于头左上方，掌心朝上，右拳自腰间向左前斜下方冲出。目视右拳。

图 T-4-1-36

图 T-4-1-37

7. 叉步亮掌侧踹腿(图 T-4-1-38)

(1)上体稍右转。左掌由头上下落于右手腕上,右拳变掌,两手交叉成十字。目视双手。

(2)右脚蹬地并向左腿后插步,以前脚掌着地。左掌由体前向下、向后划弧成勾手,勾尖朝上;右掌由前向右、向上划弧抖腕亮掌,掌心朝前。目视左侧。

(3)重心移至右腿,左腿屈膝提起,向左上方猛力踹出。上肢姿势不变。目视左侧。

图 T-4-1-38

8. 虚步挑拳(图 T-4-1-39)

(1)左脚在左侧落地。右掌变拳稍后移,左勾手变拳由体后向左上挑,拳背向上。

(2)上体左转 180°,微含胸前俯。左拳继续向前、向上划弧上挑,右拳向下、向前划弧挂至右膝外侧,同时右膝提起。目视右拳。

(3)右脚向左前方上步,脚尖点地成右虚步。左拳向后划弧收至腰间,拳心朝上;右拳向前屈臂挑出,拳眼斜向上,拳高与肩平,目视右拳。

图 T-4-1-39

(五)第四段

1. 弓步顶肘(图 T-4-1-40)

(1)重心升高,右脚踏实。右臂内旋向下直臂划弧以拳背下挂至右膝内侧,左拳不变。目视前下方。

（2）左腿蹬直，右腿屈膝上抬。左拳变掌，右拳不变，两臂向前、向上划弧摆起。目随右拳转视。

（3）左脚蹬地起跳，身体腾空，两臂继续划弧摆至头上方。

（4）右脚先落地屈膝，然后左脚向前落步，以前脚掌着地。同时两臂向右、向下屈肘停于右胸前，右拳变掌，左掌变拳。右掌心贴靠左拳面。

（5）左脚向左上步屈膝，右腿蹬直成左弓步。右掌推左拳，以左肘尖向左顶出，高与肩平。目视前方。

图 T-4-1-40

2. 转身左拍脚（图 T-4-1-41）

（1）以两脚前脚掌为轴向右后转体180°。随着转体，右臂向上、向右、向下划弧抢摆，同时左拳变掌向下、向后、向前上抢摆。

（2）左腿伸直向前上踢起，脚面绷直。左掌变拳收至腰间，右掌由体后向上、向前拍击左脚面。

3. 右拍脚（图 T-4-1-42）

（1）左脚向前落步，左拳变掌向下、向后摆，右掌变拳收至腰间。

（2）右腿伸直向前上踢起，脚面绷直。左拳变掌由后向上、向前拍击右脚面。

图 T-4-1-41

图 T-4-1-42

4.腾空飞脚(图 T-4-1-43)

(1)右脚落地。

(2)左脚向前摆起,右脚猛力蹬地跳起,左腿屈膝继续前上摆,同时右拳变掌向前上摆起,左掌先上摆而后下降拍击右掌背。

(3)右腿继续上摆,脚面绷直。右手拍击右脚面,左掌由体前向后上举。

图 T-4-1-43

5.歇步下冲拳(图 T-4-1-44)

(1)左、右脚先后相继落地。左掌变拳收至腰间。

(2)身体右转 90°,两腿全蹲成歇步。右掌变拳收至腰间;左拳由腰间向前下方冲出,拳心向下。目视左拳。

图 T-4-1-44

6.仆步抡劈拳(图 T-4-1-45)

(1)左臂随重心升高向上摆起,右臂由腰间向体后伸直。

(2)以右脚前脚掌为轴,左腿屈膝提起,上体左转 270°。左拳由前向后划立圆一周;右拳由后向下、向前上划立圆一周。

(3)左脚向后落一步,屈膝全蹲,右腿伸直,脚尖内扣,成右仆步。右拳由上向下抡劈,拳眼朝上;左拳向上举,拳眼朝上。目视右拳。

图 T-4-1-45

7. 提膝挑掌（图 T-4-1-46）

（1）重心前移成右弓步。同时右拳变掌由下向上抢摆，左拳变掌稍下落，右掌心朝左、左掌心朝右。

（2）左、右臂在垂直面上由前向后各划立圆一周。右臂伸直停于头上，掌心朝左，掌指向上；左臂伸直停于身后成反勾手。同时，右腿屈膝提起，左腿挺膝直立。目视前方。

图 T-4-1-46

8. 提膝劈掌弓步冲拳（图 T-4-1-47）

（1）下肢不动。右掌由上向下猛劈伸直，停于右小腿内侧，用力点在小指一侧；左勾手变

图 T-4-1-47

掌,屈臂向前停于右上臂内侧,掌心朝左。日视右掌。

(2)右脚向右后落步;身体右转 90°。同时,左掌变拳收至腰间,右臂内旋向右划弧做劈掌。

(3)上动不停,左腿蹬直成右弓步。右手抓握变拳收至腰间,左拳由腰间向左前方冲出。目视左拳。

(六)结束动作

1.虚步亮掌(图 T-4-1-48)

(1)右脚蹬地提起扣于左膝后,两拳变掌,两臂右上左下屈肘交叉于体左前。目视右掌。

(2)右脚向右后落步,重心后移,右腿半蹲,上体稍右转。同时右掌向上、向右、向下划弧停于左腋下;左掌向左、向上划弧停于右臂上与左胸前,两掌心左下右上。目视左掌。

(3)左脚尖稍向右移,右腿下蹲成左虚步。左臂伸直向左、向后划弧成反勾手;右臂伸直向下、向右、向上划弧抖亮掌,掌心朝前。目视左方。

图 T-4-1-48

2.并步对拳(图 T-4-1-49)

(1)左腿后撤一步,同时两掌从两腰侧向前穿出伸直,掌心朝上。

(2)右腿后撤一步,同时两臂分别向体后下摆。

(3)左腿后退半步向右腿并步直立。两臂由后向上经体前屈臂下按,两掌变拳,停于腹前,拳面相对,拳心朝下。目视左方。

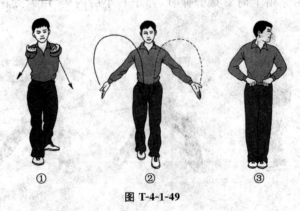

图 T-4-1-49

3.还原(图 T-4-1-50)

两臂自然下垂,随之头转向正前方。两眼向前平视。

图 T-4-1-50

第二章 太极拳

第一节 太极拳运动常识

太极拳，国家级非物质文化遗产，是以中国传统儒、道哲学中的太极、阴阳辩证理念为核心思想，集颐养性情、强身健体、技击对抗等多种功能为一体，结合易学的阴阳五行之变化，中医经络学，古代的导引术和吐纳术形成的一种内外兼修、柔和、缓慢、轻灵、刚柔相济的中国传统拳术。

新中国成立以后，作为武术重点项目，太极拳得到了更为广泛的普及和开展。党和政府也采取了一定的措施，比如在全国城乡建立了太极拳的爱好者和辅导站，并且出版了种类繁多的书籍、挂图、音像制品等，对太极拳科研及理论的探讨也不断深入，这些都在一定程度上促进了太极拳的普及和发展。太极拳被正式列入国家正式体育竞赛项目，每年也都会举行一些全国和地区的太极拳竞赛活动来使其进一步普及。另外，太极拳还广泛流传至五大洲，受到外国朋友的广泛欢迎和喜爱，尤其是日本。

随着社会的发展和进步，对太极拳发展的要求越来越高，为了适应这一发展形势，国家体育运动委员会对太极拳作了系统整理研究，编写了一系列规范、统一教材，这不仅使太极拳的内容得到了进一步的丰富，还使得太极拳在发扬传统、百花齐放的基础上，逐渐趋于规范化、系统化，这都为太极拳的普及和竞赛活动的开展奠定了坚实的基础。

传统太极拳门派众多，常见的太极拳流派有陈式、杨式、武式、吴式、孙式、和式等派别，各派既有传承关系，相互借鉴，也各有自己的特点，呈百花齐放之态。由于太极拳是近代形成的拳种，流派众多，群众基础广泛，因此是中国武术拳种中非常具有生命力的一支。

第二节 二十四式太极拳

一、动作名称

第一组：1.起势；2.左右野马分鬃；3.白鹤亮翅。

第二组：1.左右搂膝拗步；2.手挥琵琶；3.左右倒卷肱。

第三组：1.左揽雀尾；2.右揽雀尾。

第四组：1.单鞭；2.云手；3.单鞭。

第五组：1.高探马；2.右蹬脚；3.双峰贯耳；4.转身左蹬脚。

第六组：1.左下势独立；2.右下势独立。

第七组：1.左右穿梭；2.海底针；3.闪通臂。

第八组：1.转身搬拦捶；2.如封似闭；3.十字手；4.收势。

二、动作说明

（一）第一组

1.起势（图 T-4-2-1）

（1）两脚并拢，身体自然直立，头颈正直；两臂自然下垂，两手指尖轻贴大腿侧；眼向前平视。

（2）左脚向左慢慢开步，与肩同宽，脚尖向前。

（3）两臂慢慢向前平举，两手高与肩平，与肩同宽，手心向下。

（4）上体保持正直，两腿屈膝下蹲；同时两掌轻轻下按至腹前，两肘下垂与膝相对；眼平视前方。

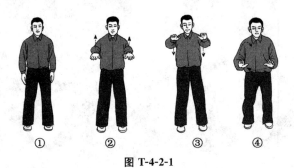

① ② ③ ④

图 T-4-2-1

2.左右野马分鬃（图 T-4-2-2）

（1）上体微向右转，身体重心移至右腿上；同时右臂收在胸前平屈，手心向下，左手经体前向右下划弧放在右手下，手心向上，两手心相对成抱球状；左脚随即收到右脚内侧，脚尖点地；眼视右手。

（2）上体微向左转，左脚向左前方迈出，同时左右手随转体慢慢分别向左上、右下错开；眼视左手。

（3）上体继续左转，右脚跟后蹬，右腿自然伸直成左弓步；左右手随转体继续向左上、右下分开，左手高与眼平，手心斜向上，肘微屈；右手落在右胯旁，肘也微屈，手心向下，指尖向前；眼视左手。

（4）上体慢慢后坐，身体重心移至右腿，左脚尖翘起，微向外撇（45°～60°），同时两手准备抱球。

　　(5)左脚掌慢慢踏实,左腿慢慢前弓,身体左转,身体重心再移至左腿;同时左手翻转向下,左臂收在胸前平屈,右手向左上划弧放在左手下,两手心相对成抱球状;右脚随即收到左脚内侧,脚尖点地;眼视左手。

　　(6)上体微右转,右腿向右前方迈出,同时左右手随转体慢慢分别向左下、右上错开;眼视右手。

　　(7)左腿自然伸直成右弓步;同时上体继续右转,左右手继续随转体分别慢慢向左下、右上分开,右手高与眼平,手心斜向上,肘微屈;左手落在左胯旁,肘也微屈,手心向下,指尖向前;眼视右手。

　　(8)与(4)解同,唯左右相反。

　　(9)与(5)解同,唯左右相反。

　　(10)与(6)解同,唯左右相反。

　　(11)与(7)解同,唯左右相反。

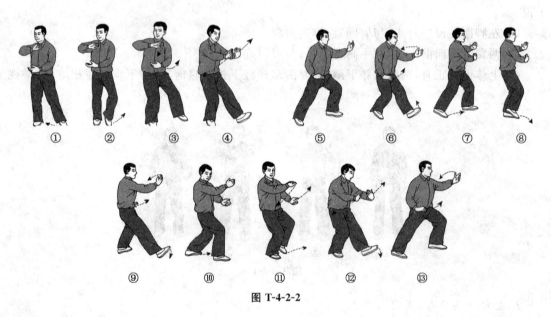

图 T-4-2-2

　　3.白鹤亮翅(图 T-4-2-3)

　　(1)上体微向左转,左手翻掌向下,左臂平屈胸前,右手向左上划弧,手心转向上,与左手相对成抱球状;眼视左手。

　　(2)右脚跟进半步,上体后坐,身体重心移至右腿;上体先向右转,面向右前方,眼视右手;然后左脚稍向前移,脚尖点地,成左虚步;同时上体再微向左转,面向前方,两手随转体慢慢向左下、右上分开,右手上提停于右额前,手心向左后方,左手落于左胯前,手心向下,指尖向前;眼平视前方。

图 T-4-2-3

（二）第二组

1. 左右搂膝拗步（图 T-4-2-4）

（1）右手从体前下落，由下向后上方划弧举至右肩外侧，肘微屈，手与耳同高，手心斜向上；左手由左下向上、向右下方划弧至右胸前，手心斜向下；同时上体先微向左再向右转；左脚收至右脚内侧，脚尖点地；眼视右手。

（2）上体左转，左脚向前（偏左）迈出成左弓步；同时右手屈回由耳侧向前推出，高与鼻尖平，左手向下由左膝前搂过落于左胯旁，指尖向前；眼视右手。

（3）右腿慢慢屈膝，上体后坐，重心移至右腿，左脚尖跷起微向外撇，随后脚慢慢踏实，左腿前弓，身体左转，重心移至左腿，右脚收到左脚内侧，脚尖点地；同时左手向外翻掌由左后向上划弧至左肩外侧，肘微屈，手与耳同高，手心斜向上；右手随转体向上向左下划弧落于左胸前，手心斜向下；眼视左手。

（4）与（2）解同，唯左右相反。

（5）与（3）解同，唯左右相反。

（6）与（2）解同。

图 T-4-2-4

2.手挥琵琶(图 T-4-2-5)

(1)右脚跟进半步,上体后坐,重心移至右腿上,上体半面向右转。

(2)左脚略提起稍向前移,变成左虚步,脚跟着地,脚尖跷起,膝部微屈;同时左手由左下向上挑举,高与鼻尖平,掌心向右,臂微屈;右手收回放在左臂肘部里侧,掌心向左;两手成侧立掌合于体前;眼视左手食指。

图 T-4-2-5

3.左右倒卷肱(图 T-4-2-6)

(1)上体右转,右手翻掌(手心向上)经腹前由下向后上方划弧平举,臂微屈,左手随即翻掌向上;眼的视线随着向右转体先右视,再转向前方视左手。

(2)右臂屈肘折向前,右手由耳侧向前推出,手心向前,左臂屈肘后撤,手心向上,撤至左肋外侧;同时左腿轻轻提起向后(偏左)退一步,脚掌先着地,然后全脚慢慢踏实,身体重心移到左腿上,成右虚步,右脚随转体以脚掌为轴扭正;眼视右手。

(3)上体微向左转。同时左手随转体向后上方划弧平举,手心向上,右手随即翻掌,掌心向上;眼随转体先左视,再转向前方视右手。

(4)与(2)解同,唯左右相反。

图 T-4-2-6

(5)与(3)解同,唯左右相反。

(6)与(2)解同。

(7)与(3)解同。

(8)与(2)解同,唯左右相反。

(三)第三组

1. 左揽雀尾(图 T-4-2-7)

(1)上体微向左转,同时右手随转体向后上方划弧平举,手心向上,左手放松,手心向下;眼视左手。

(2)身体继续向右转,左手自然下落,逐渐翻掌经腹前划弧至右肋前,手心向上;右臂屈肘,手心转向下,收至右胸前,两手相对成抱球状;同时身体重心落在右腿上,左脚收至右脚内侧,脚尖点地;眼视右手。

(3)上体微向左转,左脚向左前方迈出,上体继续向左转,右腿自然蹬直,左腿屈膝成左弓步,同时左臂向左前方掤出(即左臂平屈成弓形,用前臂外侧和手背向前方推出),高与肩平,手心向后;右手向右下落,放于右胯旁,手心向下,指尖向前;眼视左前臂。

(4)身体微向左转,左手随即前伸翻掌向下,右手翻掌向上,经腹前向上、向前伸至左前臂下方;然后两手下捋,即上体向右转,两手经腹前向右后上方划弧,直至右手心向上,高与肩平,左臂平屈胸前,手心向后;同时身体重心移至右腿;眼视右手。

(5)体微向左转,右臂屈肘折回,右手附于左手腕里侧(相距约5厘米),上体继续向左转,双手同时向前慢慢挤出,左手心向后,右手心向前,左前臂要保持半圆;同时身体重心逐渐前移变成左弓步;眼视左手腕部。

图 T-4-2-7

（6）左手翻掌，手心向下，右手经左腕上方向前、向右伸出，高与左手齐，手心向下，两手左右分开，宽与肩同；然后右腿屈膝，上体慢慢后坐，身体重心移至右腿上，左脚尖跷起；同时两手屈肘回收至腹前，手心均向前下方；眼向前平视。

（7）上式不停，身体重心慢慢前移，同时两手向前、向上按出，掌心向前；左腿前弓成左弓步；眼平视前方。

2. 右揽雀尾（图 T-4-2-8）

（1）上体后坐并向右转，身体重心移至右腿，左脚尖里扣；右手向右平行划弧至右侧然后由右下经腹前向左上划弧至左肋前，手心向上；左臂平屈胸前，左手掌向下与右手成抱球状；同时身体重心再移到左腿上，右脚收到左脚内侧，脚尖点地；眼视左手。

（2）同"左揽雀尾"（3）解，唯左右相反。

（3）同"左揽雀尾"（4）解，唯左右相反。

（4）同"左揽雀尾"（5）解，唯左右相反。

（5）同"左揽雀尾"（6）解，唯左右相反。

（6）同"左揽雀尾"（7）解，唯左右相反。

图 T-4-2-8

（四）第四组

1. 单鞭（图 T-4-2-9）

（1）上体后坐，重心逐渐移至左腿，右脚尖里扣；同时上体左转，两手（左高右低）向左弧形运转，直至右臂平举，伸于身体左侧，手心向左，右手经腹前运至肋前，手心向后上方；眼视左手。

（2）重心再渐渐移至右腿上，上体右转，左脚向右脚靠拢，脚尖点地；同时右手向右上方划弧（手心由里转向外），至右侧方时变勾手，臂与肩平；左手向下经腹前向右上划弧停于右肩前，手心向里；眼视左手。

（3）上体微向左转，左脚向左前侧方迈出，右脚跟后蹬，成左弓步；在身体重心移向左腿的同时，左掌随上体的左转慢慢翻转向前推出，手心向前，手指与眼齐平，臂微屈；眼视右手。

图 T-4-2-9

2.云手（图 T-4-2-10）

（1）重心移至右腿上，身体渐向右转，左脚尖里扣；左手经腹前向右上划弧至右肩前，手心斜向后，同时右手松勾变掌，手心向右前；眼视左手。

（2）上体慢慢左转，重心随之逐渐左移；左手由脸前向左侧运转，手心渐渐转向左方；右手由右下经腹前向左上划弧，至左肩前，手心斜向后；同时右脚靠近左脚，成小开立步（两脚距离10～20厘米）；眼视右手。

（3）上体再向右转，同时左手经腹前向右上划弧至右肩前，手心斜向后；右手向右侧运转，手心翻转向右；随之左腿向左横跨一步；眼视左手。

（4）同（2）解。

（5）同（3）解。

（6）同（2）解。

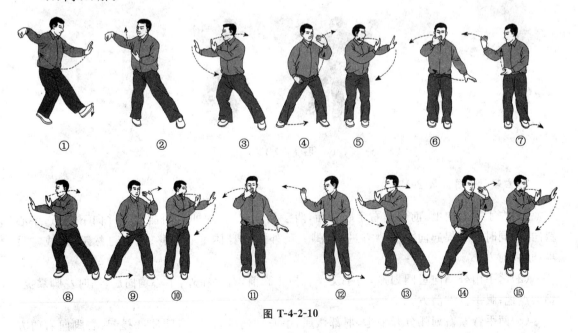

图 T-4-2-10

3.单鞭(图 T-4-2-11)

(1)上体向右转,右手随之向右运转,至右侧方时变成勾手;左手经腹前向右划弧至右肩前,手心向内;重心落在右腿上,左脚尖点地;眼视右手。

(2)上体微向左转,左脚向左前侧方迈出,右脚跟后蹬,成左弓步;在身体重心移向左腿的同时,上体继续左转,左掌慢慢翻转向前推出,成"单鞭"式。

① ② ③ ④ ⑤

图 T-4-2-11

(五)第五组

1.高探马(图 T-4-2-12)

(1)右脚跟进半步,身体重心逐渐后移至右腿上;右勾手变成掌,两手心翻转向上,两肘微屈;同时身体微向右转,左脚跟渐渐离地;眼视左前方。

(2)上体微向左转,面向左前方,右掌经右身旁向前推出,手心向前,手指与眼同高;左手收至左侧腰前,手心向上;同时左脚微向前移,脚尖点地,成左虚步;眼视右手。

① ②

图 T-4-2-12

2.右蹬脚(图 T-4-2-13)

(1)左手手心向上,前伸至右手腕背面,两手相互交叉,随即向两侧分开并向下划弧,手心斜向下,同时左脚提起向左前侧方进步(脚尖稍外撇);身体重心前移;右腿自然蹬直,成左弓步;眼视前方。

(2)两手由外圈向里圈划弧,两手交叉合抱于胸前,右手在外,手心均向后;同时左脚靠拢,脚尖点地;眼平视右前方。

(3)两手臂左右划弧分开平举,肘部微屈,手心均向外;同时右腿屈膝提起,右脚向右前方慢慢蹬出;眼视右手。

图 T-4-2-13

3. **双峰贯耳**(图 T-4-2-14)

(1)右腿收回,屈膝平举;左手由后向上、向前下落至体前,两手心均翻转向上,两手同时向下划弧,分落于右膝盖两侧;眼视前方。

(2)右脚向右前方落下,重心渐渐前移,成右弓步,面向右前方;同时两手下落,慢慢变拳,分别从两侧向上、向前划弧至面部前方,成钳形;两拳相对,高与耳齐,拳眼都斜向内下(两拳中间距离为 10~20 厘米);眼视右拳。

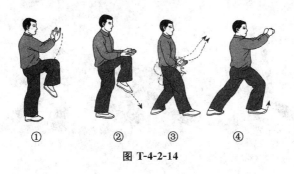

图 T-4-2-14

4. **转身左蹬脚**(图 T-4-2-15)

(1)左腿屈膝后坐,身体重心移至左腿,上体左转,右脚尖里扣;同时两拳变掌,由上向左右划弧分开平举,手心向前;眼视左手。

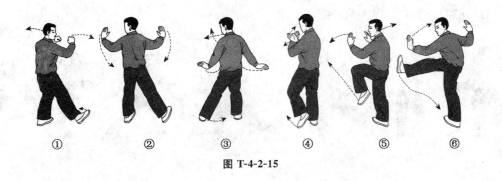

图 T-4-2-15

（2）身体重心再移至右腿，左脚收到右脚内侧，脚尖点地；同时两手由外圈向里圈划弧合抱于胸前，左手在外，手心均向后；眼平视左方。

（3）两手臂左右划弧分开平举，肘部微屈，手心均向外；同时左腿屈膝提起，左脚向左前方慢慢蹬出；眼视右手。

（六）第六组

1.左下势独立（图 T-4-2-16）

（1）左腿收回平屈，上体右转；右掌变成勾手，左掌向上、向右划弧下落，立于右肩前，掌心斜向后；眼视右手。

（2）右腿慢慢屈膝下蹲，左腿由内向左侧（偏后）伸出，成左仆步；左手下落（掌心向外）向左下顺左腿内侧向前穿出；眼视左手。

（3）身体重心前移，左脚跟为轴，脚尖尽量向外撇，左腿前弓，右腿后蹬，右脚尖里扣，上体微向左转并向前起身；同时左臂继续向前伸出（立掌），掌心向右，右勾手下落，勾尖向后；眼视左手。

（4）右腿慢慢提起、平屈，成左独立式；同时右勾手变掌，并由后下方顺右腿外侧向前弧形上挑，屈臂立于右腿上方，肘与膝相对，手心向左；左手落于左胯旁，手心向下，指尖向前；眼视右手。

图 T-4-2-16

2.右下势独立（图 T-4-2-17）

（1）右脚下落于左脚前，脚尖着地，然后以左脚前掌为轴，脚跟转动，身体随之左转，同时左手向后平举变成勾手，右掌随着转体向左侧划弧，立于左肩前，掌心斜向后；眼视左手。

（2）同"左下势独立"（2）解，唯左右相反。

图 T-4-2-17

（3）同"左下势独立"（3）解，唯左右相反。

（4）同"左下势独立"（4）解，唯左右相反。

（七）第七组

1. 左右穿梭（图 T-4-2-18）

（1）身体微向左转，左腿向前落地，脚尖外撇，右脚跟离地，两腿屈膝成半坐盘式；同时两手在左胸前成抱球状（左上右下）；然后右脚收到左脚内侧，脚尖点地；眼视左前臂。

（2）身体右转，右脚向右前方迈出，屈膝弓腿成右弓步；右手由脸前向上举并翻掌停架在右额前，手心斜向下；左手向左下，再经体前向前推出，高与鼻尖平，手心向前；眼视左手。

（3）身体重心略向后移，右脚尖稍向外撇，随即身体重心再移到右腿，左脚跟进，停于挷内侧，脚尖点地；同时两手在胸前成抱球状（右上左下）；眼视右前臂。

（4）同（2）解，唯左右相反。

① ② ③ ④ ⑤ ⑥

⑦ ⑧ ⑨ ⑩ ⑪

图 T-4-2-18

2. 海底针（图 T-4-2-19）

（1）右脚向前跟进，身体重心移至右腿，右脚稍向前移举步；右手下落经体前向后、向上提抽至肩上耳旁，左手下落至体前侧。

（2）左脚尖点地成左虚点；同时身体稍向右转；右手再随身体左转，由右耳旁斜向前下方插出，掌心向左，指尖斜向下；与此同时，左手向前、向下划弧落于左胯旁，手心向下，指尖向前；眼视前下方。

图 T-4-2-19

3.闪通臂(图 T-4-2-20)

(1)上体稍向右转,左脚微回收举步,同时两手上提;眼视前方。

(2)左脚向前迈出,脚跟着地;左右两手分别向左前、右后分开;左手心向前,右手心向外;眼视前方。

(3)重心前移,左腿屈膝弓成左弓步;同时右手屈臂上举,停于右额前上方,掌心翻转斜向上,拇指朝下;左手由胸前随重心前移慢慢向前推出,高与鼻尖平,手心向前;眼视左手。

图 T-4-2-20

(八)第八组

1.转身搬拦捶(图 T-4-2-21)

(1)上体后坐,身体重心移至右腿上,左脚尖里扣;身体向右后转,然后身体重心再移至左腿上;与此同时,右手随着转体向右、向下(变拳)经腹前划弧至左肋旁,拳心向下;左掌上举于头前,掌心斜向上;眼视前方。

图 T-4-2-21

（2）向右转体，右拳经胸前向前翻转撇出，拳心向上；左手落于左胯旁，掌心向下，指尖向前；同时右脚收回后（不要停顿或脚尖点地）即向前迈出，脚尖外撇，眼视右拳。

（3）身体重心移至右腿上，左腿向前迈出一步；左手上起经左侧向前上划弧拦出，掌心向前上方；同时右拳向右划弧收到右腰旁，拳心向上，眼视左手。

（4）左腿前弓成左弓步，同时右拳向前打出，拳眼向上，高与胸平，左手附于右前臂里侧；眼视右拳。

2.如封似闭（图 T-4-2-22）

（1）左手由右腕下向前伸出，右拳变掌，两手手心逐渐翻转向上并慢慢分开回收；同时身体后坐，左脚尖跷起，身体重心移至右腿，眼视前方。

（2）两手在胸前翻掌，向下经腹前再向上、向前推出；腕部与肩平，手心向前；同时左腿前弓成左弓步；眼视前方。

图 T-4-2-22

3.十字手（图 T-4-2-23）

（1）屈膝后坐，身体重心移向右腿，左脚尖里扣，向右转体；右手随着转体动作向右平摆划弧，与左手成两臂侧平举，掌心向前，肘部微屈；同时右脚尖随着转体稍向外撇，成右侧弓步；眼视右手。

（2）身体重心慢慢移至左腿，右脚尖里扣，随即向左收回，两脚距离与肩同宽，两腿逐渐蹬直，成开立步；同时两手向下经腹前向上划弧交叉合抱于胸前，两臂撑圆，腕高与肩平，右手在外，成十字手，手心均向后；眼视前方。

图 T-4-2-23

4.收势(图 T-4-2-24)

(1)两手向外翻掌,手心向下,两臂慢慢下落,停于腹前;眼视前方。

(2)两腿缓缓蹬直,同时两掌慢慢下落至大腿侧,然后收左脚成并步直立;眼视前方。

①   ②

图 T-4-2-24

第三章 舞龙舞狮

第一节 舞龙

一、运动概述

"舞龙",又称"龙舞""龙灯",是中华民族传统的体育娱乐活动。每逢佳节、盛会,人们在长街广场和街头湾边,舞起龙灯,以增添欢乐喜庆的气氛。它也构成了中华民族民间传统文化的重要组成部分。

关于舞龙运动的起源有很多说法,大多数人认为舞龙运动起源于原始的求雨祭祀活动。中国人认为龙象征着水,因此逢旱之时,人们想到了"龙"的威力和神圣,借助于"龙"的祭祀活动就成为祈求雨水的形式。而人们之所以用舞龙来求雨,是因为舞龙含有地上的龙和天上的龙相感召、相会合的意思,地上的龙一舞动,天上的龙就会普降大雨,润泽四方了。

在殷商的甲骨文记载中便有向龙卜雨的甲片,汉代有"鱼龙漫衍"之戏,它是舞龙运动的前身。随着社会的发展,人类文明的进步,"舞龙"这一种形式也逐步地从祭祀活动中走出来,并且种类也多样化了,制作工艺更加精细。

进入唐代,舞龙活动也进入了发展时期。这一时期的"舞龙",已经基本上摆脱了原始祭祀的宗教活动,与民间传统节日的庆典活动密切地结合起来,成为中华民族节日文化的重要组成部分。到了宋代,舞龙运动已经基本定型,不仅体现在龙的形态的基本固定,还体现在其他因素的趋于完备。从宋开始,到元、明、清,龙的形态几乎没有什么变化,主要特点是蜿蜒多姿,通体华美。这一时期,舞龙运动的其他因素也趋于完备。从宋元至明清,舞龙运动不断改进、完善,处在不断的发展之中。

近年来,我国各地民间舞龙的兴趣逐年增长,活动规模越来越大。通过挖掘整理和试办各种舞龙比赛,传统的民间舞龙,发展成为集舞龙、技巧、艺术等为一体,寓身体锻炼于精彩表演之中的群众体育活动。当前,它也成为当前我国推行全民健身计划的重要大众体育项目之一。随着中国龙狮运动协会的成立,舞龙运动日益规范。尤其是舞龙运动与现在技术相结合,增添了舞龙运动的艺术魅力,它因奇特的造型和出神入化的表演,受到了国内外人民的欢迎,也成为中国辉煌文化的象征。

二、基本动作和方法

(一)基本动作

舞龙运动的技术动作主要可分为五大类:"8"字舞龙动作、游龙动作、穿腾动作、翻滚动作、组图造型类动作。每种类型动作又可根据完成的难易程度划分为 A 级难度动作、B 级难度动作、C 级难度动作。

1."8"字舞龙

舞龙者将龙在人体左右两侧交替作"8"字形环绕的舞龙动作,环绕舞龙动作的快与慢、原地与行进均可根据具体情况变化,套路中以多种方法作"8"字舞动。舞动中要求龙体运动轨迹圆顺,人体造型姿态优美,快舞龙要突出速度和力度,每个动作左右舞龙各不少于 4 次。

(1)A 级难度动作:原地"8"字舞龙、行进"8"字舞龙、跪地舞龙、套头舞龙、搁脚舞龙、扯旗舞龙、靠背舞龙等。

(2)B 级难度动作:原地快速"8"字舞龙、行进快速"8"字舞龙、快步行进快舞龙、抱腰舞龙、穿身舞龙、双人换位舞龙等。

(3)C 级难度动作:跳龙接一蹲一躺快舞龙、跳龙接摇船快舞龙、跳龙接直躺快舞龙、依次滚翻接单跪快舞龙、挂腰舞龙(两人一组)、K 式舞龙(3 人一组)、站式舞龙(两人一组)等。

2.游龙

游龙指舞龙者在快速奔跑游走过程中,通过龙体快慢有致、高低、左右的起伏进行,展现婉转回旋,左右盘翻,屈伸绵延的动态舞龙特征。舞龙时要求龙体圆、曲、弧线规律运动,舞龙者随龙体协调起伏行进。

(1)A 级难度动作:直线行进、曲线行进、走跑圆场、滑步行进、起伏行进、单侧起伏小圆场等。

(2)B 级难度动作:快速曲线起伏行进、快速顺逆连续跑圆场、快速矮步跑圆场越障碍、快速跑斜圆场、骑肩双杆起伏行进等。

(3)C 级难度动作:站肩平盘起伏、直线后倒、鲤鱼打挺接行进等。

3.穿腾

穿腾包括穿越和腾越两种方式。指龙体动作线路呈交叉形式,龙珠、龙头、龙身各节依次从龙身下穿过称为"穿越"。龙珠、龙头、龙身各节依次从龙身上越过称为"腾越"。穿越和腾越时,要求龙形饱满,速度均匀,运动轨迹流畅;穿腾动作轻松利索,不踩龙体、不拖地、不停顿。

(1)A 级难度动作:穿龙尾、越龙尾、首尾穿越龙肚等。

(2)B 级难度动作:龙穿身、龙脱衣、龙戏尾、连续腾越行进、穿八五节等。

(3)C 级难度动作:快速连续穿越行进(3 次以上)、连续穿越腾越行进(4 次以上)等。

4.翻滚

翻滚指龙体作立圆或斜圆状连续运动,龙身运动到舞龙者脚下时,舞龙者迅速向上腾起依次跳过龙身的"跳龙动作";龙体同时或依次作360°翻转,舞龙者利用各种滚翻等越过龙身的"翻滚动作"。

(1)A级难度动作:龙翻身等。

(2)B级难度动作:快速逆向跳龙行进(两次以上)、快速连续螺旋行进(两次以上)、大立圆螺旋行进(3次以上)等。

(3)C级难度动作:快速连续斜盘跳龙(3次以上)、快速连续螺旋跳龙(4次以上)、快速连续螺旋跳龙磨盘(6次以上)、快速左右螺旋跳龙(左右各3次以上)、快速连续磨盘跳龙(3次以上)等。

5.组图造型

组图造型指龙体在运动中组成活动图案和相对静止的龙体造型。活动图案的构图要清晰,静止龙体造型要形象逼真,换型要紧凑利索,以形传神,以形传意,龙体与龙珠配合要协调。

(1)A级难度动作:龙门造型、塔盘造型、尾盘造型、曲线造型、龙出宫造型、蝴蝶盘花造型、组字造型、龙舟造型等。

(2)B级难度动作:上肩高塔造型自转一周、龙尾高翘寻珠、追珠、首尾盘珠、龙翻身接滚翻成造型、单臂侧手翻接滚翻成造型等。

(3)C级难度动作:大横8字花慢行进(成形4次以上)、坐肩后仰成平盘起伏旋转(一周以上)等。

(二)基本方法

1.舞龙珠

持龙珠者,即龙队指挥者,在鼓乐伴奏下,引导舞龙者完成龙的游、穿、腾、跃、翻、滚、戏、缠、组图造型等动作和成套动作,整个过程要生动、顺畅、协调。舞龙珠的目的是引导龙队出场,认清出场方向;了解比赛场地的大小,熟悉表演动作的方位,避免表演时出现方位不正或场地利用不充分;舞龙珠者必须熟悉本队套路中的各种队形的变化以及必要的场上应变能力。舞龙时要求双眼随时注视龙珠,并环视整队及周边环境的情况变化,与龙头保持协调配合,并与龙头保持1米左右的距离;同时,龙珠还应保持不停的旋转。

2.舞龙头

持龙头者身材必须高大魁梧、有力。舞动时,龙头动作紧随着龙珠移动,龙嘴与龙珠相距1米左右,似吞吐之势,注意协调配合,应时时注意龙头不停地摆动,展现出龙的生气与活力、威武环视之势。舞龙头的目的是在龙珠引导下,紧随其后移动,从而带动龙身的摆动;龙头左右摆动时,一定要以嘴领先,显示出追珠之势。要求龙头替换时,不能影响动作的发挥;因龙头体积较大,在左右摆动时不得碰擦龙身或舞龙者;与龙珠始终保持1米左右的距离。

3.舞龙身

舞龙身者,必须随时与前后保持一定的距离,眼观四方紧跟前者,走定位,空中换手时尽量将龙身抬高,甚至可跳起;舞低时,尽量放低,但千万别将龙身触地,在高低左右舞动中,龙翻腾之势即展现其中;还必须随时保持龙身蠕动,造成生龙活虎之势。在跳与穿的动作中,应特别注意柄的握法,柄下端不可多出,以免刮伤别人。龙身在左右舞动时,龙身运动轨迹要圆滑、顺畅;龙身不可触地、脱节;龙体不可出现不合理的打结。

4.舞龙尾

持龙尾者,身材需轻巧、速度快,龙尾也是主要部位,因为龙尾时常有翻身的动作,龙尾舞动时翻尾要轻巧生动、不拖泥带水,否则容易使龙尾触地,造成器材的损坏,而且会让人感到呆板。龙尾亦是时时成为带头者,因为有些动作必须龙尾引首,明确精练的头脑亦为必备的条件,龙尾亦是整条龙舞动弧度大小的控制者,持龙尾在穿和跳的动作里,更要注意尾部,勿被碰撞或碰撞别人,最重要的是随时保持龙身的摆动。舞龙尾的目的是随着龙身的带动,龙尾时刻摆动着,体现出龙的轻巧生动。龙尾舞动时,要求不能触地;龙尾在舞动过程中始终保持左右的晃动;并控制左右舞动弧度的大小。

第二节 舞狮

一、运动概述

舞狮,是我国优秀的民间艺术,每逢元宵佳节或集会庆典,民间都以狮舞前来助兴。这一习俗起源于三国时期,南北朝时开始流行,至今已有一千多年的历史。据传说,它最早是从西域传入的。狮子是文殊菩萨的坐骑,随着佛教传入中国,舞狮子的活动也输入中国。狮子是汉武帝派张骞出使西域后,和孔雀等一同带回的贡品。而狮舞的技艺却是引自西凉的"假面戏",也有人认为狮舞是五世纪时产生于军队,后来传入民间的。两种说法都各有依据,今天已很难判断其是非。不过,唐代时狮舞已成为盛行于宫廷、军旅、民间的一项活动。唐段安节《乐府杂寻》中说:"戏有五方狮子,高丈余,各衣五色,每一狮子,有十二人,戴红抹额,衣画衣,执红拂子,谓之狮子郎,舞太平乐曲。"诗人白居易《西凉伎》诗中对此有生动的描绘:"西凉伎,西凉伎,假面胡人假狮子。刻木为头丝作尾,金镀眼睛银帖齿。奋迅毛衣摆双耳,如从流沙来万里。"诗中描述的是当时舞狮的情景。

在一千多年的发展历程中,狮舞形成了南北两种表演风格。北派狮舞以表演"武狮"为主,即魏武帝钦定的北魏"瑞狮"。小狮一人舞,大狮由双人舞,一人站立舞狮头,一人弯腰舞狮身和狮尾。舞狮人全身披包狮被,下穿和狮身相同毛色的绿狮裤和金爪蹄靴,人们无法辨认舞狮人的形体,它的外形和真狮极为相似。引狮人以古代武士装扮,手握旋转绣球,配以京锣、鼓钹逗引瑞狮。狮子在"狮子郎"的引导下,表演腾翻、扑跌、跳跃、登高、朝拜等技巧,并有走梅花桩、窜桌子、踩滚球等高难度动作。南派狮舞以表演"文狮"为主,表演时讲究表情,有搔痒、抖毛、舔毛等动作,惟妙惟肖,逗人喜爱,也有难度较大的吐球等技巧。

南狮以广东为中心,风行于港澳,东南亚侨乡。南狮虽也是双人舞,但舞狮人下穿灯笼裤,上面仅仅披着一块彩色的狮被而舞。和北狮不同的是"狮子郎"头戴大头佛面具,身穿长袍,腰束彩带,手握葵扇而逗引狮子,以此舞出各种优美的招式,动作滑稽风趣。南狮流派众多,有清远、英德的"鸡公狮",广州、佛山的"大头狮",高鹤、中山的"鸭嘴狮",东莞的"麒麟狮"等。南狮除外形不同外,尚有性格不同。白须狮舞法幅度不宽、花色品种不多,但沉着刚健,威严有力,民间称为"刘备狮"。黑须红面狮,人称"关公狮",舞姿勇猛而雄伟,气概非凡。灰白胡须狮,动作粗犷好战,俗称"张飞狮"。狮子为百兽之尊,形象雄伟俊武,给人以威严、勇猛之感。古人将它当作勇敢和力量的象征,认为它能驱邪镇妖、保佑人畜平安。所以人们逐渐形成了在元宵节及其他重大活动时舞狮子的习俗,以祈望生活吉祥如意,事事平安。

舞狮表演要求舞狮者具有灵活的步伐、矫健的身法和成熟的技巧,以及手法、身法、步法的协调性,才能完成翻滚、扑跌、跳跃、翻腾以及滚绣球、过跳板等各种难度动作,舞狮运动不仅能提高力量、速度、耐力和灵巧等身体素质,而且还能培养练习者勇敢顽强的精神和坚韧不拔的意志品质。

二、舞狮的基本动作

(一)狮头的握法

1.单阴手

单手握狮头,手背朝上,大拇指托狮舌,其余四指握在狮舌上方。

2.单阳手

动作与单阴手相反,手心朝上。

3.双阴手

动作与单阴手相同,两手握于狮舌两侧头角处。

4.双阳手

握法与双阴手相反,握的部位相同。

另外,根据要表演狮子神态的需要还有开口式、闭口式等握法。

(二)狮尾的握法

1.单手握法

舞狮尾者一手用大拇指插入舞狮头者的腰带,与四指轻抓腰带,另一手可做摆尾等动作。

2.双手握法

双手大拇指插入舞狮头者的腰带,做各种动作时应紧握。

(三)基本步法

1.上步和退步

两脚平行站立,左(或右)脚向前进步,另一脚跟上,即上步,反之为退步。

2.侧步

包括左侧步和右侧步。两脚平行站立,左(或右)脚向左(或右)侧进一大步,另一脚跟上,即左侧步,反之则为右侧步。

3.交叉步

分为左、右交叉步。移动方向的异侧脚向运动方向一侧跨出一大步(经两腿交叉),另一脚随即向运动方向一侧跨出一步成平行站立。

4.跳步

跳步有具体严格的要求,可随着舞狮的方向任意跳跃,可单脚跳,也可双脚跳。
除上述方法外,还有单跳步、跨跳步、击步、碎步、并脚直立跳、双飞脚、打转身等。

(四)基本动作

1.摇头摆尾

两人在原地,舞狮头者不断地将狮头东摆西摇,舞狮尾者随着狮头的摆动协调地进行摆尾。

2.叩首

两人一组,舞狮头者将狮头持于头上,用小碎步快速向前跑动,在跑动过程中将狮头举起,并不停地左右摇头和眨眼,舞狮尾者低头塌腰,双手搂住前者腰部,用小碎步或左右摆尾跟着前者行进运动,然后,用同样的碎步动作退回,两者配合做狮子叩拜动作。动作方向为先左后右,最后向中间叩拜,叩拜时下肢伴随做小跳步动作。

3.翻滚

两人一组,后面队员抓住前面队员腰的两侧,身体重心下降,屈腿半蹲,一脚蹬地,向一侧滚动,滚身时前者须将狮头举高。

4.叠罗汉

舞狮尾者站马步,舞狮头者两脚站于舞狮尾者的膝盖上,舞狮尾者扶住舞狮头者的腰,使其平衡、稳定,舞狮头者持狮头做各种动作。

5.引狮员基本动作

引狮员的动作分静态和动态两部分,静态动作是指引狮员静态亮相的动作,如弓步抱球、高虚步举球、弓步戏球等。动态动作是指引狮员在运动过程中完成的动作,如行步、跳跃、翻腾等。

第四章 毽球与拔河

第一节 毽球

一、运动概述

毽球是一项老幼皆宜的终身性休闲游戏。把一束鸡毛插在铜钱上，再以布条缠牢，即扎成一个惹人喜爱的毽子。毽球的踢法多种多样，可以比次数、比花样，对活动关节、加强韧带、发展灵敏和平衡素质有良好作用。

毽球是中国民间传统的健身活动，历史悠久，宋代集市上就有专卖毽子的店铺，明清时开始有正式的毽球比赛。民间相传，毽球为南宋抗金名将岳飞所创。当年岳飞北征中原，兵锋直抵黄河南岸，金军恃城固守，避不出战，两军相持之际，秋尽冬来，岳家军还穿着出征时的夏装，因熬不住北方的严寒，又得恪守"冻死不拆屋"的纪律，许多人冻伤了足。岳飞令士兵们把箭矢后的翎毛拔下，绑在铜钱眼里，不停地蹦踢，称为"抛足之戏"，踢了一阵子，脚趾上的冻伤不治而愈。从此，毽球成为岳家军的冬季锻炼项目，并逐渐流向民间。

现代毽类运动包括毽球和花样踢毽两个项目，起步于20世纪中期。到20世纪80年代，毽类运动得到迅速普及，广泛开展于工厂、学校和机关事业单位当中。1984年，毽球被列入国家体委正式开展的体育比赛。

随着毽类运动的蓬勃兴旺，全国和地方性毽球组织相继成立。与此同时，竞赛体制基本完善，全国锦标赛、职工赛、学生赛、国际邀请赛等竞赛制度相继建立。进入90年代，毽类运动又先后跻身于全国少数民族运动会、全国农民运动会和全国中学生运动会等大型综合性运动会。毽球比赛在我国进行得如火如荼。同时，毽类运动还跨出国门走向世界，先后在亚欧美等多个国家开展起来，并成立了国际组织，建立了世界锦标赛制度。截至目前，世界毽球锦标赛已举办九届。在2017年的第九届世界毽球锦标赛上，我国夺得1金3银。

二、毽球基本技术

（一）准备姿势

踢毽球的准备姿势主要有平行站法和前后站法。

1.平行站法

两脚左右开立,比肩略宽,两臂体侧自然前屈,两脚几乎站在同一条直线上,两脚尖内收呈内“八”字型,后脚跟提起,脚跨趾扣地,着力点在脚掌内侧,身体重心前倾,大、小腿呈100°～110°,两膝内收,膝关节面稍超出脚尖,肩关节垂直面领先于膝关节。

2.前后站法

两脚前后开立,左脚稍跨出一只脚的距离,右脚在后,两脚跟提起。其他动作与平行站法基本相同。

(二)起动与脚步移动

起动是移动的开始,也是关键,而移动是起动的继续。起动的快慢,取决于准备姿势的正确与否。在平时的训练和比赛中,必须根据来球的方向、弧度、速度和落点,及时地向前后左右起动和移动,转移重心,使身体尽快接近来球,并处于适当的击球位置,然后采取相应的技术动作。

(三)踢球技术

用膝关节以下部位击球称为踢球,它是运动员用脚的某一部位将球击向预定目标的技术动作。常见的踢球方法有脚内侧踢球、脚外侧踢球、正脚背踢球等。

1.脚内侧踢球

左脚支撑,右大腿带动小腿屈膝上摆,同时膝关节外张,小腿上摆,击球的一刹那踝关节内屈端平,用脚弓内侧把球向上踢起(图 T-4-4-1)。

2.脚外侧踢球

左脚支撑,右大腿带动小腿,膝内收,小腿向体外侧上摆,击球的一刹那勾足尖,踝关节外屈端平,用脚背外侧把球向上踢起(图 T-4-4-2)。

3.正脚背踢球

脚背踢球方法有脚背屈踢、脚背绷踢、脚背直踢三种,共同点是单脚支撑用脚趾或脚趾跟部踢球(图 T-4-4-3)。
(1)脚背屈踢。
屈踝,右脚大腿带动小腿,屈膝屈踝上摆,脚背与地面平行,以大腿上摆力量把球踢起。
(2)脚背绷踢。
脚背上绷,右腿膝微屈,脚微直,自然放松,当球下落到离地面10～15厘米时,脚插进球底部小腿用力,同时屈踝绷腿把球向上踢起。
(3)脚背直踢。
右脚大腿带动小腿屈膝向前摆,脚背绷直,扣脚趾,击球时小腿迅速前摆。

图 T-4-4-1

图 T-4-4-2

图 T-4-4-3

（四）触球技术

用膝关节以上除手臂以外任何部位击球称为触球。触球的方法有腿触球、腹触球、胸触球、肩触球和头触球五种。

1.腿触球

右脚支撑，左腿屈膝大腿带动小腿上摆，当球下落到略低于髋部时，用大腿的前半部分（靠膝部）触球（图 T-4-4-4）。

2.腹触球

对准来球屈膝略向后蹲，稍含胸收腹，当腹部触球的一刹那稍挺腹，如来球过猛，也可以挺腹，使球轻轻弹出（图 T-4-4-5）。

3.胸触球

两脚自然开立，当球传到胸前约 10 厘米时，两臂自然微屈，两肩稍用力向后拉，挺胸，同时两脚蹬地，身体挺起，用胸部触球（图 T-4-4-6）。

图 T-4-4-4

图 T-4-4-5

图 T-4-4-6

4.肩触球

两脚自然开立对准来球，当球传到肩前约 10 厘米处时，肩稍后拉前摆，用肩部击球（图

T-4-4-7）。

5.头触球

两脚自然开立,当球传到头前约10厘米时,两脚蹬地,同时颈部稍紧张向前摆头,用前额触球(图 T-4-4-8)。

图 T-4-4-7　　　　　　　　　　　　图 T-4-4-8

（五）发球技术

发球的技术动作环节包括:抛球、击球、击球后随球跟进三个环节。

抛球要抛准、抛稳,将球垂直抛于体前固定高度和位置,力量要适当。抛球是整个发球动作的基础,对于初学者来说,它是极为重要的基础环节。

击球要准确、有力、脚法固定、击球点准确。在熟练的基础上,对不稳定的抛球,做适当的调整,因此它是发球的关键环节。

击球后随球跟进要迅速而准确,动作要自然放松。

第二节　拔河

一、运动概述

拔河是我国民间广泛流传的一项传统体育活动,具有悠久的历史,拔河运动相传始于春秋战国时期楚越两国水军交战时,鲁国的工匠设计了一种称"钩强"的兵器,用来阻挡和钩住敌船,于是,把钩强对拉成为军事训练的重要内容。随着历史的发展,这项军体运动逐渐演变为一项民间的体育娱乐活动,到了唐代改称为"拔河",那时用的是四五十米长的粗大麻绳,绳索两头分别系有数百根小绳,每一根小绳由一人牵拉。

当时,这项运动在唐代宫廷和民间都很流行,据《全唐诗话》中记载:"唐中宗李显于景龙四年三月一日清明,幸梨园,命侍臣为拔河之戏。"《资治通鉴》中记载:"景云元年春,上御梨园球场,命文武三品以上抛球及分朋拔河。"这表明帝王公卿、达官显贵均以拔河取乐。开元年间,

在宫中曾多次举行拔河比赛,唐玄宗为此做诗助兴。在薛胜《拔河赋》中称"皇帝大夸胡人,以八方平泰,百戏繁会,令壮士千人,分为二队,名拔河",详尽地描绘了拔河比赛的壮观场面。民间称拔河为"俗戏",人们常在春季举行不同形式的拔河游戏以祈求农业丰收,据《隋书·地理志》记载:"钩初发动,皆有鼓节,群噪歌谣,震惊远近。俗云以此庆胜,用致丰穰。其事亦传于他郡。"反映出民间举行拔河时的热闹欢腾、欣欣向荣的景象。

拔河形式多种多样,有两人对抗,也有多人对抗;有徒手对抗,也有利用器械进行对抗等。现在,我们通常所说的拔河是指多人平均分成两队进行的徒手对抗。比赛时,参赛两队的人数必须相等,按事先确定的方位分别站于绳的两端,并握好绳,此时,绳的标志带应垂直于中线。待裁判员鸣哨后,两方各自一起向自己的方向用力拉绳,以一方把标志带拉过自己一侧的河界为胜方。拔河运动在我国开展普遍,尤其是近些年,拔河运动得到了迅速的发展。尤其是2006年中国拔河协会的成立,促进了我国拔河运动的规范化、竞技化、国际化。目前,每年都会举行众多的拔河比赛。

拔河运动具有较强的健身性、娱乐性,并能锻炼身体,陶冶情操,同时又不受时间、季节、场地、器械等影响,因此便于开展。参与此项活动既能增强力量、耐力、灵敏、灵巧等身体素质,又能培养顽强拼搏的意志品质和集体主义的优良作风。

二、拔河基本技术

拔河技术可分为站位、握绳、身体姿势、用力四个方面。

(一)站位

两腿前后开立,前腿蹬直,脚掌内扣,后退屈膝,上体后倾,与地面成 60°角,两手紧握绳,目视前方。

1."八"字步站位

两脚稍分,前后站立(哪个腋下夹绳,哪只胳膊弯曲在后,同侧的腿就稍站在后),两脚跟相距一拳,两脚尖分开成"八"字,脚掌抓地,脚跟和脚的外侧用力。两腿微屈,以便起动时向后用力。

2."丁"字步站位

两脚前后成"丁"字站立,前脚跟与后脚弓相距约一拳,前腿稍屈膝,用力方法和"八"字脚相同。

(二)握绳

前臂伸直远握,后臂屈肘,用腋部夹住绳近握,身体紧靠绳。一般有两种握法:一种是手心朝上,另一种是两手相对。不论怎样握,都必须握紧,能用上劲。两手握绳后,两臂弯曲,向内收紧,靠绳一侧的腋窝夹住绳子,上体靠向绳子,使力量集中一处,从头到腰保持一直线。两膝稍屈,身体下蹲。

选手不得握在绳子中心线标记与第二标记之间的部分。在每次比赛开始时,排在首位的选手应抓在尽量靠近第二标记的地方。选手不得在绳子上打结或系圈,也不得将绳子系在任何一名选手身上的任何部分。每次比赛开始时,应将绳子拉紧,并且绳子上的中心标记应正好在地面中心线的正上方。

(三)身体姿势

每名选手应以正常的姿势赤手握绳,手心向上。绳子应从身体和上臂之间穿过。其他任何妨碍绳子自由移动的行为均称为锁绳,将被视为犯规。脚的位置应伸在膝盖之前,选手们应在比赛中自始至终保持这一拔河姿势。

比赛开始后,蹬腿,挺腰,仰头,全身向后用力,形成 45°左右的斜线,使握绳、夹绳、蹬脚的地方和身体用力的方向,同拔河绳基本保持一个垂直面。

(四)用力

听从指挥员指挥,全队应同时发力。用力时先以前腿用力向前下方蹬地,同时两手紧握绳,上体后倾。

第五篇 新兴体育类运动

第一章 攀岩

第一节 攀岩运动常识

攀岩运动是人类利用原始的攀爬本能,借以各种装备做安全保护,攀登岩石构成的峭壁、裂缝、大圆石以及人工岩壁的运动。由于攀岩运动特有的惊险性、刺激性、技术性和趣味性,吸引了众多勇于挑战自我,敢于面对挑战的年轻人参与。它使人们在享受大自然博大胸怀的同时,更能体验到挑战自然、实现自我所带来的刺激、愉悦和成就感。

攀岩运动起源于 20 世纪五六十年代,但攀岩技术的发展已有一百多年的历史。早在1865 年,英国登山家、攀岩运动创始人埃德瓦特首次用简易的钢锥、铁锁和登山绳索等技术装备成功地攀登上了险峰。1890 年,英国登山家马默里又改进了攀登工具,发明了打楔用的钢锥和钢丝挂梯以及各种登山绳结,把攀岩技术推进到了新的阶段。但是,难度较大的攀岩竞赛,则是在 20 世纪 50 年代末 60 年代初才出现的。当时在苏联高加索地区的一些地方体协和军队中,率先开始试行攀岩竞赛,逐渐发展为全苏性比赛。1974 年 9 月,苏联和捷克斯洛伐克的登山组织在苏联克里米亚举办了首届"国际攀岩锦标赛",英国、民主德国、联邦德国、意大利、美国和日本等 12 个国家的 213 名选手参加了比赛。此后,国际登山联合会决定,每两年举办一次"国际攀岩锦标赛",比赛项目有个人攀登赛、个人平行计时赛和小队攀登赛等。

我国从 1987 年起已先后举办了多届全国性的攀岩比赛,比赛项目有男、女单人攀登赛、双人结组攀登赛和人工岩场的攀登比赛。

经过几十年的发展,攀岩运动在我国已得到很好的普及推广。目前,攀岩已成为追求时尚、放松心情的理想选择;成为对广大青少年学生进行素质教育的有效途径;成为众多户外运动俱乐部引以为傲的拳头产品;成为拓展培训中不可缺少的挑战项目。近几年来,我国每年都举行多次全国性、国际性赛事,且数量越来越多、规模越来越大、层次越来越高、形式越来越丰富。这些赛事的成功举行,逐步建立了我国攀岩比赛的商业运作模式;为国内外攀岩选手提供了众多相互交流的平台;大大提升了中国攀岩的国际地位;吸引了无数中国百姓的眼球。自2001年开始组建国家攀岩集训队以来,我国整体的竞技水平得到了快速提高。通过组建国家集训队,我们培养了一支相对稳定的优秀攀岩运动员队伍。经过几年不懈的努力,我国整体的竞技水平得到了快速提升,达到了亚洲准一流水平。

第二节　攀岩运动技术

一、攀岩的基本动作技术

(一)基本动作

抓——用手抓住岩石的凸起部分。

抠——用手抠住岩石的棱角、缝隙和边缘。

拉——在抓住前上方牢固支点的前提下,小臂贴于岩壁,抠住石缝隙或其他地形,以手臂和小臂使身体向上或向左右移动。

推——利用侧面、下面的岩体或物体、以手臂的力量使身体移动。

张——将手伸进缝隙里,用手掌或手指屈曲张开,以此抓住岩石的缝隙作为支点,移动身体。

蹬——用前脚掌内侧或脚趾的蹬力把身体支撑起来,减轻上肢的负担。

跨——利用自身的柔韧性,避开难点,以寻求有利的支撑点。

挂——用脚尖或脚跟挂住岩石,维持身体平衡,使身体移动。

踏——利用脚前部下踏较大的支点,减轻上肢的负担,移动身体。

(二)基本技术

攀岩要有良好的身体条件,但更重要的要有熟练的技术。学习攀登技术实践性很强,必须在不断攀登中练习,如果能有技术熟练者在旁指导,将能收到事半功倍的效果。

1.手法

攀登中用手的根本目的是使身体向上运动和贴近岩壁。

岩壁上的支点形状很多,常见的也有几十种。攀登者对这些支点的形状要熟悉,知道对不同支点手应抓握何处,如何使力。根据支点上突凹的位置和方向,有抠、捏、拉、攥、握、推等方法。但也不要拘泥于某种方法,同一支点可以有多种抓握的方法,比如有种支点是一个圆疙瘩上面有个小平台,一般情况是把手指搭在上面垂直下拉,但为了使身体贴近岩壁,完全可以整个捏住而平拉。又如有时要两只手抓同一支点时,前手可先放弃最好抓握处,让给后手,以免换手的麻烦。抓握支点时,尤其是水平用力时,手臂位置要低,凭借向下的拉力加大水平摩擦力。要充分使用拇指的力量,尽量把拇指搭在支点上。对于常见的水平浅槽的支点,可把拇指扭过来,把指肚一侧扣进平槽,或横搭在食指和中指指背上,都可增加很大力量。

攀登中手指的力量十分重要,平常可用指卧撑、引体向上、指挂引体向上、提捏重物等方法练习。现在国外一些高手已能达到单指引体向上的力量水平。在攀登较长路线时可选择容易地段两只手轮换休息。休息地段要选择没有仰角或仰角较小,且手上有较大支点处,休息时双脚踩稳支点,手臂拉直(弯曲时很难得到休息),上体后仰,但腰部一定要向前顶出,使下身贴近壁,把体重压到脚上,以减小手臂负担,做活动手指、抖手动作放松,并擦些镁粉,以免打滑。

2. 脚法

攀岩时腿脚的运用非常重要,腿的负重能力和爆发力都很大,而且耐力强,攀登中要充分利用腿脚力量。

攀岩一般都穿特制的攀岩鞋,鞋底由硬橡胶制成,前掌稍厚,摩擦力大,鞋身由坚韧的皮革制成,鞋头较尖。穿上这种鞋,在不到1厘米宽的支点上都可以稳固地支撑全身重量。在选购这种鞋时,宜小不宜大,鞋越紧脚,发力时越稳固。一些选手比赛时甚至要在挂钩的辅助下穿鞋。

攀岩时用到脚的部位只有鞋正前尖、鞋尖内侧边、鞋尖外侧边和鞋后跟(主要是翻屋檐时用来挂脚),而且攀爬过程中只能踩进一指左右的宽度,不能太多。如果实行换脚、转体等动作,需把整个脚掌放上去,为的是使脚在受力的情况下能够左右旋转移动。

换脚是一项基本的技术动作,攀登中经常使用,换脚时要保证平稳,不增加手上的负担。以右脚支撑换到左脚支撑为例,先把左脚提到右脚上方,右脚以脚在支点上最右侧为轴逆时针(向下看)转动,把支点左侧空出来(体重仍在右脚上),左脚从上方切入,踩点,右脚顺势抽出,体重过渡到左脚。动作连贯起来,右脚从支点滑出,左脚同时滑入,体重一直由双脚负担,手只用来调节平衡。有些初学者换脚时是前脚使劲一蹬,跃起,后脚准确地落在前脚原在的支点上,看起来十分利落,但实际上是错的,因为这样一方面使手指受力较大,另一方面造成身体失衡,更重要的是在脚点较高时无法用这种方法换脚。双脚在攀登过程中除了支撑体重外,还常用来维持身体平衡。脚并不是总要踩在支点上,有时要把一条腿悬空伸出,来调节身体重心的位置,使体重稳定地过渡到另一只脚上。

3. 移动重心

攀登中,应明确地意识到自己重心的位置,灵活地控制重心的移动。移动重心的主要目的是在动作中减轻双手负荷,保持身体平衡。通常通过推拉腰胯和腿平衡来达到调节重心的目的。腰是人体的中心,它的移动直接带动重心的移动,较大的移动往往形成一些很漂亮的动作。把腿横向伸出,利用腿脚的重量来平衡身体也是常见的做法。

初学动作时大都十分盲目,不知道去体会动作,只想提升高度,其实初学者最好不要急于登高,先做一段时间的平移练习,即水平地从岩壁一侧移到另一侧,体会重心、平衡、手脚的运用等基本技术。在最基本的三点固定、单手换点时,一般把重心向对侧移动,使手在没离开原支点之前就已经没有负荷,可以轻松地出手;横向移动时,要把重心向下沉,使双手吊在支点上而不是费力地抠拉支点。一般情况下,应把双脚踩实,再伸手够下一支点,而不要脚下虚踩,靠双手上拉使身体上移。一定要注意体会用腿的力量顶起重心上移,手只是在上移时维持平衡。

攀爬时身体要尽量贴近岩壁,可常见一些高手往往身体离岩壁很远,这是因为常用的侧拉、手脚同点、平衡身体等技术动作的准备动作需要与岩壁间有一定空间,只是身体上升的一刻,身体才贴向岩面。

4.侧拉

侧拉是一项很重要的技术动作,主要在过仰角及支点排列近于直线时使用,它能极大地节省上肢力量,使一些原本困难的支点可以轻易达到,在过仰角地段时尤其被大量采用。其技术要点是身体侧向岩壁,以身体同侧手脚接触岩壁,靠单腿支撑身体重量,同侧手抓握上方支点,另一只腿伸直用来调节身体平衡。以左手抓握支点为例,身体朝左,右腿弯曲踩在支点上,左腿用来保持平衡,右腿蹬支点发力,右手伸出抓握上方支点。

由于人的身体条件,膝盖向前弯曲,若面对岩壁,抬腿踩点必然受到阻碍,如果身体侧向岩壁就可以很好地解决这一问题,身体离墙更近,使脚能够承受更多的体重,而且可以充分利用自身的高度,达到更高的支点。一次侧拉结束后,视支点位置可做第二个连续侧拉。双手抓稳后,以支撑脚为轴转体,脸转向对侧,平衡腿在支撑腿前交叉而过,以脚尖外侧踩下一支点,这时平衡腿变成了支撑腿,自由手变成了支撑手,完成第二次侧拉。其间支撑脚踩点一定要少,否则不易做转体动作。

侧拉动作有以下方面应当注意:身体侧向岩壁;支撑脚应以脚尖外侧踩点,不要踩得过多,以利于换脚或转身;若要踩的点位置较高,可侧身后双手拉牢支点,臀部向后坠,加大腰前空间,抬脚踩点,再双手使劲把重心拉回到这只脚上,另一条腿用来保持平衡;支撑手只负责把身体拉向岩壁,身体完全由单腿发力顶起,以节省手臂力量;发力前把腰肋顶向岩壁,体重转到脚上,切忌过度的放松身体,使身体下坠,这点在攀爬仰角时尤为注意;自由手应在发力前就向上举起,把肋部贴向岩面,如果蹬起后再把手从身下移到头上,中间必会把身体顶离岩壁,加大固定手的负担。

5.手脚同点

手脚同点是指当一些手点高度在腰部附近时,把同侧脚也踩到此点,身体向上向前压,把重心移到脚上,发力蹬起并伸手抓握下一支点,这期间另一只手用来保持平衡。手脚同点技术主要用在支点比较稀少的线路上。

手脚同点的岩壁支点较少,且身体上升幅度大。若支点较高,应将身体稍侧转,面向支点,腰胯贴墙向后坠,腾出空间抬腿,不要面向岩壁直接抬腿。脚踩实后,另一脚和双手同时发力,把重心前送,压到前脚上,单腿发力顶起身体,同侧手放开原支点,从侧面滑上,抓握下一支点,另一手固定不动调整身体平衡。

6.节奏

攀岩讲究节奏,讲究动作的快慢和衔接。每个动作做完,身体都有一定的惯性,而且,一旦上一动作正确到位身体平衡也不成问题,这时可以利用这一惯性直接冲击下一支点,两个动作之间不作停顿,这样原本觉得困难的点也被轻易击破。如果过分求稳,一动一停,每个动作前都要先移动重心、调节平衡,然后开始发力,必然导致大量体力的消耗。

动作要连贯但不能粗糙,各个细节要到位,上升时一定要由脚发力,不能因为求快而手拉脚蹬,手主要的作用是保持平衡和使身体靠近岩壁。动作不要求太快,每个动作做实,一般做

一两个连贯动作稍微停顿一下,用来调整重心,观察、选择路线。困难地段快速通过,容易地段稳定、调整。连贯—停顿—连贯—停顿,间歇进行,连贯动作时手脚、重心调整一定要到位,到达一支点后要尽快恢复身体平衡。有必要时,可选好地段稍作休息,放松双手。

二、攀岩的结绳保护技术

(一)绳结技术

利用打结使绳索之间、绳索与其他装备之间相互连接的方法,称为结绳技术。在攀登过程中,绳子要与其他保护装备、固定点及绳子自身发生各种连接,以解决实际需要,是攀登、保护技术中所使用的最重要的装备。绳结有各种不同的打法,各种打法有不同的用途。

1.基本结

又称为单结、保护结。在绳头部位打此结,可防止绳结解脱。一般情况下,建议在结好其他结后,一定要结此结(图 T-5-1-1)。

图 T-5-1-1

2.连接固定点用结

连接固定点用结是将绳索一端直接固定在自然物体上的结绳方法。

(1)双"8"字结。简单易学,拉紧后不宜松开;不受力时,不容易松开(图 T-5-1-2)。

(2)布林结。布林结又称系船结。易结易解,但绳结也易松动(图 T-5-1-3)。

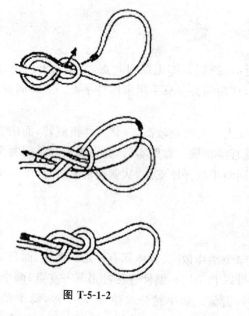

图 T-5-1-2

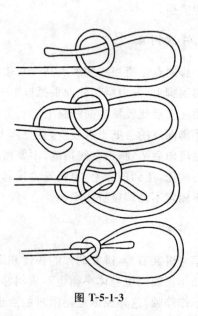

图 T-5-1-3

(3)蝴蝶结。蝴蝶结又称中间结,结绳时可用蝴蝶结直接套在中间队员安全带上起保护作用(图 T-5-1-4)。

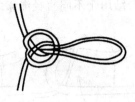

图 T-5-1-4

（4）双套结。双套结又称丁香结。可用于固定，也用于攀登和下降（图 T-5-1-5）。

图 T-5-1-5

3. 绳子间的连接

（1）平结。平结又称连接结、本结、陀螺结。用于粗细相同的绳索之间的连接（图 T-5-1-6）。

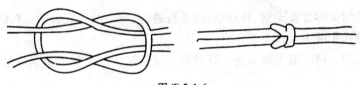

图 T-5-1-6

（2）"8"字结。"8"字结用于粗细相同的绳索之间的连接（图 T-5-1-7）。

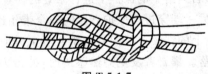

图 T-5-1-7

（3）渔人结。渔人结适用于结两条质地、粗细相同的绳索或扁带。

（4）水结。水结又称防脱结，可将两条扁带连接在一起。主要用于连接扁带，此结易松，必须用力打紧并经常检查（图 T-5-1-8）。

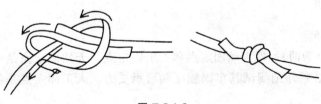

图 T-5-1-8

(5)混合结。混合结用于不同直径绳索之间的连接(图 T-5-1-9)。

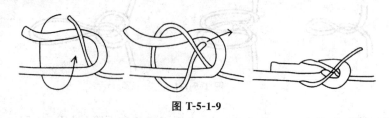

图 T-5-1-9

(6)交织结。交织结又称渔翁结、水手结、紧密结、天蚕结,用于直径相同绳索之间的连接(图 T-5-1-10)。

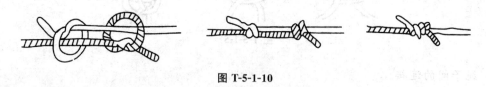

图 T-5-1-10

4.特殊用途的结

(1)抓结。抓结又称普鲁士结、移动结,用于行进、上升中的自我保护。抓结不受力时可沿主绳滑动,受力时在主绳上卡住不动。

(2)意大利半扣。用于沿主绳快速下降时的速度控制。意大利半扣主要用于"8"字环遗失的情况。

(二)保护技术

攀岩者是在保护人通过攀岩绳给予的保护下进行攀登的。攀岩绳的一端通过铁锁或直接与攀岩者腰间的安全带连接,另一端穿过与保护者腰间安全带相连的铁锁和下降器,中间则穿过一个或多个固定的安全支点上的铁锁。保护者在攀岩者上升时不断送绳(或收绳),在攀岩者失手时,拉紧绳索制止其坠落。攀岩者发生突然坠落时,冲击力是很大的,若保护者直接手握绳索很难拉住,而利用攀岩绳,可以通过绳索与铁锁及下降器的摩擦力抵消冲击力。由于在保护支点上有很大的摩擦力,所以体重较轻的人是可以保护体重较重的人的,但保护者必须具有熟练过硬的技术、强烈的责任心。保护的形式一般按保护支点的相对位置分为上方保护和下方保护。

1.保护点的设置

(1)保护点的类型

固定保护点可分为两种,即天然固定点和人工固定点。天然固定点是可供绳索连接的岩柱、树木等,使用前必须仔细测试其牢固程度和可承受力。人工固定点是各种类型的金属器械,如挂片、岩钉、岩塞等。

(2)设置保护点所需装备

安全带(首先进行自我保护)、绳套(扁带)、铁锁、挂片、岩钉、膨胀锥、机械塞、岩塞等。

（3）设置保护点的方法

保护点的设置分为上方保护系统的设置和中间点（临时性保护点）的设置。根据不同的岩壁条件，所需的固定保护点数量从1个到多个不等。

①1个固定保护点。安装上方保护系统的设置时，其设置方法适用于固定点绝对安全的情况，如人工岩壁上设置好的横栏，自然岩壁上的大树。安装中间点（临时性保护点）的设置时，人工岩壁用挂片，自然岩壁用膨胀锥加挂片。

②2个固定保护点。安装上方保护系统的设置时，是标准模式，适用于大部分情况。如人工岩壁上设置好的横栏、人工岩壁上的挂片、自然岩壁上用膨胀锥设置的固定点。

③多个固定保护点。适用于单个固定点不安全的情况。有多个保护点时，保护点受力要均匀，夹角要小于60°。此外，要注意使用铁锁时大头朝下（双锁开口要错开）。

2．上方保护

上方保护是保护支点在攀岩者上方的保护形式，与之对应的攀登方式为顶绳攀登。在攀岩者上升过程中，保护者不断收绳，使攀登人胸前不留有余绳，但也不要拉得过紧，以免影响攀岩者行动，这点在登大仰角时尤应注意。上方保护对攀岩者没有特殊要求，且攀岩者发生坠落时受到的冲击力较小，较为安全。保护人收绳时，应注意随时要有一支手握住下降器后面的绳索（或把下降器两头的绳索抓在一起），只抓住下降器前面的绳子是难以阻止攀岩者坠落的。

（1）基本步骤。

操作程序如下：

①攀岩者与保护者各自做好准备（穿戴好装备）。

②相互检查（即使是一个训练有素的老手，也要检查）。重点："8"字环、安全带，铁锁是否拧紧。

③攀岩者向保护者发出"开始"信号。

④保护者向攀岩者发出"可以开始"信号。

⑤开始攀登、保护（保护严格按照五步操作法）。

⑥攀岩者登顶后发出"下降"信号。

⑦保护者发出"可以下降"的信号，开始放绳。

⑧攀岩者返回后，向保护者表示感谢。

（2）注意事项。

①起步时绳子稍紧一些，以防开始就脱落。

②精力集中，密切关注攀岩者的行动，力求有一定的预见性。

③任何时间都有一只手紧握通过下降器的绳子（右手随时制动）。

④选择最佳的位置和站立姿势。

⑤收绳子时双手协调配合。

⑥放绳子时，要缓慢匀速。

3．下方保护

这是保护支点位于攀登人下方的保护方式，与之对应的攀登方式为先锋攀登。没有上方

预设的保护点,因而要求攀岩者在上升过程中,不断把保护绳挂入途中保护点(快挂)上的铁锁中。保护点可以是预先设置好的,也可以是在攀登过程中临时设置的。下方保护是先锋攀登唯一可行的保护方法,实用性较强,而且是国际比赛中规定的保护方法。但这种保护方法要求攀岩者自己挂保护,而且发生坠落时,坠落距离大,受到的冲击力强,因此一般由技术熟练者使用。下方保护操作程序与上方保护相同,要注意给绳和收绳的时机。注意事项:

(1)起步时保护者要站在攀岩者下方,双手张开,以防其开始脱落。

(2)精力集中,密切关注攀岩者的行动,力求有一定的预见性。

(3)任何时间都有一只手紧握通过下降器的绳子(右手随时制动)。

(4)选择最佳的位置和站立姿势。

(5)双手协调配合,根据需要随时收、放,松紧度适中。

(6)脱落时,不能立刻收紧绳子,要给予一定缓冲。

(7)攀岩者处于或可能处于危险状态时,要及时给予提醒。

第三节　攀岩运动装备

一、个人装备

(1)攀岩服装。攀岩运动对服装的一个基本要求就是能防风。另外,服装的透气性也很重要,这一切可使穿着者保持身体的干爽和舒适;攀登岩壁时服装的耐磨性也不可忽视。为了既吸汗又透气,快干衣、裤是不错的选择。这类服装的材料是由一些导水性极强的材料制成的,这些材料具有独特的速干性,有些材料在洗后 10～15 分钟即可变干。在攀岩的过程中,由于衣服里面会积聚大量的汗液,很容易着凉而引发感冒,在登山或极地探险活动中还会造成冻伤,这类材料在很大程度上解决了这一问题。为了解决保暖的问题,我们可以穿上抓绒材料制成的夹克和背心。抓绒的材质轻,而且保温性好,同等重量的抓绒和同等重量的羊毛相比,抓绒的保暖性要强于羊毛。抓绒材料的导汗性也很不错,缺点是防风性较差,在有些地方不能直接穿着,还必须加上一层防风外套。抓绒夹克加上防风外套这样的组合已成为户外运动中流行的穿着方式。

为了应付多变的天气,在出发的时候还必须配备一件好的外套,外套层服装习惯上也称为全功能外套,它是户外运动服装中非常重要的一部分,能为我们的身体减少一切不必要的损伤。它们的款式有短风衣或束腰夹克式样,大部分还带有帽子。内里服装的不足都可以靠这一层来弥补,像保温层服装大都耐磨性较差,抓绒夹克的防风性也不好,而全功能外套则完全弥补了这些不足。

(2)攀岩鞋。攀岩鞋的选择是穿起来舒适且不痛,趾尖部分要合脚。为了使攀岩鞋寿命更长,应保护好鞋底:使用后将鞋底上的黏土、灰尘、小沙粒清理干净,放在凉爽的地方风干,绝不要暴晒或放在高温处烘干。

(3)头盔。头盔可保护头部,防止落石等东西及坠落时的意外撞击。

二、技术装备

(1)主绳。绳子长时间使用后,应注意绳子的安全性。攀登绳寿命最简单的判断方法是:室内训练攀登绳,大约几个星期;每个星期数次攀登,2~6个月;一个星期一次,大约用2年;当绳子已经变硬,或局部区域有变软或变扁的现象、表皮损坏就应该换掉。当绳子任一端变得毛糙,就剪掉这一节并继续使用剩下的部分绳子,但使用一定要谨慎,一方面它同样已经承受了多次下降的考验;另一方面,确保它在线路上放下时仍足够长。如果在攀登线路时脱落或下降后,应在重新攀登前让绳子收起几分钟,使其恢复一些弹性和承受压力的性能。

(2)绳套。在保护系统中做软性连接,主要有机械缝制和手工打结两种。一般机械缝制的绳套可抗拉力达22千牛,而手工打结就很难达到20千牛。

(3)安全带。主要是为攀登者和保护者提供一种舒适、安全的固定。安全带分为可调式和不可调式两种。每次使用安全带时,应对安全带的安全性能进行检查,尤其是长时间使用安全带。安全带保护套起毛或断裂,就应及时更换。使用时也应尽量避免灰尘、暴晒、脚踩等。

(4)镁粉及粉袋。镁粉的使用主要是在室内攀岩,以防手出汗时出现手滑现象或吸收岩壁表面的水分,以增大摩擦力。为了较方便使用,镁粉一般存放在粉袋里,粉袋系在安全带上,在攀登难度大的岩壁或线路时使用。

(5)保护器。在保护和下降过程中,通过它与保护绳之间产生的摩擦力来减少操作者所需要的握力。保护器有很多种,但只有几种适用于攀岩。常见比较好的保护器有"8"字环、管状保护器和自动保护器"GRIGRI"。

(6)上升器。在单绳技术中解决向上运动的器械,可左手握和右手握,适用于不同用手习惯的攀登者。

(7)铁锁和快挂。用于连接主绳与安全带。

(8)螺栓。现代竞技攀登一般用直径3/8~1/2英寸的膨胀螺栓,这是一种拉起式螺栓,也是现有最好的岩石作业用的螺栓之一,适合于各种岩石表面,其安装容易、简便而且牢固。

(9)挂片。随着竞技攀登的迅速流行,出现了大量新式螺栓挂片,从初级的、手工制作的挂片到光滑而结实的专用挂片都有。使用者应注意挂片上是否有裂痕或变形。

(10)岩锥。金属做的钉子,在攀登的时候可以敲进岩缝做成一固定点。

(11)绷带。绷带的使用是保护疼痛的手指或关节,保护擦伤或破皮的指尖以及其他一些用处。

(12)保护垫。在岩壁的下面,都会放一块保护垫,在下降或脱落时可以起到减震和保护作用,减少脚后跟和脚踝扭伤的危险。

第二章　定向运动

第一节　定向运动常识

所谓定向运动是指利用地图和指北针到访地图上所指示的各个点标，以最短时间到达所有点标者为胜。定向运动通常设在森林、郊外和城市公园里进行，也可在大学校园里进行。野外定向是一项高度发挥个人智慧和体能的野外运动。参加者需凭个人定向技术、地图阅读能力、指北针运用及自己思考判断，在陌生野外环境中寻找赛会预先放置的各控制点。

控制点的位置是预先绘在地图上的，当参加者到达控制点时可以找到控制点标志，它是三面一方尺的旗号，对角分为白色和橙红色，控制点编号印在上方白色的位置，参加者利用附在标志上的密码夹在控制点适当位置上打孔作记，证明他曾到达该处。但控制点与控制点之间的路线却没有限制，通常两点之间的路线会有两个以上的选择，寻找完成所需到达之控制点后，必须返回终点报到。

定向运动1979年传入我国香港。1979年3月，一些定向越野的爱好者在香港各界人士的支持下成立了以推广定向越野为宗旨的团体——"香港野外定向会（HKOC）"。1982年，香港野外定向会与驻港英军及皇家警察定向会联合发起组织了"香港野外定向总会（OAKK）"，下属有香港野外定向会、圣匠社会服务中心、爱丁堡奖励计划（DEA）、香港大学野外定向会等18个属会。该会规定每年的12月都要举行"香港野外定向锦标大赛"。

1983年3月，定向越野传到内地。作为一项军事技能，定向越野早已被列为中国人民解放军常规的军事训练科目。20世纪80年代初期，定向运动的相关资料从欧洲传入我国后，首先被一些军事院校接收和吸纳，并结合自身教学开始举办定向越野比赛。1983年3月10日，在广州白云山，中国解放军体育学院举行了"定向越野试验比赛"。1983年5月，在重庆南山，解放军后勤工程学院也举行了定向越野比赛。同月，在郑州，解放军测绘学院还举行了难度更大的夜间定向越野比赛。1983年7月，北京市测绘学会在青少年夏令营期间，在密云举行了一次100多名中小学生参加的定向越野比赛。这些活动标志着定向运动在我国内地的发展拉开了序幕。

20世纪80年代后期开始，体育和教育行政部门都为定向运动做了大量工作，积极发展定向运动。1991年12月，原国家体委批准中国无线电运动协会下设"中国定向运动委员会"，使定向运动作为一项体育项目开始有了自己的组织。1993年4月，原国家教委在北京化工学院举办全国高等院校定向运动教练员培训班。1994年和1997年，武汉地质大学举办了两届地矿部定向运动培训班。1994年9月,首届全国定向运动锦标赛在北京怀柔举行,标志着国内定向运动赛制建设的开始,以后每年举办一次。1995年8月,原国家教委"中国大学生国防体育协会"在吉林成立,同时举行了首届中国大学生国防体育节暨定向越野锦标赛。1995年12月,"中国定向运动委员会"发展成为独立的"中国定向运动协会",为定向运动有组织、规范化发展奠定了基础。1998年3月,教育部在湖南大学成立"中国大学生定向运动培训中心"。2000年后,定向运动从国防教育项目开始进入学校体育课程。2003年,中国大学生体育协会定向运动分会成立。2004年正式列为全国大学生运动会比赛项目。2005年教育部将定向运动列入"全国普通高等学校高水平运动队建设"项目之一。在教育系统的大力支持下,定向运动在我国进入蓬勃发展时期。

在国家体育总局的领导下,在测绘、教育、地质和部队等系统的大力支持下,中国的定向越野得到了长足的发展。随着我国对体育健身的不断倡导,大众定向运动获得了更好的发展动力。近年来,定向俱乐部纷纷成立,很多户外运动俱乐部以及户外运动培训机构也增设了相应的定向运动项目。

第二节　定向运动的准备

开展不同等级、不同项目的定向运动,所需的物质条件也不尽相同。下面介绍的是个人徒步定向越野所需的基本物质条件,原则上它们也适用于其他定向运动项目。定向越野的常用器材有以下几种。

号码布:一般不超过24厘米×20厘米,号码数字的高不低于12厘米,字迹要清晰,字体要端正。正规的比赛还要求将号码布佩戴于前胸及后背两处。

指北针:多由组织者提供,如要求自备,则可能会对其性能、类型做出原则上的规定。当今世界上已出现的指北针类型主要有简单式、液池式、透明式、照准式和电子式。目前国际上的定向越野比赛常使用由透明有机玻璃材料制作的指北针(有关该指北针的使用方法详见《国际定向越野图与指北针的使用》)。

检查卡片:主要用于判定运动员的成绩。用厚纸片制成,分为主卡和副卡两部分。主卡由运动员在比赛中携带,并按顺序将每个检查点的点签图案印在空格中,到达终点时交裁判人员验证。副卡在出发前交工作人员留底和公布成绩时使用。检查卡片的尺寸一般为21厘米×10厘米。若规定比赛完毕必须交回地图,可以将检查卡片的内容直接印在地图空白处,样式可自行确定。

地图:其是定向越野最重要的器材,它的质量的好坏直接影响到运动员比赛的成绩和关系到比赛是否公正,因此,国际定联专门为国际间的定向越野比赛制定了《国际定向运动图制图规范》。对国际定向越野图的最基本的要求如下

(1)幅面的大小:根据比赛区域的大小确定,赛区以外的情况不必表示。

(2)比例尺:通常为1∶1.5万或1∶2万,当需要时也可采用1∶1万或1∶2.5万。

(3)等高距:通常为5米,当需要时也可采用2～10米,但在一幅图上不得使用两种等高距。

(4)精度:至少要使以正常速度奔跑的运动员没有任何不准确的感觉。

（5）内容表示的重点：详细表示与定向和越野跑直接相关的地物、地貌。要利用颜色、符号等，详细区分通行的难易程度。

检查点标志：检查点用于检验运动员是否按规定跑完全程，为此，应设置专门的标志。检查点应在地图上准确地表示出来。检查点标志是由三面标志旗连接组成。每面正方形小旗，沿对角线分开，左上为白色，右下为红色。旗的尺寸为 30 厘米×30 厘米，可以用硬纸壳、胶合板、金属板、布等材料制成。标志旗通常要编上代号（国际上过去曾使用数字做代号，现已规定使用英文字母），以便于选手在比赛时根据旗上的代号来判断他是否找到了正确的检查点。

悬挂标志旗的方法有两种：有桩式和无桩式。

悬挂高度一般从标志旗上端计算，距地面 80～120 厘米。

点签：其是与检查点配合而起作用的，它提供给运动员一个到达位置的凭据。点签的样式很多，但最常见的还是印章式和钳式。检查点印章上雕刻不同的图案或代码，最好选用能自动上印油的印章，否则在比赛时，应另备印泥。检查钳是用弹性材料制成，顶端装有钢针，钢针的不同排列，使检查钳可以印出不同的图案印痕。

第三节　定向运动技能

一、野外辨别方向

（一）利用地物特征

下述地物可以帮助我们辨别方向：

（1）房屋：房屋一般门朝南开，在我国北方尤其如此。

（2）庙宇：庙宇通常也南向设门，尤其是庙宇群中的主要殿堂。

（3）树木：树木通常朝南的一侧枝叶茂盛，色泽鲜艳，树皮光滑，向北的一侧则相反。同时，朝北一侧的树干上可能生有青苔。

（4）凸出地物：例如墙、地埂、石块等，其向北一侧的基部较潮湿，并可能生长苔类植物。

（5）凹入地物：例如河流、水塘、坑等，其向北一侧的边缘（岸、边）的情况与凸出地物相同。

（二）利用太阳与时表

上午 9 时至下午 4 时之间按下面这句话去做，就能较快地辨别出大概的方向："时数折半对太阳，'12'指的是北方"。如在上午 9 时，应以 4 时 30 分的位置对向太阳；如在下午 2 时 40 分（即 14 时 40 分），则应以 7 时 20 分的位置对向太阳，此时"12"指的方向即北方。为提高判定的准确性，可在"时数折半"的位置上竖一细针或草棍，并使其阴影通过表盘中心，如图 T-5-2-1 所示。

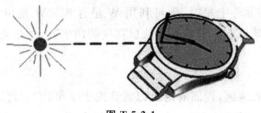

图 T-5-2-1

需要注意的是：

(1)"时数"是按一日 24 小时而言的,例如下午 1 时,就是 13 时。

(2)在判定方向时,表应平置(表面向上)。

(3)此方法在南、北纬度 20°30′之间地区的中午前后不宜使用。

(4)要注意时差的问题。即要采用"以标准时的经线为准,每向东 15°加 1 小时,每向西 15°减 1 小时"的方法将标准时间换算为当地时间。

(三)利用指北针

当指北针的磁针静止后,其 N 端(通常都有标志)所指的方向即北方。利用指北针辨别方向是十分简便快捷的,但是需要注意。

(1)尽量保持指北针水平。

(2)不要距离铁、磁性物质太近。

(3)不要错将磁针的 S 端当作北方,造成 180°的方向误判。

(四)夜间利用星体

1.利用北极星

北极星位于正北天空,观察时,其距离地平面的高度约相当于当地的纬度。寻找时,通常要根据北斗七星(即大熊星座)或 W 星(即仙后星座)确定。北斗七星是七个比较亮的星,形状像一把勺子,将勺头 αβ 两星连一直线向勺口方向延长,约为 αβ 两星间隔的五倍处,有一颗略暗的星,即北极星。如图 T-5-2-2 所示。

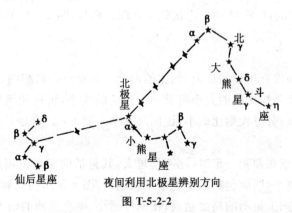

夜间利用北极星辨别方向

图 T-5-2-2

当地球自转,看不到北斗七星时,则可利用 W 星寻找。W 星由五颗较亮的星组成,形状像个"W"字母,向 W 字缺口方向延伸约为缺口宽度的两倍处,就是北极星。

2.利用南十字星

在北纬 23°30′以南的地区,夜间有时可以看到南十字星,它也可以用于辨别方向。南十字星由四颗较亮的星组成,形同"十"字。在南十字星的右下方,沿 αγ 两星的连线向下延长约该两星的四倍半处(无可见的星),就是正南方(图 T-5-2-3)。

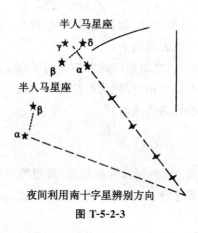

夜间利用南十字星辨别方向

图 T-5-2-3

二、使用越野图的比例尺

比例尺是地图上最重要的参数之一。要想学会识别、使用越野图,首先应懂得地图比例尺。

(一)比例尺的概念

图上某线段的长度与相应实地水平距离之比,叫作地图比例尺。

地图比例尺=图上长度/相应实地水平距离

如某幅图的图上长度为 1 厘米,相应实地的水平距离为 15 000 厘米,则这幅地图是将实地缩小 15 000 倍测制的,1 与 15 000 之比就是该图比例尺,叫 1∶15 000 或 1∶1.5 万地图。

(二)比例尺的特点

(1)比例尺是一种没有单位的比值,相比的两个量的单位必须相同,单位不同不能成比。

(2)比例尺的大小是按比值的大小衡量的。比值的大小,可按比例尺分母来确定,分母小则比值大,比例尺就大;分母大则比值小,比例尺就小。如 1∶1 万大于 1∶1.5 万,1∶25 万小于 1∶1 万。

(3)一幅地图,当图幅面积一定时,比例尺越大,其包括的实地范围就越小,图上显示的内容就越详细;比例尺越小,图幅包括的实地范围就越大,图上显示的内容就越简略。

(4)比例尺越大,图上量测的精度越高;比例尺越小,图上量测的精度也就越低。

（三）图上距离的量算

1. 用直尺量读

当利用刻有"直线比例尺"的指北针量读时,可根据刻在尺上的数值在图上直接读出相应实地的距离。

当利用"厘米尺"量读时,要先从图上量取所求两点间的长度,然后乘以该图比例尺分母,即得出相应的水平距离(需将结果化算为米或千米):

$$实地距离＝图上长度×比例尺分母$$

如在 1:1.5 万越野图上量得某两点间的距离为 3 毫米(0.3 厘米),则实地水平距离为:

$$3 毫米×15\ 000＝45\ 000 毫米(45 米)$$

当量算某两点间的弯曲(如公路)距离时,可将曲线切分成若干短直线,然后分段量算并相加。

2. 估算法

估算法又叫心算法,这种方法在定向越野比赛中最有实用价值。要掌握它,需要具备下述两方面能力。

(1)能够精确地目估距离,包括图上的距离和现地的距离。在图上,能够辨别 0.5 毫米以上尺寸的差异;在现地,目估距离的误差不超过该距离总长度的 1/10,如某两点间的准确距离为 100 米,目估出的距离应在 90～110 米之间。

(2)熟知几种图上常用的尺寸单位与相应实地水平距离的对应关系,如:在 1:1.5 万图上,1 毫米相当实地 15 米;2 毫米相当实地 30 米,1 厘米相当实地 150 米等等(参见表 T-5-2-1)。

表 T-5-2-1　图上尺寸与实际距离对应关系

比例尺图上长度	1:10 000	1:15 000	1:20 000
0.5 毫米	5 米	7.5 米	10 米
1 毫米	10 米	15 米	20 米
2 毫米	20 米	30 米	40 米
5 毫米	50 米	75 米	100 米
10 毫米	100 米	150 米	200 米

(3)图上量算距离应注意的问题。从越野图上量得的距离,不论是直线还是曲线距离,都是两点间的水平距离。如果实地的地形平坦,图上所量距离接近于实地水平距离;如果实地两点间的地形起伏,则两点间的实际距离大于图上量得的水平距离。因此,在计算行进里程时,必须根据地形的起伏情况进行具体分析,将图上量得的距离加上适当改正数。表 T-5-2-2 是根据在不同坡度的道路上经实验得出的改正数。在有些地区(如深切割的山地),实际改正数可能会大于该表中所列的数据。

表 T-5-2-2   不同坡度的道路得出的改正数

坡度	加改正数(%)	坡度	加改正数(%)
0°～5°	3	20°～25°	40
5°～10°	10	25°～30°	50
10°～15°	20	30°～35°	65
15°～20°	30	35°～40°	80

(4)越野图的注记。越野图的注记主要分为三类：

①地名注记：在越野图上，地名的表示并不重要，除非对运动员判定方向与确定站立点非常有用，地名(包括村镇、河流、高地等)一般不表示。

②高度注记：高度注记分为等高线注记(注在等高线上)、高程注记(地面高程注记绘有测注点"."，水面高程注记旁则不绘测注点)和比高注记三种。

③图外说明注记：越野图图外说明注记包括比例尺、等高距、图名、图例、出版单位、出版时间、成图方法、用图要求等。有时越野图上还会印有检查卡片、检查点说明表、赞助人广告等。

三、越野跑

虽然从总的方面来说定向越野的成绩是由野外定向和识图用图的能力决定的，但问题是，在野外人们应该掌握什么样的奔跑技术，注意哪些问题才能发挥更大的体能优势，在比赛中既有高速度、长距离，又能避免一切可能发生的危险。这就是说，要想取得更好的定向越野成绩，还需要经过科学的越野跑训练。

四、选择比赛路线

果断、细心、迅速地选择最佳的行进路线，是定向越野比赛中取胜的重要手段。选择最佳行进路线的能力是建立在掌握其他定向越野技能，尤其是识图用图能力基础之上的，是体能与技能在比赛中的综合运用。选择路线时需要考虑各种选择的可能性，两点之间通常有多种选择，直线距离并不总是最佳选择。因此，选择路线的标准应该是安全性能最高以及体能消耗最少，易于发挥自己的技能和体能优势。如遇到高地、山坡、围栏之类的障碍时，是翻越还是绕行？当遇到密林、沼泽、水塘之类的障碍时，是通过还是绕行？另外，不同地形对奔跑速度也有影响，公路、空旷地、森林、山地或树林等不同地形，所需的时间也不同。

因此，选择路线要遵循下述原则：尽量沿线形地貌(公路、输电线、小径、湖边等)行进，在线形地貌上容易确定站立点，使运动员更具信心；地面相对平坦，有利于提高奔跑速度，走高不走低。如果不得不越野，应尽量在高处(如山脊、山背)行进，避免在低处(如山谷、凹地)行进。因为，地势高，展望好，便于确定站立点和保持行进方向，高处通风、干燥、荆棘、杂草、虫害及其他危险少。在山脊这样的地方，常常会有放牧、砍柴的人踏出的小路，利用它，便于提高奔跑速度。在实际操作中，仅依靠上述一般原则决定路线的选择还不够，还要让自己的"感觉"或"估计"变得更有科学依据,才有可能更快地提高定向越野成绩。

五、使用国际定向越野地图

(一)越野图的符号

识别越野图的符号对于正确地使用越野图是十分重要的。而识别符号不能靠机械地记忆,需要了解它们的制定原则,了解符号的图形、色彩和表意之间的逻辑联系,这样才能根据符号联想出每一种地面物体的外形、特点和它的专门功能。

如同其他地形图一样,越野图也要求完整而详细地表示地貌、水系、建筑物、道路、植被和境界,即所谓"地图的六大要素"。与其他地图图种相比,国际定向越野使用的地图(以下简称越野图)是一种更为清晰易读,便于在野外行进中使用的专用地图。

根据定向越野比赛的特殊需要,国际定联将越野图的符号分成五类:

1.地貌用棕色表示

这类符号还包括小丘、小洼地、土崖、冲沟、陡坡、土垣等表示地面详细形态的专门符号。

2.岩石与石块用黑色表示

岩石与石块是地貌的特殊形式,它们既可以为读图与确定点位提供有用的参照物,又可以向运动员表明是危险还是可奔跑通行的情况。为使它们明显地区别于其他地貌符号,这一类符号使用了黑色。

3.水系与淤泥地(沼泽地)用蓝色表示

这类符号包括露天的明水系和水生或沼泽生的植物。

4.植被用空白或黄色和绿色普染表示

植被情况的详细区分和全面表示非常重要。植被是按下列基本原则表示的:

白色(空白):指一般性起伏地上的树林的密度适度,地面上无阻碍行进的灌木或杂草丛,可以按正常速度奔跑的地区。

黄色:空旷的地域。分为空旷地、半空旷地及凌乱的空旷地。

绿色:树林中密度较大的地区。按可跑性分为:慢跑,使正常跑速降低 $20\%\sim50\%$;难跑,使正常跑速降低 $50\%\sim80\%$;通行困难,使正常跑速降低 $80\%\sim100\%$ 。

上述可跑性的区分均取决于树林的生态,如树种、密度及矮树、草丛、蕨类、荆棘、荨麻等的生长情况。

5.人工地物用黑色表示

包括各种道路、房屋、栅栏、境界等地图符号。

（二）读图的规则

1. 要完整、正确地理解越野图

越野图不是地面客观存在的机械反映，它是通过制图工作者采用取舍、概括、夸大、移位等制图综合方法完成的。因此，图上物体的数量、形状、大小、精确位置等与实地并非总是完全一致的。例如：

——在多种地物聚集的地方只表示了对运动有价值的，其他地物通常不表示或仅象征性地选择表示；

——山背上、河岸边的细小凸凹，图上不可能全部表示，仅表示出了它们的概略形状；

——公路、铁路等线状地物，其符号的宽度是夸大了的。地图比例尺越小夸大程度越高，这必然引起线状地物两旁其他符号的移位，因此这些符号的位置就不可能十分精确。

2. 要有选择地了解地图的内容

读图时不能漫无边际什么都看，而应有选择地把注意力集中在与解决如何定向和越野跑问题有关的地域和内容上。可以先综合扫视一下图上的比赛地域，而后确定需要重点考察的内容，进而获取需要的信息。

3. 要对各类符号进行综合阅读

不能孤立地看待地物或地貌的单个符号，而应将它们与地貌和其他地形要素联系起来阅读。即不仅要了解它们的性质，还要了解它们之间的方向、距离、高差等空间位置关系，从而明确这些要素对竞赛的综合影响。

4. 要注意读图与记图的关系

读图时，要边理解边记忆，对在竞赛中可能有助于判定方位与确定站立点的各种要素更应如此。有效的读图应转变为这样一种能力：比赛中不必过多而频繁地查看地图就能在自己的意识中清楚地再现从图上得到的信息，并根据自己的记忆快速而准确地确定自己在图上的位置、下一步的运动路线和方向。

5. 要考虑现地的可能变化

虽然越野图的测制十分强调现势性，但由于人工或自然的原因造成地形变化是不可避免的，有时甚至是十分迅速的，因此，读图时必须根据图廓外说明注记中注明的测图时间，考虑图上表现内容落后于现地变化的可能性。一般地，测图时间距离使用时间越久，图上与现地之间的差异就会越大。

第三章 花样跳绳

第一节 花样跳绳常识

跳绳是我国民族传统运动之一,早在明朝初年就流行于民间,人们通常在元宵节的夜晚,借着灯火来玩跳绳游戏,那时候的跳绳俗称跳百索或跳白索,民国初年才改叫跳绳。到了近代,跳绳运动有了长足的发展,首先表现在绳子的制作上,原来跳绳用的绳子都是草绳或者麻绳,不仅质地粗糙而且笨重,而现在用的绳子在制作材料上有了很大的进步,使其更加轻便,而且在短绳的两端加上手柄,更有利于摇绳。绳子的色彩多采用鲜艳、明朗的色调,使其更加具有趣味性,更加人性化。喜爱这一运动的人越来越多,而为了更好地对这个项目进行组织和推广,先后成立了世界跳绳联盟、欧洲跳绳总会、中国跳绳网、中国香港跳绳总会、美国跳绳网等。这些组织和网站的出现在一定程度上说明跳绳已经不是单纯的游戏,它也具备了作为一个独立的运动项目而存在的一些特征,这些组织和网站会定期举行一些比赛,为喜爱这项运动的朋友构建了一个舞台。特别是在我国的第七届全国民族传统体育运动会上,设立了跳绳表演比赛,取得了很好的效果。

跳绳是一项老少皆宜、家喻户晓的运动项目。跳绳对于发展人体的灵敏、速度、弹跳及耐力等身体素质有良好的作用,尤其可以促进青少年的身体发育。人在跳绳时,身体以两腿的弹跳和上肢的摇动为主,手握绳把不停的摇动会刺激拇指上的穴位,增加脑神经细胞的活力。因此,跳绳是一项极好的健身运动。经常练习跳绳不但有助于发展身体素质,而且还有助于大脑的发育。

第二节 花样跳绳方法

一、单摇跳

(一)单摇双脚交换跳

以前摇两脚交换跳为例,从体后向前摇绳,单脚跳,左右脚交替进行(图 T-5-3-1)。

（二）两臂体前交叉摇绳跳

从体后向前摇绳，绳在体前下落时，左右臂交叉摇绳并跳绳，跳过后，从体后将绳摇到头上，两臂分开，继续从体后向前摇绳，反复练习（图 T-5-3-2）。

图 T-5-3-1   图 T-5-3-2

二、双摇跳

先按以上方法进行单摇跳，然后突然增加摇绳的速度，双脚同时高跳绳，每次跳过后，向前摇绳两回环。

三、带人跳

（一）一人带一人摇跳

一人摇绳，另一人站在一定方位，在适当的时候，跑入跳绳。一般当绳子被摇到摇绳者头顶时，旁边的人跑入跳绳，也可两人从一开始就一起跳绳，双方交替摇绳（图 T-5-3-3）。

图 T-5-3-3

（二）双人双摇跳

两人直体上跳，跳起时身体充分伸展，落地时两腿稍屈，被带的一方双手扶在另一人腰间

（图 T-5-3-4）。

图 T-5-3-4

（三）钻绳洞

甲摇绳带乙，二人一起跳 3 次后，甲摇绳速度变缓，并将左臂抬高，乙快速钻过甲的左臂跑到甲身后（图 T-5-3-5）。

甲乙再一起跳 3 次。甲摇绳速度变缓，并将右臂抬高，乙快速钻过甲右臂跑到甲身前（图 T-5-3-6）。

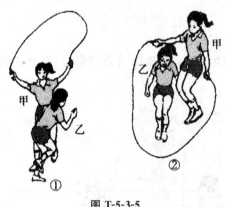

图 T-5-3-5

图 T-5-3-6

（四）双人外手摇绳带人跳

三人一组，两人站在一排，负责摇绳，第三人可站在两人中间正前方，或站在中间正后方，摇绳的两人带第三人一齐跳（图 T-5-3-7）。

图 T-5-3-7

四、跳长绳

（一）集体跑"8"字跳长绳

两人负责摇一根长绳，其他人在一名摇绳者身后按顺序排好队。排头率先上绳，跳一次后跑出，从另一摇绳者身后绕过，然后站到队尾。后面的人依次进行（图 T-5-3-8）。

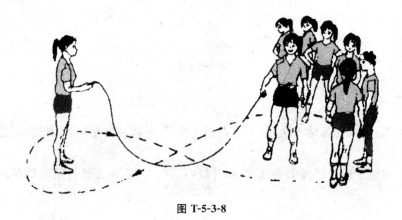

图 T-5-3-8

（二）长短绳齐摇跳

三人一组，其中两人负责摇长绳，第三人持短绳，长绳被摇到最高点时，第三人持短绳跑进，跟随长绳的节拍跳短绳（图 T-5-3-9）。

图 T-5-3-9

（三）二长一短跳绳

三人一组，两人持两条长绳交错摇，第三人持短绳进入，先跳几次长绳，再自摇自跳短绳。第一次跳短绳时，还要跳过其中一条长绳，第二次跳短绳时，同时要跳过另一条长绳，如此反复，三人轮流跳短绳（图 T-5-3-10）。

图 T-5-3-10

（四）跳长绳拾物

三人一组，其中两人匀速摇长绳，第三人手持沙包或毽子快步上绳，边跳边将手中的物品放在地上，再跳一次后将放置在地上的物品捡起，如此反复进行练习，三人轮流跳绳拾物（图T-5-3-11）。

图 T-5-3-11

（五）跳长绳耍球

三人一组，其中两人匀速摇长绳，第三人持球上绳，边跳边拍球，掌握好节奏，不能中断拍球，三人轮流跳绳耍球（图 T-5-3-12）。

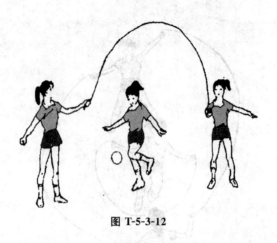

图 T-5-3-12

第三节　花样跳绳规则

一、场地大小

(1)计数赛场地：5米×5米。

(2)3分钟10人长绳"8"字跳，只要求两名摇绳运动员的间距不小于3.6米。

(3)花样赛场地12×12米。

(4)广场绳舞、小、大型集体自编赛、规定赛场地：不小于15米×15米。

正式比赛场地的地面须平整光滑，应为优质运动木地板或跳绳专用塑胶场地，无影响比赛的隐患。比赛场地四周至少有3米宽的无障碍区，比赛区上空的无障碍空间，从地面至少高4米。

比赛场地界线宽为5厘米，线宽不包括在场地内，颜色应与场地有明显区别。

裁判席设在独立的裁判区内。裁判区为比赛场地周围3米区域，离观众席至少2米。裁判区与观众席保持一定距离，互不干扰。

在比赛中允许有一名团队辅助人员在场地顶角1米×1米的指定区域内坐着或蹲下，协助或指导队员更好地发挥水平，但不能影响裁判员执裁工作。

二、个人绳花样

(一)目标

在规定的时间内按照跳绳运动的基本规律，合理运用身体姿势的变化或人、绳之间的配合，凭借选手的想象力和创造性将各种个人绳技术动作有机地融合在一起，全面展示个人绳项目的技巧性和艺术性。个人绳花样初级和中级比赛固定音乐，高级和精英级比赛自配音乐。

（二）口令

裁判员准备—运动员准备—开始（音乐），计时员会在规定时间到达时 宣告"时间到"。

（三）技术要求

（1）每人只限一绳，不能添加其他器材或特殊装备。

（2）运动员在指定的场地内比赛为有效动作。

（3）小失误扣除 2.5 分/次，大失误扣除 5 分/次。一次失误之后，记录下一个失误之前必需完成一个难度动作，相同的失误不重复记录。失误累计最多扣 20 分，直至得分为零。

（4）在一套花样中，重复花样不会再次评分。相同的花样以前摇绳或后摇绳做出将被视为不同的动作，将被再次评分，难度级别参照动作难度表。难度分值不到 25 分，只记总分，不计名次。

（5）在两人（或以上）团体个人绳花样中，只有动作同步时才评判难度分，互动配合等特殊的动作编排除外。车轮跳动作不予评分。

三、车轮跳花样

车轮跳花样按参与人数有：两人车轮跳花样和多人车轮跳花样。目前比赛项目设置为两人车轮跳花样。

（一）目标

两人车轮跳花样是指在规定的时间内，按照车轮跳运动的基本规律，两人各持一绳，内侧绳结绳交叉，相邻绳子依次交替旋转打地，凭借运动员的想象力和创造性将各种车轮跳技术动作有机地融合在一起，全面展示车轮跳项目的技巧性和艺术性，车轮跳花样初级和中级比赛固定音乐，高级和精英级比赛自配音乐。

（二）口令

裁判员准备—运动员准备—开始（音乐），计时员会在规定时间到达时宣告"时间到"。

（三）技术要求

（1）每人只限一绳，不能添加其他任何器材或特殊装备。

（2）在整套动作中，相邻绳子必须依次交替打地完成车轮跳摇、跳绳的动作才予评分，两绳同时打地的动作不予评分。

（3）在一套动作中，重复花样不会再次评分，相同花样以同面正向摇绳、同面反向摇绳或异面摇绳做出被认为是不同动作，可以再次评分，难度级别相同。

（4）小失误扣除 2.5 分/次，大失误扣除 5 分/次。一次失误之后，记录下一个失误之前必需完成一个难度动作，相同的失误不重复记录。失误累计最多扣 20 分，直至得分为零。

四、交互绳花样

（一）目标

在规定的时间内按照跳绳运动的基本规律,合理运用身体姿势的变化或人、绳之间的配合,凭借选手想象力和创意将各种交互绳技术动作有机地融合在一起,全面展示交互绳项目的技巧性和艺术性。交互绳花样初级和中级比赛固定音乐,高级和精英级比赛自配音乐。

（二）口令

裁判员准备—运动员准备—开始(音乐),计时员会在规定时间到达时宣告"时间到"。

（三）技术要求

(1)只限一副交互绳,不能添加其他器材或特殊装备。

(2)所有摇绳者都必须转换为跳绳者,并且在绳内做至少3个不同动作才算有效。所有的跳绳者也必须转换为摇绳者。如果未达到要求,每个跳绳者缺少一个花样动作算一次大失误,由主裁判判罚,每次扣5分。

(3)两绳依次交替旋转打地的动作给予评分,两绳同时着地的动作不予评分。

(4)如摇绳者花样出现变化,跳绳者重复的花样可再次评分;如跳绳者花样出现变化,摇绳者重复的(摇、跳任何一方出现变化的)花样可以再次评分,重复不变的花样不再评分,摇、跳互换后相同的花样算重复。

(5)运动员在指定的场地内比赛为有效动作。所有运动员都参与时才能给分。

(6)小失误扣除2.5分/次,大失误扣除5分/次。一次失误之后,记录下一个失误之前必需完成一个难度动作,相同的失误不重复记录。失误累计最多扣20分,直至得分为零。

参考文献

[1]周涛,刘信明,郑春平.体育与健康[M].北京:中国人民大学出版社,2019.

[2]胡德刚,迟小鹏,辛守刚,等.中职生体育与健康(基础模块)[M].北京:清华大学出版社,2017.

[3]赵虎林.中职生体育锻炼教程[M].北京:北京师范大学出版社,2014.

[4]钟丹,张向东.中职体育文化与运动教程[M].北京:北京体育大学出版社,2011.

[5]李开广,田磊.体育与健康[M].北京:北京理工大学出版社,2011.

[6]汪可一,王艳红.新编体育与健康[M].南京:南京大学出版社,2011.

[7]李丰祥.新编大学体育教程[M].北京:高等教育出版社,2010.

[8]张先锋.田径运动训练理论与实践[M].长春:东北师范大学出版社,2012.

[9]李鸿江.田径[M].3版.北京:高等教育出版社,2014.

[10]曹玲.球类运动——足球、篮球、排球[M].大连:大连理工大学出版社,2013.

[11]王崇喜.球类运动——足球[M].北京:高等教育出版社,2005.

[12]何志林.足球[M].北京:人民体育出版社,2005.

[13]黄滨,翁荔.篮球运动[M].杭州:浙江大学出版社,2014.

[14]全国体育院校教材委员会审定.排球运动[M].北京:人民体育出版社,2006.

[15]刘瑛,韩文华.羽毛球入门、提高训练与实战[M].北京:化学工业出版社,2015.

[16]张博,王振,乔云峰.乒羽网小球运动技战术实用解析[M].北京:中国原子能出版社,2014.

[17]朱建国.羽毛球运动教学与训练教程[M].北京:清华大学出版社,2015.

[18]贾纯良,穆亚楠.乒乓球快速入门与实战技术[M].成都:成都时代出版社,2014.

[19]蔡仲林,周之华.武术[M].北京:高等教育出版社,2010.

[20]童昭岗.体操[M].北京:高等教育出版社,2005.

[21]王文生等.体操游戏[M].北京:北京体育大学出版社,2014.

[22]陈丽霞,胡效芳.体育艺术类项目教程[M].西安:陕西师范大学出版总社有限公司,2016.

[23]张虹,刘智丽,党云辉,黄咏.健美操[M].北京:北京师范大学出版社,2008.

[24]马鸿韬.健美操运动教程[M].北京:北京体育大学出版社,2010.

[25]马鸿韬.啦啦操运动[M].2版.北京:高等教育出版社,2017.

[26]许波.啦啦操教程[M].西安:陕西人民出版社,2015.

[27]王洪.啦啦操教程[M].北京:人民体育出版社,2013.

[28]李艳翎,胡湘,龙建新.啦啦操[M].杭州:浙江大学出版社,2013.

[29]张秋艳.街舞理论与实践[M].北京:对外经济贸易大学出版社,2010.

[30]李延超.民族体育文化生态:困境与发展[M].北京:人民出版社,2017.

[31]卢兵.中华民族传统体育文化导论[M].北京:民族出版社,2005.

[32]饶远,刘竹.中国少数民族体育文化通论[M].北京:人民出版社,2009.

[33]李相如,凌平,卢锋.休闲体育概论[M].北京:高等教育出版社,2011.

[34]李泰舞,吴小茂.休闲体育理论与实践[M].哈尔滨:哈尔滨地图出版社,2007.